Hans Erhard Escher

Beschreibung des Zürich Sees

Wie auch von Erbauung, Zunehmen, Stand und Wesen loblicher Stadt Zürich

Hans Erhard Escher

Beschreibung des Zürich Sees
Wie auch von Erbauung, Zunehmen, Stand und Wesen loblicher Stadt Zürich

ISBN/EAN: 9783743613904

Hergestellt in Europa, USA, Kanada, Australien, Japan

Cover: Foto ©Lupo / pixelio.de

Weitere Bücher finden Sie auf **www.hansebooks.com**

Beschreibung

Des Zürich Sees:

Wie auch

Von Erbauung / Zunemmen /

Stand und Wesen loblicher Statt Zürich:
von der Luft- und Nutzbarkeit des Sees: von
vielen Thieren / so sich in und um denselbigen befinden: Was sich freudiges und trauriges
darauf zugetragen:

Von den Stätten / Schlösseren / Fläken /
Dörferen und Höfen / so an und um disen See gelegen: Von Gelehrten / Kunstreichen und Wolgereißten Männern / so um disen See
gewohnet:

Auch von diser anwohnenden Völkeren Heerzügen / Schlachten / Bündnussen / und anderen
Denkwürdigen Begebenheiten.

Samt einem kommlichen Land- und See-Täfelein.

Aufgesetzt von

Hans Erhard Escher.

Getrukt zu Zürich /
Bey Joh. Rudolf Simler / 1692.

Betrachtungen über das Tittul-Blatt.

1. Uber die zwey Löwen.

WO die Gerechtigkeit das Schwert in Händen führet/
Und jedem werden laßt/was ihm von recht gebühret:
Da geht es glücklich wol/wann sonst schon klein die Macht:
Dañ Löwen-Muth und Recht/hat Herrschaft uns gebracht.

2. Uber die beide Engel.

Wo Frieden in dem Land/ und Engel-Liebe waltet/
Wo liebe Einigkeit sich irgend-wo aufhaltet:
Da wil der Gnaden-Gott mit reichem überfluß/
Ein Landschaft segnen hoch/zu süssem Friedsgenuß.

3. Uber die Pallas.

Pallas ein Muter groß/soll Wüssenschaft und Künsten/
Bleibt bey der Ehren-Welt noch immerfort in Gunsten.
Zwahr muß sie etwan auch vor ihrer Feind' gewalt/
Dem armen Käuzlein gleich/sich ducken manigfalt:
Doch gleich Medusen-Haubt/ihr Kunst die Feind verwandlet/
In thume Stöck und Stein/weil sie von Sachen handlet/
Die tollem Sinn zu hoch/die Er nicht fassen kan/
Doch bleibet ewig ruhm/dem theuren Künstlers-Man.

4. Uber den Mars.

Mit seinem blanken Schwert/ und starken Donders-Keulen/
Nicht allen Mars gefällt/gleich wie des Wolffes-Heulen.
Wann Er mit Rauch und Dampf/ mit Mörsel/ Spieß/
Cartaun/
Mit Bomben/ Hagel-Gschütz/wil das die Welt erstaun-

X ij   Doch

Doch hat Er deren viel/ die ihn mit Lieb umfangen/
Weil sie durch seinen Gunst jezund in Ehren prangen.
    Exempel hat man gnug/ so man dieß Buch betracht/
    Die durch ihr Tapferkeit sich hoch berühmt gemacht.

5. Uber die Statt Zürich.

Die alte Zürich-Statt/ mit Freyheit hoch beehret/
Von Keiser/ König Groß/ sich nach und nach vermehret/
    Bis daß sie endlich ward/ durch Gottes gnad und kraft/
    Zum Ersten Orth gesezt/ von ganzer Eidtgnoßschaft.
Gleich unden an dem See/ ist sie gar wol gelegen.
Durch schönes Frucht geländ/ und grossen Gottes Segen.
    Viel Obs/ Wein und Geträid/ auch Reichthum allerhand/
    Geniesset sie in Fried/ und edlem Glückes-stand.
Sie führt ein Regiment/ so trefflich wol bestellet/
Da wird dem Kleinen Raht/ der Grosse zugesellet:
    Beid aber sind erwehlt/ durch hoch und theuren Eid/
    Gott wende durch sein Gnad/ von ihren alles Leid!

6. Uber den Zürich-See.

Der Edle Zürich-See wurd einer Statt geschenket/
Von jenem Keiser Groß/ daran sie oft gedenket;
    Dann Er ist dieser Statt ein sonderbahre Zier/
    Bringt ihren nuzen viel/ das nicht zuglauben schier.
Man führt darauf gar leicht/ viel groß und kleine Wahren/
Mit Volk/ mit Pferd und Vieh/ kan man darüber fahren.
    Viel tausend guter Fisch Er giebet dieser Statt/
    Daran sich mancher Mann/ mit Lust kan essen satt.
Von G'flügel mancher art wird auch darauf gefangen/
Nach Lust-fahrt auf dem See/ hat Alts und Jungs verlangen.
    Es ist nicht wenig lust/ wann zu der Sommers-Zeit/
    Durch Baden/ Schwümmen/ sich/ die Jugend hoch erfreut.

An-

Anrede des Zürich-Sees.

Was Ich in meinem Zirk und nassen Runz beschliesse/
Das Ufer/welches Ich mit meinem Strohm begiesse/
Das schön und lustig Land/die Reben/Weyd und Feld/
So als ein bunter Kranz und hubsch Natur-Gemähld/
Mich zieren rings herum/sehr lang verborgen lagen/
Wir lagen in der Nacht auch bey den hellen Tagen:
Wir waren nicht bewußt/und nur so sehr bekandt/
Als vil man ins gemein in Schweizer-Schriften fand.
Doch hab Ich meinen Ruhm/Gott hat Ihn mir gegeben/
In mir vil Wunder-Werk auch unbekante schweben;
Natur und Kunst mich hat auf's zierlichst ausgeziert/
Offt hab Ich Gottes Straff auch heilig ausgeführt.
So tausend Gattung Fisch/so vil seltzame Sachen
Mich billich wol berühmt und hoch zuschetzen machen:
In Welschland führ Ich hin die Wahren diser Statt/
Die Fabrick unsers Volks von Seiden und Borat:
Hingegen bring Ich auch hinein aus fehrnen Landen/
Was unsre werthe Statt nicht haben kan bey handen.
Ich bin mit einer Bruck als Ketten angethan/
Wodurch sich ein Gebiet vom andern scheiden kan.
Mich zieret beiderseits die Fruchtbarkeit der Erden/
Da findt man alles was Freud mag genennet werden:
Vil zierliche Pallast/der Kirch und Schlösser vil
Sind um mich her/und wer die Dörfer zehlen wil
Findt eine grosse Zahl: auch Klöster/Stätt und Flecken/
Ein ungemeine Lust bey jederman erwecken;
Und welches loblich ist/das Volk so um mich wohnt/
Des Fridens/Treu und Sterck auch Arbeit ist gewohnt.
Es ist noch über das/das wo Ich hin thu fliessen/
Die Wasser Gottes Worts sich da auch rein ergiessen.
Diß alles und noch mehr/so man auch schreiben mag
Ein edle Feder-Kiel bringt jezund an den Tag.
Ein edler See und Statt auch edlen Ruhm sol haben/
Das was von Adlern kömt/prangt mit der Adlern Gaben/
So lang in meinem See das Wasser nicht verseig/
So lang man auch den Ruhm des Authors nicht verschweig!

)(iij   Gun-

Gunſtgeneigter Leſer.

Als Jr. Hans Erhard Eſcher (welchen
der Allerhöchſte/in dem Bluſt ſeines Al-
ters/in dem vier und dreiſſigſten Jahr den
27. Wintermonats 1689. in das ewige Leben verſetzet.) bej ſeinen Lebzeiten die Beſchreibung des
Lucerner oder vier Waldſtätten-Sees/von Hrn.
Leopold Ciſaten Under-Stattſchreiber Loblicher Statt Lucern aufgeſetzt/ beſehen und gele-
ſen/hat Ihne bedunkt/es wurde nicht minder luſtig und angenehm ſeyn/wann man den Zürich-
See/ deßgleichen die daran gelegne Statt und
Landſchaft Zürich/ſamt daſelbſt ſich befindenden
und vergangnen Sachen in die Federen faſſete:
Darauf er für ſich ſelbs etliche Sachen aus vielen Alten und Neuen getrukten und geſchriebnen
Bücheren/wie auch ſelbs eigner erfahrung und
fliſſiger Nachforſchung ausgezeichnet/an ſein
gehörig Orth geſetzet / und in dieſe Form gebracht; nicht der Meinung ſömliches under frömde Leuth kommen zulaſſen/ ſo haben doch underſchiedenliche Herzen und gute Freunde (als Sie
ſolches nach ſeinem Tod neben anderen ſeinen
hinderlaſſnen Sachen geſehen und geleſen/) an-
gehalten/ſolches ehrlichen Perſonen/ſo den See
hinauf und abfahren/ und zur Zeitvertreibung
ihren

ihren Luſt darinnen haben, könten / durch den
Truk mitzutheilen / wie hiemit beſchicht / welches
aber der Leſer im beſten aufnemmen wölle; Daß
hie gar nichts vorſetzlich eingeſezt worden jeman-
den zubeleidigen / ſonder vilmehr durch erzellung
allerlei Hiſtorien zubeluſtigen.

Dieſes Buch wird in vier Theile abgetheilet /
deren

Der Erſte Theil eine Beſchreibung iſt der
Statt Zürich / betreffende ihren Anfang / Zunemmen / Stand und Weſen / ſamt vilen anderen
merkwürdigen dingen.

Der Andere aber begreift in ſich eine Beſchreibung des Zürich-Sees / deſſen Luſt und
Nutzbarkeit / auch was daſelbſten zuſehen / und
was ſich ſonderliches darauf zugetragen.

In dem Dritten werden beſchrieben alle
Orth / die zu beiden ſeithen nächſt um den Zürich-
See gelegen / was daſelbſten ſonderliches zuſehen /
auch was für Gelehrte / Kunſtreiche / und Wol-
gereißte Männer daſelbſten gewohnet.

In dem Vierten und Letſten Theil wird gehandlet von allerley Merkwürdigen Dingen /
ſo ſich mit der Statt Zürich und nächſt am See
gelegnen Orthen zugetragen / darbey ein An-
hang underſchiedenlicher Bündnuſſen und Heerzügen.

)(iiij   Es

Es wird aber in diesem Buch alles beschrieben/wie es A. 1689. bey des Authoris Lebzeiten in Wesen war/ob gleich es sich sintharo an dem ein und anderen Ort etwas möchte verenderet haben/welches deßwegen könte ein anlaas seyn/daß dieses Buch/so man sehe / dem Günstigen Leser angenehm seyn/mit der Zeit thete vermehret werden.

Es wird nicht gezweifelt/diß wolgemeinte Werk werde auch seine Momos und Tadler haben: Es were aber zuwünschen/daß dergleichen Tadler schon längsten herfür getretten weren/und eine dergleichen Beschreibung mit mehrer Zierlichkeit und besserer Ordnung ans Tagliecht gegeben hetten/oder ins künstig geben wurden.

Gehab dich wol !

L l n

I.

In

NOBILISSIMI AUCTORIS,

τῦ μακαρίτῦ,

præfentem Librum.

SI cupias populi TIGURINI nofcere mores,
    Prælia, gefta, viros ; bruta ; LACUSque
    fitum,
Oppida quæ circùm, vicos, pagofque celebres,
    Squamigeros pifces, pennigeras volucres:
Nobilis ESCHERI legito præfentia fcripta ;
Heic poterint pafci Mens Oculíque tui.

Piis Efcherianis Manibus
    hoc memoriæ monumentum p.

JOH. JACOBUS WAGNERUS, M.D.
Academiæ LEOPOLDINO-Imper:
    Naturæ Curioforum Collega.

)(v   II.

II.

JUnker Escher dises Buchs Urheber genennet/
Wer dises liset recht/ derselb fein rund bekennet/
 Das Er nach seinem Todt noch leb in disem
 Buch/
 Wer Fewer haben wil / nur in der Eschen
 such;
Dieselb bedecket oft ganz feurig/glüend funken/
Die doch gar keines wegs erlöschen ald versunken;
 Der Edle Escher hier dem Edlen Fenix
 gleich
 Wañ Er lang gnug gelebt/der Jahren über=
 reich/
Verbrennet selber sich/ und auf die form erstirbt/
Aus eigner Eschen doch/dañ wider lebend wirdt.

*Nobilissimis ac piissimis Manibus Escherianis
lubens, libénsque apposuit*

P. R.

III.

Zürich eine alte Statt/wie von vielen Sie gepriesen/
Wegen ihrer Herzlichkeit/wird hier kürzlich angewiesen/
Durch des Junker Eschers fleiß/der sein Herz/Gemüth
und Sinn/
Hat ergeben Jugend an/Freyer Künsten Meisterin:
Mathematic/Mahlerey/Feur-werks-Kunst Er liebt von herzen/
Hette wol noch mehr gethan/wo ihm nicht des Lebens Kerzen/
Früher tod het ausgelöscht: Doch Er dieses mit Gedult
Ubermunden freudiglich/weil es Gott so haben wolt.
Gleichwol lebt Er noch bey uns/als in treuen Freunds-gedanke/
Wird auch leben für und für/bey uns ohne alles wanken.
Er hat ja sich selbst gestift/einen süssen Freunds-geruch/
Der nicht mehr verschwinden sol / so lang währen wird
dies Buch:
Darinn Er den Zürich-See/samt den angelegnen Orten/
Eigentlich beschrieben hat/in dem Er mit wenig Worten/
Aller Welt anzeigen wolt/was sich in der Zürich-Statt/
Sonderbahr und Würdiges etwan zugetragen hat:
Was sich inn und auf dem See/jederweilen hat begeben:
Was für Fisch/Gewächs und Thier/inn und um denselben leben:
Was zusehen mancherley auf der Landschaft beiderseith:
Was allda gewesen sein für Gelehrt und Künstlich Leuth:
Auch Gereißte weit und breit/find'ts in diesem Buch beschrieben/
Das ich glaube/wenig ihr' seyen in vergeß geblieben.
Bündnuß/Schlachten und Heerzug/samt viel andren sa-
chen mehr
(Lehr.
Denen dieß Volk beygewohnt/stellt dieß Büchlein für zur
Ach! So ist der frühe Tod/dieses Junkren zubeweinen/
Der erst jez sein treuen Fleiß/durch dergleichen wolt erscheinen:
Aber also wolt es Gott/daß Er nicht mehr hier in Leid/
Sonder ewig leben solt/dort in voller Himels-Freud!

Seinem werthesten Junkeren/und best-geneigtesten
Freunde/zu Seliger Ehren-Gedechtnuß
aufgesezet von

Hans Jacob Gyger/ D.A.W.G.
IV.

✿✿✿✿✿✿✿✿ ✿✿✿✿✿✿✿✿

IV.
Der Wahre Adel.

Der Adel ist hjevor vom Adler har entsprungen/
Der an Apollonshaus aufführet seine Jungen/
Damit geschärffet werd' ihr edles Augenliecht
Und daß auf schlimme ding sie sich abwenden nicht.

Des Reychs Adler sich mit zweyen Köpfen zeiget/
Nach Auf-und Nidergang der Sonnen er sich neiget:
Er schirmt mit Kunst und Wehr die werthe Christenheit
Die Dapferkeit und Lehr Er adlet jederzeit.

Es ist gar lächerlich/kommen von edlem Stammen/
Weisen berauchte Schilt/Speer/Helm und alte Nammen.
Ja zwanzig Ahnen-Schilt von beiden Banden har/
Wann das Herz ist verzagt/und der Kopf ist ein Narr.

Der Adel ruhet nicht auf des Actæons Hunden/
Da mancher meint/er hab' ganz reyche Schätz erfunden/
Wann Zeit-Leib-Gelt verlust mit harter müh und pein
Einen Haß oder Fuchs ihm hat gejaget ein.

Der irret/welcher meint den Adel zuerzielen/
Mit schnödem müßiggang/mit fressen/sauffen/spielen/
Mit buhlen/Kleider-pracht/und Salz-losem Geschwatz/
Wormit verscherzet wird der köstlich Zeit-Schatz.

Wer seinen Ruhm allein baut auf die alten Ahnen/
Ohn eigne Tugend-Zierd/gehört nur zu den änen
In der Franzosen Spraach: Wan man ihn recht beschaut
Sieht man die Ohren bald gehn aus der Leiwen-haut.

Wer wil daß sein Geblüt nicht werd mit recht betadlet/
Der schaue daß er werd von Tugend-zierd beadlet/
Welche kein Zeit-Zahn/kein Diebe/Flutt noch Glut/
Dem der sie recht besitzt/immer hinreissen thut.

Das Waapen kommet har von Dapferkeit der Waffen/
Gelehrte Wüssenschaft darbey kan mehrers schaffen.
In beiden weiset sich des Adlers Doppel-Haubt/
Welches der Menschen-fraß auch selber nicht weggraubt.

Diß

Diß hat in seiner Zeit wol zu gemüt genommen
Herr Erhard Escher/ der gestammet von den Frommen
Zugleich Woledlen har : Nunmehr in Gottes Statt
Den Erden-Adel-Sitz gar früh versetzet hat.
Die Tugent liebet' Er/ die Laster that er hassen:
Des Adlers Doppelhaubt that er mit fleiß umfassen
Er übte fleissig sich in Marsen Krieges-haus :
Minerven Kunst-Palast er zieret herrlich aus.
Diß letste zeugt und zeigt diß schön verfaßte Werke/
Worinnen Kunst und Fleiß erweisen ihre stärke.
Ja diß belobte Buch gnugsam erscheinen kan/
Daß sein Verfasser war ein wahrer Edelman.
Wie grundtlich streicht er aus/ O Zürich/ deine Sachen !
Wie lieblich kan er dich der Welt bekantlich machen !
Er bringet alts und neuws aus seinem Schatz herfür/
Und zeigt daß ihm die Ehr des Schreibers wol ge-
bührt.
Wer hat iemahl so fein den Zürich-See beschrieben.
Und des Neptunen Crantz und Pracht so hoch getrieben?
Kein Feder hat iemahl des Glauci Wasser-haus
Und seines Völkleins Recht so schön geführet aus.
Herr Erhart ! bester Freund in Hertzens angedenken/
Nichts edlers hette man der Nachwelt können schenken.
Gleich wie in meinem Sinn kein Nectar süsser ist/
Als meines Jonathans gedechtnus jeder frist :
Also wird euer Lob durch dises edle Schreiben
Der grauen Ewigkeit ein Ehren-Säul verbleiben :
Und wer noch spährster Zeit diß Werk nur sihet an/
Wird sagen: Diß hat g'macht/ ein rechter Edelman.

Also dichtet und schreibet zu ruhm verdientem billich
schuld-angedenken seines Weiland wertheste
Freunds und liebesten Ihr. Vetteren sel.

S. Holzhalb. H. Fürstl. Wirtemb. Leut.

Auß dem Quartir bey Schiltach
den 1. Mey. 1692.

V.

V.

Philippi Grosser Sohn hat ehmals hochgeschätzet
Achillem/weil Er wurd ans Sternenfeld gesetzet
Durch des Homeri Kiel. Durch einen Edlen Kiel;
Der leider! unlängst uns hin in die Eschen fiel;
Steigt unsre Limat-Statt bis an die Himmels-Zinnen/
Weil sie der Edle Kiel von aussen und von innen
Aufs zierlichest beschreibt. Fliegt aber dein Gerücht
O Edels Zürich hin / wo man die Polos sicht /
Und wo sich Phœbus stürzt / so muß auch mit dir fliegen
Der dir dein lob vermehrt und seinen Tod besiegen.
Lebt Müller / Edlibach und Krieg von Bellikon;
Vor dem des Adels Zierd und schönste Ehren-kron;
Weil sie/was Zürich sey/und anders mehr beschrieben/
So lebst auch billich du/der du nur hast getrieben/
Was von der Erd entreißt/was Edle Escher macht/
Was Statt und Land und See und anders bringt in
acht.
Leb hoch versezter Geist/der du dich von der Eschen
Mit Adelichem thun hast ewig abgewäschen!
Es steh dein Nam und Stam so lang als unser See
Mit seinen Fischen prangt und sLand daran mit Klee.

Mit disem wenigen hat dem höchstseligen Authori
eine immerwährende Gedenksaul aufrichten
und zugleich dessen hinterlassnen auf-
warten wöllen.

Heinrich Geßner/Kirchen-und
Schuldiener.

VI.

Wañ Tugend und Geschlecht/wañ Kunst und hohe Gaben
Wann Sitten Edler Art/die Leib und Seel erlaben
Zutreiben ab den Tod nur hetten macht und kraft/
Ich weiß es wer noch nicht von ihme hingerafft

Der

Der Edle Escher der diß Werke thet verfassen
Das an des Tagesliecht wird jezund ausgelassen;
    Dann Er von Edlem Haus/von hochem stammen war
    Von sollichem Geschlecht/das an die Sternen gar
Gestigen ist sein Ruhm: Das nunmehr hat gegeben
Drey Häupter Unsrer Statt; Zwey annoch seind im Leben/
    Der Weisheit Sitz und Thron; der Höchste Sie erhalt
    Mit seiner Gnaden-Kraft ob Ihrem Hause walt!
Nicht aber von Geschlecht WolEdel Er geboren
Nur einig und allein/mit Sitten außerkoren/
    Mit Tugend Edler Art/mit Wüssenschaft geziert
    War sein Gemüht und Herz; Er war wie sich gebürt
Erzogen Adelich; Der Sprachen wol erfahren/
Der Künsten ohne Zil; thet müh und fleiß nicht spahren;
    Diß alles achtet nicht der Todt/des Lebensfeind
    Der Edle Escher mußt in bestem flor geschwind
Hin schon vor einem Jahr; doch sihe in dem Himmel
Lebt Er in stolzer freud; aus disem Welt getümmel
    Ist Er gerissen hin: Er lebt in Gottes Reich
    Mit Herzlichkeit erfüllt; Er lebet auch zugleich
Mit höchstem Ruhm bey Uns/Er lebt in seinen Schriften
In denen gleichsam Er ein Denkmahl Ihm wolt stiften/
    In denen stelt Er vor a den Anfang unsrer Statt
    Auch wie Sie fort und fort stets zugenommen hat;
Er meldet deutlich an derselben Stand und Wesen.
Und was von Ihro ist merkwürdiges zulesen
    b. Des Zürich Sees Lust- und grosse Nutzbarkeit/
    Die sich wie wol bekant/erstreket weit und breit/
Mit Lust beschreibet Er/das/was sich zugetragen
Auf deme sonderbahr/thut Er uns klärlich sagen;
    Mehr zeiget Er darbey/als man zuvor gedacht
    Was vilen unbewußt/hat Er ans Liecht gebracht/

Er schreibet c. Was für Stätt/ für Schlöß- und Dörfer stehen

Wol an dem Zürich-See/ was würdig da zu sehen
Und dan d Den Jahren nach was sich begeben hat
Mit Zürich je und je der Weltberühmten Statt ;
Mit denen Orten auch die nächst am See gelegen
Sehr artlich Er beschreibt ; Er seẗ herbej deßwegen
Am end der wehrten Statt Bündnussen/ Heeres-
züg/

Feldschlachten manigfalt/ wie dan Sie in dem Krieg
Den Mitverbündeten zu hilf gar oft geeilet/
Und was noch weiters ist. Drum sag ich ohnverweilet
Er hat hiemit verdient den allerhöchsten preis/
Das Er beschrieben hat auf so gethane weis
Wie es mit Zürich ist/ und mit dem See beschaffen ;
Niemand wird Seinen Ruhm Ihm sicherlich hinraffen.
Hab dan/ wie billich/ dank ! genieß der höchsten Ruh/
Wir freuen uns mit dir/ daß du wirst immerzu

O edler Escher ! nun im Himmel triumphieren
Und in der Englen Statt ein Selig leben führen :
Es wird auch ohne End bey uns dein Edler Ruhm
Hier grunen fort und fort als eine Schöne Blum.

* Die 4. Buchstaben a. b. c. d. begreiffen den Inn-
halt der 4. Theilen dises Buchs.

Uberschikt aus Altorf bej Nürnberg/
den 9. Meytag/ 1692.

Dem durch den Todt S. verstorben/ durch seine
Schriften aber noch lebenden Junkeren/
zu höchstschuldiger Ehrbezeugung

Von

Johann Jacob Reutlingern/
Diener Göttlichen Worts.

VII

VII.

JEner zwar vermeinte/wann nur sein Name sey/
JUnsterblich auch gemacht/so stand es Ihm darm frey/
Durch Tugend oder Schand/ solches ins Werk zurichten/
Darum er auch/durch Feur alsbalde that zernichten/
    Dianæ Tempel schön/in der Epheser Statt:
    Aber sehr weit gefehlt/dann er verdienet hat/
Daß sein so böser Nam/nur nicht einst werd genennet.
Weil sein Gottlose That/wird für verflucht erkennet/
    Nur desse Stam und Nam/der grüne für und für/
    Der bis Er lebens satt/eingeht zur Himelsthür.
Unsterblich machet sich/in dem Er nur verrichtet/
Was dient zu Gottes Ehr/und dann auch treulich brichtet/
    Was seinem Vatterland bringt lob und grossen nutz/
    Den nächsten nicht betrübt/mit schmach/spott oder trutz.
Ein solches wahrlich hat/durch sein verrühmtes Schreiben/
Der Edle Author hier verdient/drum wird auch bleiben/
    Unsterblich groß sein Nam/bis alles nun vergeht/
    Und nichts als alles das/was ewig ist/besteht.
Diß Buch erzehlet dann was für grosse Wolthaten/
Gott Zürich hat erzeigt/und wie er es berathen/
    Mit Leibs und Seelen Zier/was bringet Ehr und Heil/
    Deß hat Er geben Ihm den allergrösten Theil.
Was glüklich machen kan/was Herz und Aug gern sehen/
Häuffig man findet hier/thut nur dis Buch durchgehen.
    Dann Junker Escher es/gar herzlich hat gezeigt/
    Und wann der bleiche Todt/sich nicht so früh ereugt/
Het sein so grosser Fleiß/der billich wird geprisen/
Uns Wunder-sachen zeigt/und nach vil rars gewisen/
    Dann durch sein Mahler Kunst/was Wäld und Felde gibt/
    Was Berg und Thal umfließt/und Auwen/Gärten liebt/
Auch das höchst Alp-gebürg von Ys und Schnee erkecket/
Hatt Ihm geheimes vil und schöne ding entdecket:
    Ob gleich sonst niemand da hinauf zu steigen pflegt/
    Als der mit höchster gfahr/den Gemsen nachgehegt.

)()(

Kraut/

Kraut/Wurzen/Blum und Frucht/hat er mit ihren Farben/
Der läng und breite nach/mit ihrer Zierd und Narben
   Gar herzlich abgemahlt/daß zu verwundern sich
   Wie fleissig Er gewahrt/der Blum und Kräuter strich.
Nichtminder zierlich auch/und gar schön nach dem leben/
Der Vöglen ohne zahl/sam sie in Lüften schweben.
   Kunstreich hat fürgestelt/entweidet/aufgesezt/
   Daß es Herz Gmüth und Aug und alle Sinn ergezt.
Werth ist auch/die von Ihm gemachte Bruk zusehen/
Le pont du Gard genent/von der noch was thut stehen/
   In Frankreich an dem Orth/daraus der Römer macht/
   Nach gnug gesehen wird/und was zum bauens Pracht
Sie oft gewendet an: weil aber underworffen/
Alles der eitelkeit/so hats auch sie betroffen.
   O Selig ist der Mensch/der je und allezeit/
   Sein thun und ganzes Herz nach Gottes Willen leit.
Gleich Christ/und loblich hat gethan/in seinem Leben/
Junker Escher Selig/der sich ganz hat ergeben.
   Gott seinem Vatter/und Jesu seinem Heiland/
   Dem Heilgen Geist zugleich und desselben beistand.
Dann Er diß Schöne Werk/mit fleiß kaum hat sollendet
Hat Gott ein Krankheit schwer zur stund ihm zugesendet/
   Dardurch sein Edler Geist/von seinem Leib getrent:
   Ach daß sein Kunst und Fleiß so gschwind uns abgekent!
Und ob er gleich jez todt/wird imer doch bestehen/
Sein Weltberühmter Nam nimer wird undergehen:
   Dann Edler Escher Lux/Scharffsichtig angebracht/
   Daran der Klugest auch/zuvor gar nie gedacht.

Dem Selig verstorbnen Junkeren zu
Ruhmwehrendem Nachklang aus tief-
Schuldigster Pflicht aufgesezt
Von
Hans Heinrich Steinfelß
Schnitt- und Wund-Arzet.

VIII.

VIII.

IGnorata *Lacus* pandis miracula noſtri
  Atque peregrinis non habitura fidem.
Plura *Tigurinis* hic emolumenta miniſtrat
  Totque voluptatis pellicit illecebras,
Quàm ſi terra foret duro ſub vomere preſſa,
  Aut ingens multo ſemine ſparſus ager.
Ergo Tibi meritæ laudes debentur, & omnis
  Accola Te noſtræ concelebrabit aquæ.
Rite typum *Lyncis* penetrantis ſingula viſu
  Veſtra ESCHERORUM ſymbola lecta
  gerunt.   (thor,
Ceu *Lynx* cuncta *Lacus* penetralia perſpicis Au-
  Acribus & tradis poſthuma luminibus.
Si quid ibi viſu dignum Natura recondit,
  Seu quod ſignandum eſt antiquitatis opus,
Hoc celebri ſcripto liberas ex oblivione,
  Inde & poſt obitum clara trophæa refers.
Quæ patulo certè tantiſper in orbe manebunt,
  Flamigeri donec lumina Solis erunt.

Ita alludit Scriptis Authoris poſthumis

Joh. Wilpertus Zollerus. F.

IX.

HIc Tigurúmque, Lacum, montes concer-
  nis & Alpes,
  Thuregi laudes, cernis & encomia!
Attendas aures, patent heic Urbis & Orbis,
  Inclyti hic Tiguri, mira notanda tibi:
  Egre-

Egregium factum! hic Nobilis inde reportat,
  Poſt mortem Eſcherus, nominis ecce decus.
Defunctus curſu mox claudens lumina vitæ,
  Otia cœleſtis, nunc requietis amat.
Præmia decernet tempus, doctíque labores
  Contribuent ſtudiis, præmia digna tuis.
Erhardi ſcripta, ut docti modulamina Cygni
  Poſthuma nuncce ferent, nomen per ora
  virûm.

Honoribus meritiſſimis, Amici ſui quondam de-
ſideratiſſimi, Commilitonis atque Comitis pe-
regrinationis longè gratiſſimi, Authori nunc
beato, hæc adſcripſit,

Johannes Jacobus Nabholzius.

X.

H Ab ich gleich nicht Studiert/und manglet mir an Jahren
A nnoch ſehr vil/ſo wil Ich mich gleichwol auch pahren
N ach zu der glehrten Schahr/die wie Ich bin bericht/
  S eligem Vetren nun ein Ehren-ſeul aufgricht
J ch wünſchte zwaren/daß Er diſes zeitlich leben
A uch noch iezunder het/mir underricht zugeben:
  K ünſte zulehren/die Er treflich außgeübt.
  O. Tod du Menſchen-feind/wie haſt mich doch betrübt!
B in doch iez wider froh/weil ich getroſt kan ſehen
S ar herzlich ſeine Schrift bey den Gelehrten ſtehen:
  R echt billich iſt es dann/daß er unſterblich ſey/
  E r hats verdienet/drum ſo ſteht es mir auch frey
B zu Jederman ſein Kunſt und gſchiklichkeit zupreiſen/
E y! wann ſchon Momus ſelbſt ein anders wolte weiſen/
  L ug Er daran/dann ja des Buches Zierlichkeit
  Lobwürdig bleiben wird auch in die Ewigkeit.

Zu immerwährendem angedenken beygefügt
von einem nicht unbekanten Vetteren.

Der Erſte Theil:

Stellet für /

Eine zwahren kurze / aber darne-
bend wahrhaffte Beſchreibung

Der

Statt Zürich /

Betreffende ihren Anfang / Auf-
und Zuneṁen / Stand und Weſen /
Zuſamt vielen anderen denck ⸗ und
merckwürdigen Dingen,

Eingang.

Nachdem ich mir fürgenommen
kürzlich zubeſchreiben den Zürich-
See / und die daran gelegne Ort /
achte ich nothwendig / und auch anſtän-
dich ſeyn / in dem Erſten Theil zuhandlen
von der Statt Zürich ſelbſten / von ihrem
Auf-und Zuneṁen / von ihrem Stand
und Weſen / und von vielen anderen
merckwürdigen Dingen / die ſich in⸗ und
mit derſelben zugetragen : Sittenweilen
der See / und auch die Landſchaft herum /
von der Statt den Namen führet.

Eingang /
von dem In-
halt des Er-
ſten Theils.

A Zürich :

Zürich:

Tigurum , Thuricum , Turegum ,
Turregum , Thuregum , Duregum,
Durregum , Thauregum.

JSt eine von den Elteſten und berühm-
teſten Stätten der ganzen Eidtgnoßſchaft / welche bey unſeren Zeiten den
Vorſitz hat / und alſo die vorderſte und
bekanteſte iſt: Sie liget an einem fruchtbaren und lieblichen Orth/ an dem Außfluß des verrühmten Zürich-Sees.

Von dero Stiftung und Alter fallen die Meinungen ſehr ungleich. Jhre
erſte Stiftung wird zugemäſſen Thuri-
co, einem Arelatenſiſchen König/ von
welchem man ſchreibet / daß er an dem
Orth/ allwo jezunder der ſo genañte Lindenhof / ein Schloß/ ſamt angehänktem
Stättlein erbauen/ und ſolches nach ſeinem Namen Thuricum genennet habe.
Solle um Abrahams Zeiten / 30. Jahr
nach erbauung der Statt Trier/ und alſo in die 1917. Jahr vor Chriſti Geburt
geſchehen ſeyn.

Zweyhundert und funfzig Jahr dar-
nach/ zu den zeiten des Patriarchen Ja-
cobs/ ſolle Suevus, ein König der Teut-

ſchen

schen und Schwaben/auf der rechten seithen des Flusses/ (die Limmat genañt)
vor dem Castell/ oder Schloß Thürico
über/der grösseren Statt ihren anfang
gegeben haben/und solche hernach Duregum , quasi oppidum duorum
Regnorum, das ist Zwey-Reich/ oder
eine Statt zweyer Reichen genennet:
Welcher Meinung dañ Eberhart Müller / gewesner Schultheiß zu Zürich/ der
die alten Züricher Geschichten nicht un-
fleissig beschrieben/gewesen ist.

Muthmaf-
sung wohar
sie Duregum
genennet
worden.

Orgetorix,ein reicher und wol ange-
sehner Helvetier/ machete seine Lands-
leuth an/mit ihme in Galliam zuzeuhen/
daselbst ein besser Land einzunemen und
zubewohnen. Damit sie aber nicht etwañ widerum möchten zuruck begeh-
ren/ hat er sie dessen beredet / daß sie alle
ihre Stätte/ deren 12. worunter auch
Thuricum gewesen/zusamt ihren Dör-
feren/ deren 400. waren / verderbten
und verbrañten. Als sie aber bey Genf
über den Roddan zusetzen vermeinten/
sind sie von C.Jul.Cæsare übel empfan-
gen/ zuruck getrieben/ und also gezwungen worden/ihre zerstörten Stätte / worunter auch Thuricum gewesen/auß ihren eignen Kösten widerum aufzubauen.

Orgetorix
beredte die
Helvetier
daß sie in
Galliam ge-
zogen.

Sie ver-
brennen ih-
re eigne
Stätte und
Dörfer.
Werden
von C.Iulio
Cæsare zu-
ruck getrie-
ben / und
gezwungen
die Stätte
wider zu-
bauen.

C. Iul. Cæ-
ſar III. Stif-
ter der
Statt.

Weßwegen Cajus Julius Cæſar, als
Dritter Stifter der Statt gehalten
wird.

**R. Diocletia-
nus der IV.
Stifter der
Statt.**

In dem Jahr Chriſti 287. wurde
ſie von Diocletiano, einem Heidniſchen
Römiſchen Keyſer um ein merkliches er-
weiteret/ daher wird diſer Diocletianus
für den vierten Stifter und Erbauer der
Statt Zürich gehalten.

**S. Felix/
Regula und
Exuperan-
tius komen
gen Zürich.**

Ohngefehrd um das Jahr Chriſti
291. ſind St. Felix/ St. Regula/ und St.
Exuperantius, (ſo von der Thebaiſchen
Legion, welche Mauritius ihr Haubtman führte/ entrunnen/ welche Keyſer
Maximinianus, ſelbige bey Martenach
in Wallis/ darum/ daß ſie ſeinen Heidniſchen Götzen nicht wolten opferen/ heftig geplaget und gemarteret) durch das
Land Glarus hinab in das Zürich-Gebiet gezogen/ allwo ſie mit groſſem Ei-
fer/ Kraft und Nachtruck/ den Einwoh-
neren das Evangelium verkündiget /

**Predigen
daſelbſt das
Evangelium**

und ſie zu dem wahren Chriſtenthum be-
kehret haben.

**Decius Rö-
miſcher zu
Zürich re-
gierender
Landvogt
laßt ſie ent-
haubten.**

So bald aber Decius, damahls Rö-
miſcher Landvogt zu Zürich/ ſolches ver-
nommen/ hat er ſie gefänglich einziehen/
mit Hunger/ Schlägen/ zerſetzung der

Glie-

Gliederen jämerlich plagen / und endlichen enthaubten laſſen.

Man gibt ihrenthalben für / ſie haben ihre abgeſchlagene Häubter von der
Erden aufgehaben/und auf den nächſten
Büchel / allwo jetzunder das Groſſe
Münſter ſtehet / in die 40.Schritt weit
getragen/ſeyen auch an der Stell/ allwo
ſie ſich ſanft nidergelegt / von den erſten
Chriſten begraben worden. Dero Bildnuſſen werden nach diſer Zeit in dem
groſſen Statt Sigill gebraucht.

Nachdem die Statt Zürich von den
Zeiten C. Jul: Cæſaris an / bis auf die
Regierung Keyſers Valentiniani des
III.hinauß / und alſo bis in die 500.
Jahr/von den Römeren beherꝛſchet wor-
den / iſt die Statt Zürich ſamt dem
Schloß / und ganz Helvetien / von den
Allemañieren in grund zerſtöhret und
verwüſtet/hernach aber von Clodoveo,
einem König auß Franckreich / der die
Allemañier überwunden / widerum ge-
bauen worden. Iſt alſo Clodoveus
der Fünfte geweſen der Zürich widerum
aufgerichtet hat.

Carolus Magnus hat Zürich mit
Gebäuen mächtig vermehret / und das
Groſſe Münſter mit herꝛlichen Stiftun-

Wunder/ ſo ſich nach ih-rem tod mit ihnen ſolle begeben ha-ben.

Der Statt Sigill.

Zürich ein lange Zeit von den Rö-meren be-herꝛſchet.

Von den Al-lemañie-ren verwü-ſtet.

Clodoveus der V. Stif-ter/bauet ſie widerum.

Carolus Magnus der VI. Stifter mehret die

Statt/und begaabet das Stift.

Zürich etwan ein offen Dorf.

Wird mit Gräb:n/Mauren und Thürnen beveftnet.

Bekomt Freyheit zumünzen. Carolus Crassus der VII. Stifter der Statt Zürich. Zürich durch die Reichsvögt bevogtet. Von Friderico Barbarossa eingenommen.

gen begaabet : Danahen Er für den Sechsten Stifter der Statt gehalten wird.

Und weilen Zürich/bis auf die Zeiten Caroli Crassi ein offen Dorff gewesen/ aber ein Königliches Dorf/ wie dann noch heut zu Tag ein Theil der Grösseren Statt genennet wird Oberdorff/ein ander Theil aber Niderdorff/ als hat Er solches mit Gräben/Mauren und hohen Thürnen (wie sie noch diser Zeit an den Ringmauren der Statt zusehen/) angefangen zubevestnen/welches Werck aber erst zu den Zeiten Keisers Ottonis follendet worden : Uber das/ so hat Er der Statt Zürich die Freyheit gegeben eigne Münzen zuschlagen / also daß ich ihne wol mit bestem Recht halten und nenen kan den Sibenden Stifter der Statt.

Anno 1138. Als Herzog Conrad von Zäringen zu Zürich Reichsvogt ware/ und sich wider Herzog Friderich von Schwaben / und seinen Bruder Keyser Conrad den III. empöret/ ward Er von bemelten Herzog Friderichen Sohn Friderico Barbarossa bekrieget/die Statt und Landschaft Zürich eingenommen/ und die Reichs-zusamt der Castvogtey beyder Stiften/der Probstey zum Grossen

ſen Münſter/ und der Abtey zum Frau-
Münſter / dem Herzog Welphen von
Bäyeren und Spoleto, verliehen. Als
Er aber alt worden / und ſein einiger
Sohn in Italien an der Peſt geſtorben/
hat er all ſein Land Friderico Barba-
roſſa um eine Summen Gelts übergeben/
welcher hernach Graff Albrechten von
Habſpurg zum Reichsvogt naher Zü-
rich geſetzet hat.

Anno 1280. Hat ein Beck/der Wakkerbolt genañt/(wohnhaft an dem Orth/
da jezunder der Margſtahl ſtehet/) auß
groſſem haß und verdruß/(weilen Er/
wegen einer begangnen Mißhandlung/
an dem/bey dem Riden/welches damah-
ten der Graffen von Toggenburg Hauß
ware/ herauß hangenden Korb/ in das
vorbey flieſſende Waſſer/ die Lindmat/
geſchüttet worden/ und die Zuſchenden/
ein groſſes gelächter darüber verübet/)
ſein eigen Hauß mit vielem Holz ange-
füllet / und hernach bey ſtarkem Wind
angezündet / dardurch die ganze groſſe
Statt / bis auf Dorf hinauf/ zu dem
Schweinbogen/verbrunnen. Der Thäter aber iſt entrunnen / und hat hernach
niemand mehr erfahren mögen/ wo er
hingekommen.

Wakkerbolt zündet die gröſſer Statt an/ und verbraũt ſie bey nahem gar.

Kam hinweg/ niemand weißt wohin.

König Albrecht belägeret Zürich auß raht ſeines Adels.

Lägeret ſich bey der Spanweid. Zürich ſchikt Geſandte zu Ihm in das Läger.

Kriegsliſt deren von Zürich.

1298. Als König Albrecht ſich von dem Adel und denen von Winterthur laſſen bereden / daß er mit ihnen ſolte für Zürich rucken / ſelbiges zubelägeren / weilen ſie alle Mannſchaft vor Winterthur verlohren / werde deßhalben auch leicht zueroberen ſeyn: Worauf Er allen Adel und ſein Volck beſamlet / eilfertig von Winterthur aufgebrochen / und ſich bey der Spanweid vor Zürich gelägeret. In ſolcher Noth ſchicken die Züricher Geſandte zu Ihme / ſagende: Das ſie ein ſolches weder um ſeinen Herzen Vatter / K. Rodolphen / noch auch um Ihne verdienet: Als man aber die Geſandten nicht wollen verhören / ſind ſie widerum zuruck kommen / und hat die Burgerſchaft ihre Weiber und Töchteren / auch die jungen anſehenlichen Knaben von 16. Jahren / auf dem Münſterhof verſamlet / mit Harniſch und Gewehr verſehen / in eine Ordnung geſtellet / und zugen die Männer mit-und zwüſchend den Weiberen über die Obere und Undere Bruggen / mit Tromen und Pfeiffen / hinauf auf den Lindenhof / mit groſſem jauchzen und geſchrey / und fülleten den Hof mit gewaffnetem Volck. Als ſolches der König geſehen / und vermeint

noch

nach eine grosse Mañschaft in der Statt
zuseyn / hat Er die Belägerung aufgehebt / und sich widerum naher Winterthur begeben: und also haben die Weiber zu Zürich / wegen diser That / vil Freyheiten erlanget / die sie anderer Orthen
nicht haben.

Anno 1313. den 5. Augstmonat / ver-
brañ die Kleinere Statt Zürich von dem
Rennweg hinein / durch die Strehlgaß
herunder / bis an die Brugg: und welcher wider bauen wollen / müßte zum we-
nigsten eines Gemachs hoch mauren:
Dañ vor diser Brunst meistentheils nur
hölzene Häuser gewesen.

Anno 1349. hatten die Juden zu Zürich einem Schuhmacher zu der Wyden
genañt / sein kaum vier jähriges Knäblein
gestohlen / selbiges mit Nadlen zu todt gemarteret / und hernach in den Wolffbach
geworffen. Als nun eines tags ein junger Knab / namlich Walther von Wyl /
auf stelzen gegangé / wurde er des todten
Leichnams gewahr / wordurch die be-
gangne Mordthat an den tag gebracht /
die Thäter eingezogen / und nach bekant-
nuß ihres Frafels verbrennt / ihre Mit-
genoss:n aber auf ewig verbannisieret
worden.

König hebet die Belägerung auf.
Die Weiber zu Zürich haben viel Freyheiten.

Die Kleine Statt bey nahem gar verbrunnen.

Die Juden marteren ein junges Knäblein zu tod. Solches kompt wunderbar an Tag.

Die Thäter werden verbrennt / alle Juden werden ewig verbannisiert.

Die Banditen zu Zürich verbinden sich mit außländischen Herren wider die Statt.

Anno 1350. Hatten die verbandisierten Züricherischen Rahtsherzen sich zu Rapperschweil mit Graff Hansen von Habspurg/ mit dem Graffen von Toggenburg/ Herzen Johañes von Bonstetten/ Hrn. Ulrich von Mazingen/ Hrn. Beringer von Hochen Landenberg/und anderen Edelleuthen verbunden : in die 800. Soldaten unvermerkt in die Statt Zürich gebracht / bey dem Strauß in Niderdorff eingelegt/willens den Neuen Raht/samt ganzer Burgerschaft unversehens zuermörden.

Stellen die Mordnacht an.

Weilen aber ihr Anschlag/samt dem Wortzeichen durch einen / in dem Wirthshauß/ hinder dem Ofen ligenden Knaben / der Eckenwiser genañt/verkundschaftet worden/ hat selbiger solches Herzen Burgermeister Braunen heimlich entdecket/welcher sich alsobald auf das Rahthauß verfüget /

Wird wundersamer weiß entdeckt.

Burgermeister macht auf dem Rahthauß Lärmen-geschrey.

(sein Diener aber / dem der Herz in der Eil das Wort zusagen vergessen/ wurde von den Mörderen erschlagen :) und Mordio geschrauen / auch hat Er durch einen anderen Diener bey dem Grossen Münster Sturm leuthen lassen.

Lasset Sturmleuthen. Der Graff von Toagenburg wird

Weilen aber dem Graffen von Toggenburg bey diser Sach anfienge zugrausen/ hat Er sich durch einen Fischer/ der

Bachs.

Bachs genañt/laſſen auß der Statt füh=
ren: als aber derſelbige ihren Mördli=
chen Anſchlag vermerket / gabe er bey
dem Eck des Oetenbacher=Gartens dem
Schiff einen ſtoß/und erſäufte den Gra=
fen/ ſamt ſeinen Bedienten: Fahret ei=
lends widerum naher Hauß zuruck /
weckte ſeine Nachbauren in der Schipfe
auf/ welche ſich alſobald bewaaffneten/
die Undere Brugg einnahmen / denen
auch die Metzger / ſo in dem Schlacht=
hauß waren/ und das Mordgeſchrey/
ſamt dem Sturmleuthen gehöret / mit
ihren Schlachtbielen und Brüglen bey=
geſprungen / und als raſende Löuwen
unter die Mörder geſchlagen/dieſelbigen
zertrennet / und in die Flucht getrieben/
viel darvon erſchlagen / welche man drey
tage lang auf den Gaſſen ligen laſſen: 19.
hatte man von denſelben gerädaret / 18.
enthaubtet/und wurde Graff Hans von
Habſpurg / ſamt dem Freyherzen von
Bonſtetten in den Wellenberg gefan=
gen geſezt. Abbt Hermañ von Bonſtetten
zu St. Gallen/und Fr. Anna von Bon=
ſtetten Aebtiſſin zum Frau=Münſter/ge=
ſchwüſterte / namen ſich ihres Bruders
getreulich an. Und weilen die von Bon=
ſtetten/ auſſert diſer That/ ſich iederzeit

ehrlich

in der Flucht von einem Fiſcher er=
treñkt.

Bachs der Fiſcher macht Lär=
men in der Kleinen Statt.

die Metzger halten ſich dapfer.

Gefangne Feind ge=
ſtraft.
Der Graff von Hab=
ſpurg und der Freyherz von Bon=
ſtetten wer=
den gefan=
gen.
Der Frey=
herz von Bonſtetten wird ledig gelaſſen.

ehrlich gegen einer Statt Zürich verhal-
ten/wurde er ihnen/ gegen erlegung einer
gewüſſen Summen Gelts wider herauß
gegeben. Graff Hans aber müßte bis in
das dritte Jahr in der Gefangenſchaft
verbleiben.

Und weilen ſich die Mezger in diſem
Tumult ſo treffenlich verhalten/ward ihrer loblichen Zunft zum Widder / von
der Oberkeit ein halber Ehren-Löuw verehret / welchen ſie alle Jahr an der Ae-
ſchen-Mitwochen / mit groſſem Pomp
durch die Statt tragen.

Dem Bachs aber wurde alles/ was
der Graff von Toggenburg bey ſich ge-
habt/geſchenket : und alſo hatte er einen
guten Fang.

Anno 1351. den 15. Herbſtm. ward
Zürich von Herzog Albrecht von Oeſter-
reich/ mit 2000.zu Pferd/ und 20000.
zu Fuß belägeret : Darbey waren 5. Für-
ſten/ 5. Biſchöffe/ und 26.Graffen ſelbs
in Perſohn. Graff Friderich von Toggenburg / der Comenthür zu Wädens-
ſchweil wie auch die Stätte Bern und
Baſel/haben ſich in das Mittel geſchlagen / und einen Fridens-Anſtand zwüſchen den Kriegenden Partheyen verhandlet.

Anno

Die Mezger werden we-gen ihrer dapferkeit begaabet.

Der Bachs der Fiſcher erlangt ein guten fang.

Zürich wird von Herzog Albrecht belägeret.

Anno 1352. ward die Statt Zürich im Julio von gedachtem Herzog Albrecht widerum mit 2000. zu Pferd / und 10000. zu Fuß belägeret: Marggraff von Brandenburg fridete / und ward bey disem anlaas Graff Haus von Habspurg / seiner drey jährigen Gefangenschaft entlediget.

Zürich wird von Herzog Albrecht abermahl belägeret.

Graff von Habspurg wird ledig gelassen.

Anno 1354. Hatte mehrgedachter Herzog Albrecht / mit hilff Keyser Caroli des IV. Zürich zum drittenmahl belägeret: Weilen aber die Fürsten des Vorzugs halben sich mit einanderen nicht vergleichen können / und die in der Statt den Reichsfahnen zum höchsten Thurn herauß gestrecket / dardurch anzudeuten / daß sie auch ein Freye Reichs-Statt were / da hat der Keyser vermuthet mit dem Reichsvolck nicht vil außzurichten / und hat deßwegen die Belägerung aufgehebt.

Herzog Albrecht belägeret Zürich zum dritten mahl mit hilff des Keisers.

Die Fürsten zancken wegen des Vorzugs.

Die Belägerung wird aufgehebt.

Anno 1444. den 24. Junij / ward Zürich von Gemeinen Eidtgenossen / in dem so genanten tödtliche Zürich-Krieg / hartiglich / jedoch vergeblich belägeret / und gewaltiglich beschossen / sie thaten bey achthalb hundert Schuß in die Statt hinein / wormit sie aber der Statt keinen weiteren schaden zugefügt / aussert dem

Zürich wird belägeret von Gmeinen Eidtgenossen.

Durch des Feinds

daß

daß ſie einen Prieſter auf dem Münſter-
hof/ einen Wächter auf einem Thurn/
und eine Glugghennen oder Gluggerin
zuſamt ihren Jungen erſchoſſen: Auch
felleten ſie darnider einen Thurn/ den die
Oberkeit zuvor um 40. Pf. verdinget hatte abzubrechen.

In währender diſer Belägerung
hielten ſich treffenlich wol 16. freudige
Burger/welche man Böck genañt/dann
ſie thaten den Eidtgenoſſen groſſen ſchaden. Nachdem aber der Delphin auß
Franckreich die Eidtgenoſſen bey Baſel
föllig geſchlagen/ haben ſie die Belägerung vor Zürich/ ſo bereits ſchon in die
10. Wochen lang gewähret/ in aller eil
aufgehebt/ und ſind mit groſſem Trau-
ren darvon gezogen.

Jeziger Zeit iſt die Statt Zürich eine
von den ſchönſten/gröſſeſten und veſteſten
Stätten in ganzer Eidtgenoßſchaft ſehr
Volckreich/liget zu underſt an dem See/
mit einem ſehr luſtigen gelend umgeben/
und wird/ wegen beſter Kom̃lichkeit/ daſelbſt ſehr groſſe Kauffmañſchaft getrie-
ben/ in dem man die Wahren auf dem
Waſſer ſehr bequem in Teutſchland/
Italien/Holland/Engelland/ ja gar bis
in Indien verſchicken kan. Die Lebens-

Mittel werden auch / wegen der bequem⸗
lichkeit in groſſer menge dahin gebracht/
ſo daß allda zufinden was zum Luſt und
Nohtdurft dienſtlich ſeyn mag : Wel⸗
ches eineſt nicht unfein in jenem Vers⸗
lein / ſo über eine Porten vor altem ge⸗
ſchriben ſtuhnde/ außgetrucket worden/
das alſo lautete :

Nobile Turegum , multarum
copia rerum.

Und hat einer nicht übel geredt/ da er ge⸗
ſprochen. Wem Gott in der Eidt⸗
gnoßſchaft wol wil dem gibt Er
ein Hauß zu Zürich.

Diſe Statt wird durch den Fluß
Lindmat in zween ungleiche Theil gethei⸗
let/und der einte die Groſſe / der andere
aber die Kleinere Statt genennet. Das
Waſſer / welches in der Statt von den
Palliſaden bis an das Orth da die Syl
in die Lindmat lauft/ward vor altem die
Aa genañt / behalt hernach den Namen
Lindmat bis an den Lindmat⸗Spitz/all⸗
wo ſie ſich in die Aaren verſenkt/und der⸗
ſelbigen Namen an ſich nimet.

Beyde Stätte ſind A. 1404. zum
erſten mahl mit Steinen beſezt worden/

und

und hat gekoſtet 3200. Pf. Sie werden
durch zwey Bruggen an einanderen ge-
henkt/da auf der underen der Obsmarkt
gehalten wird: Auch ſind beyde Stätte/

Wird be-
veſtiet. die Gröſſere A. 1642. die Kleinere aber
A.1647. mit einer treffenlichen Fortification zubeveſtnen angefangen worden.
Die Gröſſere hat einen trocknen Graben
in lauter Felſen geſchnitten: Die Kleinere aber iſt überal mit einem von See-
Waſſer angefüllten Graben umgeben.
Durch die Gröſſere Statt laufft auch

Wolffbach. der Wolffbach/welcher offtmahls groſſen
ſchaden thut. Durch die Vorſtatt an der
Syl genañt/bey den Seidenhöfen/laufft

Syl-Fluß. die Syl/ und treibet etliche Müllenen:
auch laufft Sie an einem Orth / gleich
auſſert der auſſeren Porten des Räñwegs
durch einen Canal über das Seewaſſer
hinüber/und wird dardurch viel Holz in
die Vorſtatt geflötzet.

Schäntzlein
am See. Auch iſt die Statt gegen dem See
mit Palliſaden dopplet beveſtnet: in mitten des Einfluſſes ſtehet ein Schäntzlein/
auf welchem die Herzen Feurwercker of-
termahlen allerhand Luſt-Feur ſpielen/
es hat auf beyden ſeiten gegen dem See
zwey treffenliche Bollwerk / die ſelbiges
beſtreichen.

Zwü-

Zwuͤſchen diſem Schaͤntzlein und
der Oberen Bruggen / ſtehet in mitten
des Waſſers ein groſſer Thurn / ſo der
Wellenberg genennet wird/ iſt diſer Zeit
die boͤſeſte Gefaͤngnus / ſittenweilen in
dieſelbige / und auß derſelbigen gefuͤhret
werden alle Ubelthaͤter/ſo hoch Oberkeitliche Straff außſtehen muͤſſen. Diſer
Thurn ware zu den Zeiten der Roͤmeren
ein Pharos, das iſt/ ein ſolcher Thurn/
darauf ein groſſes Liecht geſetzet worden/
um des Nachts denen See-fahrenden
die Straaß und gelegenheit zuweiſen.
Man hatte ihne den Wellenberg genennet / weilen er in dem Waſſer auf einem
Felſen ſtehet/ an welchen die Waͤllen/ ſo
von dem Wind getriben / anpuͤtſchen/
vor des Thurns Erbauung.

Es hat die Statt Zuͤrich vier Pfar-
Kirchen/zwey in der Groͤſſeren/und zwey
in der Kleineren Statt.

Die Erſte iſt das Groß-Muͤnſter:
Selbige hat zwey hoche Thuͤrn/deren der
einte/darinnen die Gloggen hangen/mit
Kupfer bedecket/hat gegen Aufgang/von
auſſen har eine Ritter zu Pferd/ in Stein
gehauen/welcher Rupertum, einen Herzogen in Schwaben / als Stifteren bedeuten ſolle. Der ander Thurn iſt mit

Wellenberg in dem Fluß/ eine Gefangenſchaft.

war vor Zeiten ein Pharos.

Woher er Wellenberg geneñt werde.

Zuͤrich hat vier Pfarkirchen.

Das Groß Muͤnſter.

Schindlen bedecket/ daran die Bildnus
Keyſers Caroli des Groſſen / gegen Nidergang in Stein gehauen / mit einer
übergülten Kron auf dem Haubt / und
einem groſſen eiſernen Schwert mit ver-
gültem handgriff/ in einem Thron ſizend/
(als vermehrers und Groſſen Gutthä-
ters diſes Stifts und Kirchen/) zuſehen.
Ob dem Chor ſtehet auch ein Thürnlein
von Schindlen bedecket (darinnen nur
eine einige Glogg) wird das Bättgloggen
Thürnlein genent. In der Kirchen unden an dem Gloggenthurn wird gezeiget
eine zugemaurete Thür/ zum angedenken
der Mordnacht / weil daſelbſt etliche
Banditen aufgepaſſet auf die jenigen/
ſo ſich underfangen wolten Sturm zu-
leuthen / welche aber / auß ſonder-und
wunderbarer Schickung Gottes nicht
durch diſere Thür/ ſondern durch die auf
dem Gewelb / ohn einichen Widerſtand
glücklich auf den Thurn kommen.

> **Zugemau-
> rete Thür/
> unden an
> dem Glog-
> genthurn.**

Bey der Thüren gegen der Lindmatt/
ſind in einer groſſen Saul zuſehen/ einige in Stein gehauene ſtreitende Män-
ner/ worbey geſchriben ſtehet der Namen
Guido. Diſes bedeutet eintweders den
Streit/ den Guido, ein Herzog der Lon-
gobarden gehalten mit Conſtantino, ei-

> **Streitende
> Männer in
> Stein ge-
> hauen was
> ſie bedeuten.**

nem

nem Kriegs=Oberſten Keyſers Leonis,
welcher überwunden worden/Anno 887.
oder/ es mag dardurch verſtanden wer=
den/ das / da gedachter Guido, Beren-
garium, einen König in Italien vertri-
ben/in dem Jahr Chriſti 891.

An einer Saul gegen dem Pfarz=
haus iſt auf dem Geſtez zuſehen ein Key=
ſer oder König zu Pferd / vor deme St.
Felix und St.Regula ſtehen: Diſes ſolle bedeuten / wie ſolches Stift von diſem
Keyſer oder König zugeeignet werde gedachtem St. Felix und St. Regula.

Auch befindet ſich in diſer Kirchen
gegen der Leuthprieſterey folgendes Epi-
taphium: Anno Domini MCCCCL.
Obiit D. Jacobus Schvvarzmurer,
Canonicus Capituli hujus Eccleſiæ.
Item Agnes, uxor legitima prædicti
D. Jacobi.

Neben dem Chor wird in einem Gewelb der Oberkeitlich Schatz / ſamt anderen dingen aufbehalten.

In dem Kreuzgang ligt begraben
Graff Ludwig von Oetingen der Jün-
gere / welcher Anno 1549. zu Zürich geſtorben : Auf dem Grabſtein ſtehet der
Gräffliche Schilt und Helm.

Das Frau=Münſter iſt die andere

Grabſtein eines alten Chorherren.

Schatz.

Begräbnuß eines Graſſen von Oe-tingen.

Frau-Mün-ſter.

Pfar-kirchen / liget in der Kleineren
Statt/hat zwey ſtarke/aber nicht gar hoche Thürn/ in deren eintem die Gloggen
hangen : In diſer Kirchen iſt der Statt
Archivum.

Es ware vor der Reformation allhier eine Fürſtliche Abbtey / von K. Lu-
dovico Germanico geſtiftet / und waren ſeine Töchteren Hildegard und Ber-
tha die Erſten Aebbtiſſinnen/ohngefehrd
um das Jahr Chriſti 832.

Die dritte Pfar-kirche heiſſet zu
St. Peter / liget auch in der Kleineren
Statt/ an einem erhabenen Orth/ hat
einen ſehr hochen und dicken Thurn/ darinnen eine gar ſchöne und ſehr Kunſtreiche Senkel-uhr/welche auf alle vier Seiten die Stunden zeiget / und ſehr groſſe/
ſchwere und ſtarcke Zeiger treibet. Auch
iſt daran zubeobachten die Kunſtreiche
und groſſe Aſtronomiſche Tafel / die
den Lauff der Planeten weiſet/ wird auch
durch Uhrwerck getriben. Sie iſt von
Hans Luterer Anno 1538. außgefertiget
worden.

In dem Chor daſelbſten liget zur
Erden beſtattet Herr Rudolf Braun/
Ritter / und Erſter Burgermeiſter der
Statt : Auf dem Grabſtein iſt außge-

hauen

Archiv da-
ſelbſt.

War eine
Fürſtliche
Abbtey.

Kirche zu
St. Peter.

Hat einen
Perpendi-
cul oder
Senkeluhr:
und eine
Kunſtreiche
Aſtrononi-
ſche Tafel.

Daſelbſt ligt
begraben H.
Burgermei-
ſter Braun.

hauen sein Schilt und Helm / samt folgender Grabschrift:

ANNO DOMINI MCCC.LXXV.
KALEND. OCTOBRIS , OBIIT
DOMINUS RUDOLFUS BRUN.
MILES, PRIMUS MAGISTER
CIVIUM.

Es hat dise Kirche/vor allen anderen
in dem ganzen Zürich-Gebiet auß / die
Freyheit / daß die Gemeindsgenossen ihren Pfarzer / Helffer/ Kirchenpfleger /
Sigrist und Todtengräber selbsten mögen erwehlen: vor disem ist es geschehen
bey offentlichem Mehr: Weilen aber allerhand unordnungen / Partheylichkei-
ten / und Feindschafften darbey entstanden und fürgegangen / habend sie sich A.
1671. mit und under einanderen ent-
schlossen/selbige fürohin durch das heim-
liche Mehr zuerwehlen. Es sind aber dahin Kirchgenössig hernach folgende:
Namlich: Alle die jenigen / so da eine
Wohnung haben in der kleinerē Statt /
als da sind diejenigen so von dem rohten
Mañ in gassen / und die Badergaß hinab / bis zu underst der kleinen Statt sich
haußhablich aufhalten ; Deßgleichen die
zu Wiediken / an der Sill / beide Blei-
kertweg/zu den dreyen Königen/ im Sel-

Freyheit der
Kirchgenos-
sen daselbst
in erweh-
lung eines
Pfarzers/
Helffers/ıc.

Kirchgnos-
sen.

nau/ Engi/ Leimbach/ Höckler/ Friessen-
berg/ und halb Wollishoffen : dise alle
geniessen obgedachte Freyheit / so sie
Mañbar und erwachsen seyn.

Kirche zu
dem H. Geist
oder zu den
Predigern.

Die vierte und letste Pfarz-Kirche
wird geneñet zu dem Heiligen Geist/ ins
gemein aber Die Prediger-Kirche/
weilen vor altem ein Prediger Kloster
daselbsten gestanden / jetzund aber zu dem
Spithal geordnet worden. Sie ist eins
von den schönsten und Kunstlichsten ge-
bäuen/ bey wenig Jahren auf neue manier erweiteret und vergrösseret/ ist uberal
gegypset / und wird die neue Kirche genennet. Ob einem grossen Portal/ so gegen Mittentag sihet/ wird folgende uber-
schrifft mit grossen Römischen Quadrat-
Buchstaben verzeichnet / gelesen :

Uberschrift
ob einem
grossen Pör-
tal.

QUOD FELIX FAUSTUMQUE
SI EX DECRETO SENATUS PO-
PULIQ. TIGURINI. COSS. JOH.
RODOLPHO RHONIO , ET LE-
ONHARDO HOLZHALBIO,
ECCLESIÆ NUTRITIS, PATRIÆ
PATRIBUS, ISTHANC TIBI Æ-
DEM CHRISTE OPT: MAX. PIE
DICATAM. TUM INSTAURAN-
DAM TUM AMPLIANDAM

SUM-

SUMTU PUBLICO CURAVIT.
JOH. HENRICUS HOLZHAL-
BIUS LABAROPHORUS , ET
ARCHIOECONOMUS ANNO
TEMPORIS ULT. MDCXI.
AT TU CHRISTE INTUS NOS
RELIGIONE FIDEQ.
INSTAURATO , TUI NOS
AMPLIFICATO TIMORE,
VIVÆ QUO SIMUS SACRI SPI-
RAMINIS ÆDES.

Das Chor/ auf welichem jetzund Oberkeitliche Kornſchüttenen ſeyn / wird genennet die Alte Kirche/ und iſt eines von den Siben höchſten Choren in gantz Teütſchland geweſen.

Die Waſſer-Kirche iſt bey der Oberen Bruggen auf einem Inſulein erbauen. A. 1479. ward die alte Kirche geſchliſſen/ und die neue angefangen/ auf eben die weiß und form wie ſie nach heut zu Tag geſehen wird : der Bauw währete bis zu ſeiner vollendung in die Siben Jahr lang. Jetziger Zeit wird die Burgerliche Bibliothek in dem underen theil derſelbigen auffbehalten : da wol zube-obachten / daß ein habender Burger die Freyheit hat/ ein Buch ab derſelbigen in ſein Haus zubeſchicken : Auch iſt ſich

Sehr hohes Chor daſelbſt.

Die Waſſerkirche.

Die Groſſe und köſtliche Bibliothec daſelbſt.

hóchlich zuverwunderen / daß ſie in einer
ſo kurtzen Zeit / in dem ſie erſt ihren an=
fang genomen A. 1628.) zu einer ſoli=
chen vollkommenheit kommen / daß man
mit beſtem Recht von ihro ſagen kan:
Sie ſeye eine von den ſchónſten / ſo weit
und breit geſehen wird / und das nicht
nur allein wegen ihrer fürtreffenlichen
Situation, und kómlicher Gelegenheit/
ſondern auch vonwegen der groſſen men=
ge allerhand koſtlicher und rarer / theils
getrukter/theils auch von hand geſchrieb=
ner Búcheren / welche in einer ſchónen
Ordnung beſchloſſen / und alle die glei=
cher Profeſſion, bey einanderen auf ei=
nem Geſtell zufinden / alſo daß man ſie
alle wol ſehen / aber ohne heraußgebung
eines Herzen Bibliothecarij (ſo die
Schlüſſel darzu hat) nicht herauß nem=
men kan. Under diſen Búcheren laſſet
ſich ſonderlich auch gar wol ſehen eine

Alte Bibel. alte Bibel / mit koſtlich illuminier=
ten Figuren: Wie auch eine von Hand
geſchribne Hebraiſche Bibel/ſo ſauber/
als were ſie getruckt / welche der Herzog
von Rohan dahin verehret hat: Deß=
gleichen auch zwey Chineſiſche Búcher/
auf ſehr langen Riemen von Seiden=
Papeir getrukt.

Gleich

Gleich ob diſer Bibliothec iſt ein
ander Boden / auf welchen man durch
einen ſehr ſchönen / und von allen Steinmetzen berühmten ſteinernen Schneggen
gehet / allwo zuſehen eine herꜩliche Kunſt-
kamer / mit allerhand raren Thieren /
ſeltzamen Vöglen und Fiſchen / auch allerley Meergewächſen / Wunderen der
Natur / ſamt vielen Antiquiteren, und
einer groſſen menge alter und neuer
Münzen ; Wie auch aller Herꜩen Burgermeiſteren / ſint der Reformation,
und anderer gelehrter Herꜩen / Geiſt- und
Weltlichen Stands / Contrafacturen
oder Bildnuſſen : item allerhand Ma-
thematiſche Inſtrument und Kunſt-
Uhren. Under anderem aber iſt ſonderlich auch ſehens würdig die groſſe Land-
tafel des Zürich-Gebiets / von Herꜩen
Hans Conrad Gyger Seligen / geweſnem Amtman in dem Cappelerhof /
ſehr kunſtlich aufgetragen / ein Werck
von dreiſſig und mehr Jahren / darinnen
alle Stäge und Wäge des ganzen Lands
zufinden / ſamt einer weitläuffigen / von
ihme beſchrieben anweiſung zum Verſtand diſer Landtafelen : Deßgleichen
ein Tiſchblatt / von dem berühmten
Hohlbein ſehr kunſtlich gemahlet : Ein

B v   groſſer

Kunſt-
kammer.

groſſer Magnet : Ein groſſer Brenn-
ſpiegel / von Metall-Stahel / Spiegel-
Mixtur genañt / gegoſſen / und ſauber
polieret/von Herzen SeckelmeiſterRah-
nen/Lobſeliger Gedechtn. außgefertiget/
und dahin verehret : Item ein Zwölff-
Schühiges Perſpectiv-Rohr : Schöne auf Kuglen gezogne groſſe Globi Cœ-
leſtes und Terreſtres, Geſtirns-und
Erd-Kuglen / ſamt vielen andern Sachen noch mehr.

**Obere-und
undere
Schulen.** Es hat auch in der Statt Zürich
zwey treffenliche Lateiniſche Schulen/
deren jede in fünf Claſſes abgetheilt: und
weil die in der Gröſſeren Statt/die Obere genennet / von dem Einkommen der
Stift unterhalten wird/ wird ſie in Latein Schola Carolina : Hingegen die
in der Kleineren Statt/die Undere : und
weilen die Schulmeiſter ihr Einkomen
auß dem Amt zum FrauMünſter bezeuhen / auch an diſem Kloſter erbauet /
Schola Abbatiſſana genennet.

**Collegium
Humanita-
tis.** Hernach hat es zwey Collegia, deren das einte bey dem FrauMünſter /
und Collegium Humanitatis genennet wird / in welchem profitieren vier
Profeſſores, und haben das Einkom-

men

men von obgedachtem Amt. Das ander wird genennt Collegium Publicum, oder Carolinum, in welchem acht Profeſſores leſen / die alle ihr Einkommen haben von dem Stift zum Groſſen Münſter / und werden in demſelbigen alle Geiſtliche underwieſen / bis daß ſie examinieret, und zum Kirchen = oder Predig=ſtand zugelaſſen werden.

In diſem Haus pflegen die Chorherzen/deren zehen an der Zahl/ ihre Zuſamenkunften zuhalten/ und wird danahen genennet der Chorherzen Stuben: In diſem Haus iſt ein ſehr groſſer und ſchöner Sahl / ſamt einer uralten Bibliothec , inſonderheit von Manuſcriptis : Under anderem findet ſich auch dariñen/eine ſehr groſſe/auf Pergament/ mit gar vielen guldenen Buchſtaben/ geſchriebne Lateiniſche Bibel / ſo von Keyſer Carolo Magno dahin vergaabet worden / ſamt noch gar vielen anderen herzlichen und fürtreffenlichen Stucken.

In dem Haus zu St. Peter / welches vor altem das Amthaus der Probſtey Embrach geweſen/werden drey Teutſche Schulen gehalten / die allen Burgersknaben offen ſtehen / und vor

(marginalia):
Collegium Publicum oder Carolinum.

Chorherzen ſtuben.

Bibliothec daſelbſt von alten geſchriebnen Sachen.

Caroli Magni Bibel.

Teutſche Schulen.

der

der Oberkeit mit Schulmeiſteren verſehen werden/haben auch ein gute Competenz oder Einkommen.

Uber das/ ſo hat es auch underſchiedenliche Weiber-Schulen/darein die
Jungen Knäblein und Mägdlein gehen/
die darinnen in dem ſchreiben und leſen
underrichtet werden.

Vor Zeiten hatte es zu Zürich under-
ſchiedenliche/ſo wol Weiber-als Mañs-
Clöſter gehabt/welche jezunder mit Amtleuthen von Räth und Burgeren beſetzet werden. Under allen aber war das
fürnemſte/die Abbtey Frau-Mün-
ſter/ dann es waren nur Königliche/
Fürſt- und Gräffliche Weibs-Perſoh-
nen darinnen. Die Erſte Aebtiſſin ware
Hildegard , Ludovici Germanici
Tochter/und Caroli Craſſi Schwöſter/
welche diſe Abbtey mit herzlichen Freyheiten begaabet/ alſo daß die Aebtiſſin
das Statt-Gericht mit Schultheiß und
Richteren nach belieben beſetzen mögen/
auch das Malefiz, ohn einige anderwer-
tige Appellation , wie ingleichem die
Münz-Gerechtigkeit/ihro zugeſtanden:
Auch hatte ſie allen Zohl und Umgelt
von verkauften und durchgeführten
Wahren/

Weiber-
Schulen.

Zürich hat-
te vor Zei-
ten viel
Mannſ-
und Wei-
ber-Klöſter.

Abbtey zum
FrauMün-
ſter vor zei-
ten fürn:m̄
uñ mächtig.

Hatte das
Malefiz.

Wahren / und anderen Sachen gehabt: Dise Abbtey war Benedictiner-Ordens.

Zu den Zeiten Keyser Heinrichs des IV. ist zu Wolhausen in dem Ergöuw gesessen ein Freyherr der Selinger genannt / sein Gemahel hiesse Hedwig / mit welcher Er etliche Kinder erzeuget: Als ihnen aber auf eine Zeit etliche ihrer Kinderen bey ihrem Schloß und Wohnung in einem See / oder Weyer ertrunken / wurden gedachte beyde Elteren hierdurch bewogen den Ehestand zuverlassen / und ein Mönchisch leben anzunemmen. Selingerus verfügte sich in das Kloster Einsidlen / darinnen Er ein Mönch / und Anno Christi 1070. zu einem Abbt erwehlet worden. Hedwig aber hatte sich begeben in das Kloster der Abbtey bey dem Frau-Münster zu Zürich / worinnen sie in folgenden Zeiten Aebbtissin worden.

Jetzund aber wird diß Kloster besezt mit einem Amtmann auß dem Grossen Rath / welcher zu sechs Jahren um pflegt abgewechslet zuwerden.

In disem Kloster sind auch zwey Collegia, deren das eint der Neu /

der

Selinger und Hedwig sein Gemahel begeben sich nach dem ihre Kinder ertrunken in die Klöster.

Selinger wird Abbt zu Einsidlen. Hedwig Aebbtissin zum Frau-Münster.

Frau-Münster wird besezt mit einem Amtmann.

Der Alt und Neu Hof daselbst.

der andere aber der Alte Hof genennet
wird / darinnen auß dem Einkommen
des Kloſters Fünf und Zwenzig ſtudie-
rende Knaben / ſamt ihren Zuchtherzen
erhalten werden.

A. 1687. iſt der Neu Hof den Exu-
lanten auß Frankreich und Piemont ge-
widmet worden / und werden dißmal nur
in dem Alten Hof fünfzehen Studenten
erhalten.

Auf ſolches folget das **Barfüſſer
Kloſter** / wird jezunder genennet das
Obmañ-Amt / deſſen anfang weißt man
nicht / iſt A. 1240. ſchon in Würden geſtanden. Wird heut zu Tag beſeſſen von
einem Herzen des Kleinen Rahts / welchen man alle Sechs Jahr abänderet /
wird **Obmann** geheiſſen : Diſer hat
die Auſſicht über alle Klöſter zu Statt
und Land / auch muß Er gewüſſe Pfar-
häuſer auf der Landſchaft in ehren halten / und etlichen Geiſtlichen Herzen ihr
Pfrund Einkommen geben. Es hat in
diſem Kloſter einen ſehr groſſen Keller /
darinnen ein Faß ſo 143. Eimer haltet /
welches A. 1540. (weilen viel und guter
Wein gewachſen /) überall gefüllet
worden.

Barfüſſer-
Kloſter.

Wohnet je-
ein Obmañ
daſelbſt.

Groſſer Kel-
ler und Faß
daſelbſt.

Als

Als A.1248. die Statt Zürich/ wegen Keyſer Friderichen/ deme ſie anhängig geweſen/ von dem Papſt Innocentio dem IV. in den Ban gethan worden/ hatte die Geiſtlichkeit keinen offentlichen Gottesdienſt/ ſondern nur allein bey verſchloſſner Thüren verrichtet/ und niemand darzu gelaſſen/ als diejenigen/ welche dem Papſt anhängig waren/ welches aber eine Burgerſchaft verdroſſen/ und ſolcher geſtalten verbitteret/ daß ſie alle Prieſtere/ Mönchē und Noñen zur Statt hinauß gejagt. Die Barfüſſer aber/ als ſie zu dem Lindenthor hinauß gegangē/ ſind ſie den Graben ab/ und zu dem Kronenthor widerum in ihr Kloſter hinein gezogen/ und haben es mit der Burgerſchaft gehalten/ danahen ſie denſelbigen ſehr lieb/ und hatten allezeit mehr gunſts gehabt als die anderen Mönche.

Das Auguſtiner Kloſter iſt von Graff Rudolff von Habſpurg/ und den Burgeren zu Zürich/ den Auguſtiner-Mönchen/ welche A. 1265. gen Zürich kommen/ erbauen worden. Graff Craft von Toggenburg/ damahlen Probſt/ hatte das meiſte Holtz darzu gegeben: Graff Rudolff von Habſpurg ward hernach

nach

Zürich komt in den Ban.

Jaget Mönchen und Noñen zur Statt hinauß. Barfüſſer-Mönchen lieben zum Lindenthor hinauß und zum Kronenthor hinein in ihr Kloſter. Waren der Burgerſchaft lieb. Auguſtiner-Kloſter erbauen.

nach zum Römiſchen König erwehlet/ danahen eine Kron oben auf dem Helmlein diſes Kloſters geweſenem Kirchenthürnleins zuſehen/ zum Zeichen daß diſes Kloſter mit Königlicher Hülff erbauen worden. Daſelbſt liget begraben Huldricus, Erzbiſchoff von Trier/der/ als Er von Rom widerkommen/ in eine Krankheit gefallen/und begehret hat/allhier nach ſeinem Tod beſtattet zuwerden.

In dem Bezirk diſes Kloſters wohnet ein Obmañ/welcher auß dem Groſſen Rath dahin geſetzet/ und zu Sechs Jahren um abgeänderet wird : Diſer ſolle ohne underſcheid der Religion das Allmoſen under die Armen außtheilen/ da es dann oft an den Feſten/ und inſonderheit an einem Neujahrs Abend / vier bis in fünf Tauſend Perſonen gibt/welche alle das Allmoſen empfahen.

Es verſamlen ſich daſelbſt auf den erſten Zinſtag eines jeden Monats die Herren Allmoſens = Pflegere/Geiſt-und Weltlichen Stands/ zuberathſchlagen/ welches die würdigſten Armen/ auch auf was Form man dem Bättel abhelffen könne.

Weiters wohnet in dem Bezirk diſes Kloſters ein Amtmañ/auch des Groſ-

ſen

Kron auf deſſelben Thürnlein.

Huldricus Erzbiſchoff von Trier daſelbſt begraben.

Wird einerſeits bewohnet von einem Obmañ des Allmoſens.

Allmoſens-Pflegere.

Anderſeits von einem Amtmann bewohnet.

sen Rahts / diser wird genennet / Amtmann in dem **Hinderen Amt** / oder
in dem **Reuti-Amt** zun Augustineren:
Diser hat gar nichts zuschaffen mit dem
Allmosen.

Letstlich haltet sich auch in dem bezirk
dises Klosters auf der **Münzmeister** /
der von dem Rath erwehlet wird. Jedoch ist nicht vonnöhten / daß er des Kleinen / oder des Grossen Raths seye : Diser bewohnet das Hauß / so vor der Zeit
der Augustiner Kirche gewesen / jezunder
aber die Münz ist.

Der **Oetenbach** ware vor disem
ein Frauen-Kloster / Prediger Ordens /
hat einen schönen Kreuzgang / und begreiffet in sich einen grossen bezirk: die
Kirche daselbst ward vor disem genent
zu St. Maria. In disem Kloster werden jezunder auß dem Einkommen und
grosser Beysteur guter Leuthen / arme
Wäislein / Knäblein und Töchterlein
verpfleget / auch in aller Handarbeit /
Schreiben und Lesen underrichtet / bis
sie sich selbs ernehren und erhalten können / haben einen eignen Pfarzer / der ihnen prediget / die Kinder examinieret /
die Gefangne besuchet / und die Kran-

*Ferners
von einem
Münzmei-
ster.*

*Oetenbach
vor disem
ein Frauen-
kloster.*

*Jezunder
ein Wäisen-
haus.*

*Hat ein ei-
nen Pfarzer.*

C   nen

nen tröſtet : Deßgleichen einen Pfleg-
Vatter/ den ſie Vatter/ und ſeine Frau/
Muter nennen. Die Pflegere/Geiſt-und
Weltlichen Stands/verſamlen ſich alle
Monat einmahl / ſich zuberahtſchlagen/
was zu erhaltung diſer Kinderen am
dienſtlichſten

Auch hat es in diſem Kloſter ein
Zuchthaus/ worinnen etliche Gefan-
genſchaften / für liederliche Burger und
Landleuthe/ ſo auf gewüſſe Zeit / an das
ſo genañte Schellenwerck / oder an der/
daſelbſt angeſtelten Handmühlen zuar-
beiten verurtheilet werden : müſſen auch
in ſelbiger Zeit an den Schanzen / und
anderen gemeinen Werken arbeiten: und
je nachdem das Verbrechen groß / werden ſie gar an eine Stud oder Pfahl gebunden / und wird ihnen mit dem Rin-
derſchweiff oderRuthen eine gewüſſe anzahl Streich gegeben.

Es wohnen auch in diſem bezirk zwey
Beamtete / deren der einte des Kleinen
Raths/und Kornmeiſter/ der ander
aber des Groſſen Raths / und Amtmañ in dem vorderen Amt genennet wird. Auch wohnet daſelbſt ein Ar-

zet / welchen man den Blater-Scherer nennet.

Der Spital begreiffet in sich einen grossen bezirk: Dann solcher vor altem Zwey Klöster gewesen / deren das eint den Prediger-Mönchen so A. 1230. gen Zürich kommen / zubiente : das ander aber war ein Weiber-Kloster/ zu St. Verena / ins gemein aber die Samlung der Frauen von Constantz/gewesen/und wird noch heut zu tag die Samlung genennet : dieselben haben hernach ihr Conventhaus an der Brunngasse (heut zu tag die Froschauw genañt) erweitert.

Diser Spital hat ein grosses Einkommen/und vermehret sich von tag zu tag/weilen viel dahin/von den sterbenden vermachet und vergaabet wird. Allein/ so man betrachtet die grosse anzahl der übelmögenden / Krancknen und verwirreten Leuthen / so stets darinnen beherberget und erhalten werden/auch ihre gute Abwart haben/ (dañ man täglich über die 600. Arme / ohne die Pfrründer und andere Bediente speiset/) vermeinte einer / es solte nicht wol möglich seyn können / auß dem Einkommen

Artzet daselbst.

Spital/ vor disem ein Kloster.

Erhaltet viel Volk.

eine ſolche menge Volcks zuerhalten.

Die Gebäue diſes Spitals haben zwaren ein gar ſchlechtes anſehen/gleichwolen ſind ſie ſtarck und köſtlich. Auf eine zeit fragete ein Frömder/hierdurch reiſender : Woher es komme / daß der Spital zu Zürich ein ſo ſchlechtes anſehen habe / da doch anderſtwo die Spitäle/ als König- und Fürſtliche Palläſt auf das köſtlichſte außgezieret weren ? Diſem aber wurde ſehr wol auf ſeine Fraag von einem geantwortet: Man dörffe ſich nicht verwunderen / warum die Spitäle ſo ſchlecht / ſitenweilen er glaube / daß es genug die Arme als Arme zu underhalten/und könne er nimmermehr in ſeinen Kopf bringen / daß man ſie als Prinzen underhalten und beherbergen müßte.

Der Spitalmeiſter iſt des Rahts : Vor diſem ware es einer des Kleinen Raths/und bliebe es ſein lebenlang : jezund aber iſt es auch einer des Groſſen Raths/und wird fürohin alle neun Jahr abgänderet. Er muß alles Einnemen und Außgeben verantworten/ hat deßwegen einen eignen Schreiber / und andere Bediente/die ihme zur hand ſtehen.

Es verſamlen ſich daſelbſten/auf den erſten Mittwochen eines jeden Monats

Die

Iſt nicht prächtig erbauen.

Die urſach deſſen.

Spitalmeiſter.

Spitalspflegere.

die Herꝛen Spitals = Pflegere/ (deren
drey; Zwey des Kleinen= und einer des
Groſſen Raths) zuberahtſchlagen/was
zum beſten des Spitals gereiche / auch
welche man annemmen ſolle oder nicht.

Alle Zinſtag in der Wochen wird
eine Viſitation von den verordneten
Herꝛen Medicis und Chirurgis (welche
man die Bſchau/ oder Gſchau/ nen-
net/) gehalten/ allwo alle arme/krankne/
und Preſthafte Perſonen / ſo keine mittel haben / deßgleichen alle reiſende/oh-
ne underſcheid der Religion/nach beſich-
tigung/angenommen / von dem Statt-
und Spital=Arꝛet auß Oberkeitlichem
koſtē gearꝛnet / und nach geneſung wider
fortgeſchicket werden : Hingegen werden
diejenigen/ſo mit erblichen Krankheiten
behaftet / in die hierꝛu beſtimte Orth ge-
wieſen/allwo ſie auch ihre eigne Medicos
haben.

Der Spital hat einen eignen Prediger / der wochentlich alle Krancknen
beſuchen / tröſten / und ꝛu gewüſſen Zeiten in den Stuben ihnen Predigen/und
auch auf die Heiligen Feſte das Heilige
Nachtmahl austheilen muß / ſo wohl
den Krancknen als den Geſunden/ ſo

Bſchau oder
Gſchau.

Prediger
daſelbſt.

deſſen genugſamen Verſtand haben:
Müßte vor diſem mit höchſter Be-
ſchwerd/von einem jeweiligen Diacono
zun Predigeren verſehen werden.

Spital Ar-
zet.

Auch hat Er einen eignen Wund-
Arzet / den man Spital-Arzet nennet.
So ſind auch dem Spital inſonderheit
abzuwarten verbunden beide Herzen-
Statt-Arzet/deren der einte ein Doctor
Medicinæ, der ander ein Chirurgus
iſt. So hat auch der Spital ſeine eigne
Mühle/ Pfiſterey und Mezg.

Erziehet
groſſe Och-
ſen.

Sehr groſſer
Ochs.

Auf die Feſte pfleget man groſſe und
fette Ochſen / (denen man ein Kränzlein
aufſezet / und an einem weiß-und blau-
Seiden Band durch die Statt führet/)
zuſchlachten: A.1682. den 21.Chriſtmo-
nat / wurde ein fünff jähriger Ochß / ſo
an dem Wädenſchweiler Berg gefallen/
und einer halben Stund wegs under der
Statt / in dem Hard genennet / in des
Spitals-Scheur daſelbſten / gemeſtet
worden/geſchlachtet / welcher zu ſolcher
gröſſe und ſchwere kommen / das Er
lebendig in die 26. Centner und 53.
Pfunde gewogen.(Der Centner zu 100.
Pfunden/das Pfund aber zu 36. Lothen
oder 18. Unzen gerechnet.) Darüber

machet

machet Herꝛ Ulrich Brennwald /
Diacon zu Kilchberg an dem Zürich-
See/ folgende Vers :

Gedicht
hierüber.

Ein außgemeſter Ochs/ zu Zürich
    im Spittal/

Ward auf das Wienacht Feſt/ ge=
    ſchlachtet abermahl/

Der woge lebendig/ am Fleiſche ein
    außbund/

Zwey tauſend/ hundert ſechs/ und
    drey und fünffzig Pfund

An Liden vier allein / da brachte
    ſein Gewicht/

(Wie dann warhafftig iſt gefallen
    der Bericht)

Tauſend/ Sibenhundert/ deßglei=
    chen auch darzu /

Nach ein und dreiſſig Pfund : viel
    Leuth die ſahen zu.

Fragt man dem Unſchlitt nach/
    zwey hundert viertzig acht/

Daſſelbig am Gewicht grad juſt
    der Pfunden bracht/

Die außgezogne Haut / die woge
    hundert Pfund/

Vierzig und acht darzu / war hiemit ein Ausbund.

Des Ochſens Höhe war / grad ſi-
ben Werck-Schuh

Die Länge neun Schuh / ſich er-
ſtreckte auch darzu/

Neun und ein halben Schuh / die
Dicke brachte dar

So hinderwertig an des Ochſens
Laffen war :

Zween Werch-Schuh ware dick
ein Schenckel an dem Thier.

Dergleichen Ochſen ſind im Lande
zwar ein Zier :

Wann aber wird betracht die Hir-
tung ſie zu mäſten

So hat an ihnen man gar viele
nicht zum beſten.

Rathhaus.   Das Rathhaus iſt ein groſſes/aber
von anſehen nicht koſtliches Gebäu / wie
wol es ſehr viel gekoſtet. An. 1398. hat
man das alte Rathhaus / welches gantz
von Holz erbauen geweſen/abzubrechen/
und das Neue / faſt bis an die Mitten
mit ſchönen Quaderſteinen zuerbauen
angefangen:Obenhar iſt alles von Holz.

In der kleinen Rathſtuben wird das Regiment von ſeinem Anfang an/ bis auf diſe Zeit repreſentieret/und mit gewüſſen hölzen Räderen / darauf die Namen und Schilte der Regiments-Perſonen gemahlet/ getrieben.

Daſelbſt iſt auch anzutreffen eine kunſtliche Taffel/ auf welicher der Statt Zürich Waapen mit beiden Löwen in Lebens gröſſe gebildet / füraus aber mit ſchönen Früchten gezieret iſt / von Hans Aſper dem Mahler / und geweſnem Zwölffer bey der Meiſen.

An der Seiten gegen dem Fiſch-markt / iſt den Monaten nach gemahlet / weliche Fiſche im Leich /und hiemit feil zuhaben verbotten; die Fiſche köñen in den Schiffen bis zu dem Markt geführet werden.

Under der kleinen Rath-Stuben iſt die Wechſel-Stuben/ auch eine groſſe Lauben / welche man die Brotlauben nennet/weilen die Kleinbrötler ihr Brot darinnen feil haben : Auch iſt die Oberkeitliche Gant und Haber-Mählerey/ ſamt vilen Kramläden daſelbſt.

A. 1532. iſt erkennet worden daß man den Pfiſteren das Brot wägen ſol-

le / darzu ſind geordnet zwey Herren des
Kleinen / und einer des Groſſen Raths /
die müſſen zu gewüſſen Tagen durch die
ganze Statt gehen / und bey allen Pfiſteren das Brot wägen. So hat es auch
gewüſſe Herzen vom Kleinen und Groſſen Raht / ſo das Brot wochentlich
ſchätzen.

*Brotſchä-
ter.*

Das **Gerichthaus** iſt klein / ſchlech-
ten anſehens / darunder die Haubt-
wacht: wurde erbauen A. 1469 : erweiteret A. 1655.

*Das Ge-
richthaus.*

Das **Ehe- Gerichthaus** iſt ein
ſchönes Gebäu darunder die Metzg /
und die Metzgerbänck / deren 5. der Oberkeit zuſtehen / werden daher geneñet Her-
renbanck. Gleich vor der Metzg über iſt
das ſchöne **Schlachthaus** ſo A. 1420.
erbauen worden / überall mit groſſen ſtei-
nenen Blatten beſetzet : in mitten ſtehet
ein ſchöner lauffender Brunn / under
demſelbigen lauffet die Lindmat mit
groſſer ungeſtümigkeit hindurch / daß ſie
alſo allen unrarht hinweg ſchwemmet :
Die Kutler haben daſelbſt auch ihre eigne Bäncke.

*Ehegericht-
haus.
Metzg.*

*Schlacht-
haus.*

A. 1532. ward vor Räth und Burger erkennet / daß man den Metzgeren

*Fleiſch-
ſchätzer.*

fürohin

fürohin das Fleiſch ſolle ſchätzen / und
werden jährlich drey Herzen / zwey des
Kleinen / und einer des Groſſen Raths
darzu geordnet / die ſolches bey ihren Ei-
den ſchetzen / und das finnige hinweg ken-
nen müſſen / welches dann auf einem ſonderbaren Banck außgehauen / und den
armen Leüthen um ein geringes Gelt
verkauft wird.

Die Metzger haben die Freyheit alles Fleiſch / ſo von den Land-Metzgeren
in die Statt gebracht wird / hinweg zunemmen ; dörffen aber ſolches nicht vor
ſich behalten / ſonder müſſen es in den
Spital / oder den armen Wäißlenen in
dem Oetenbach geben.

Freyheit
der Metzg-
ren wider
die Land-
Metzger.

Es hat an beyden Bruggen groſſe
Räder / die das Waſſer auß der Lindmat in Küpfernen Geſchirzen einſchö-
pfen / und es oben widerum in einen
Trog gieſſen : Das Ober Rad hat ſi-
ben / das under aber acht Röhren. Diſes Waſſer wird durch Canál auch in
andere Burgershäuſer geleitet : Sie
ſeyn ſehr komlich / wann andere Brünnen nicht lauffen. A. 1420. wurde das
erſte Rad auf der underen Brugg außgefertiget / weilen die Juden vor diſem

Waſſer-Rä-
der und
Brünnen
an beyden
Bruggen.

alle

alle Brünnen in der Statt vergiftet.
Zu nächſt bey dem Rad der underen
Bruggen/ iſt die Sinne/ daſelbſt die
Weinfäſſer/Weinſtanden/Tanſen oder
Bücke/und andere Weingeſchirre geſin-
net und gemäſſen werden/von dem hier-
zu verordneten Sinner.

Schöne
Spring-
brünnen.

Es hat in diſer Statt auch ſchöne
und kunſtliche Springbrünnen:
Der erſte in der ganzen Statt iſt Anno
1430. in dem Reñweg aufgerichtet worden. Und iſt inſonderheit derjenige/ ſo
mitten an der Kirchgaß ſtehet/wol ſehens
würdig/auf welchem der Samſon einen
Löuen zerreiſſend/ auß einem Stuck von
einem ſehr harten Stein/von M. Hans
Motſchon/ von Trient gebürtig/ kunſtlich geſchnitten worden. Item in der
Brunngaß iſt ein Brunn/ darauf ein
ſteinin Mañsbild/ das einen Dorn auß
dem Fuß zeucht. Füraus aber iſt wol zu

Lindenhof.

beobachten der Bruñ auf dem Lin-
denhof/ welcher in die 115. Schuhe
hoch auß einem Sod auf diſen Hof/ver-
mittleſt der vorbeyflieſſenden Lindmat
hinauf getrieben wird: iſt ſehr kalt.

Diſer Lindenhof/allwo vor zeiten
ein Schloß geſtanden/ in welchem jeder-

zeit die Römiſche Landvögt gewohnet/
iſt ein erhabner Platz/weit in ſeinem um-
kreiß / durch und durch mit ſchönen Linden beſetzet / darunder ſteinerne Taffelen
oder Tiſche ſtehen / darauf die Burger/
ſonderlich die **Bogenſchützen** in dem
Sommer einen Abendtrunck halten /
weilen ſie ſich an diſem Ort mit Bo-
genſchieſſen/erluſtigen: zun Zeiten ſchieſſen ſie auch auß dem Geſellſchafthaus/
zur Schützen genennet/über die Lindmat an die Hofhalden: Die Bölz oder
Pfeile werden in einem Kiſtlein an einem
über die Lindmat geſpanneten Seil / zuruck gehaſplet.

    A. 1537. Under Herzen Burgermei-
ſter Diethelm Reuſten fieng man in dem
Silwald zween Reehböck / darzu wurden drey Hirſchen in dem Stattgraben
gefelt. Dieſe Stuck wurden under die
Zünft vertheilt / und aſen alle Zünft/
Männer und Weiber diſes Wildpret
auf dem Lindenhof/es waren 106. Tiſche/
da ob jedem Tiſch auf das minſte zehen
Perſonen waren: geſchahe den 19. tag
Augſtmonat.

    A. 1568. An dem Neuen Jahrstag
war eine ſo warme und luſtige Zeit/ daß

viel

Marginalia:
Bogenſchützen.

Mahlzeit auf dem Lindenhof.

Abendtrunck an dem Neu-jahrstag da-ſelbſt gehal-ten.

vielBurger ab ihrenZünften mitTrum=
men und Pfeiffen auf den Lindenhof ge=
zogen/und zur gedechtnus/einen Abend=
trunck/ wie im Sommer bräuchig/ da=
ſelbſt mit einandern gethan haben.

Von der Luſtbarkeit diſes Linden=
hofs hat Johannes Fabricius, Monta-
nus, folgende Vers aufgeſezt :

Lucus in Urbe viret media, qui
  mœnibus altis
Altior, ad cœlum ramis fronden-
  tibus exit.
Vitiferos circà colles,infráque ja-
  centes,
Pontémque & vitreas adſpectat
  deſuper undas.
Area lata ſupra, poſitæque ex or-
  dine Menſæ
Marmoreæ, vivóq; exciſa ſedilia
  ſaxo.
Hic lætis epulis ſoliti conſidere
  Patres,
Et celebrare diem , morem ſi
  quando frequentat
Urbs patrium, priſcóſque ſuos in-
  ſtaurat honores :
Cætera pars juxtà ludis vacat at-
  que theatris ;

Illic

Illic ſe curſu exercet Tigurina ju-
ventus:
Ingentéíque jacit lapides , & pon-
dera trudit:
Elidunt arcus alii , contentáque
rurſus
Spicula componunt nervis, ictúſ-
que laceſſunt.

A. 1521. Waren die Rondelen an
dem Reüweger-Thor zubauen angefangen / nach der form der Rondelen des
Schloſſes zu Meyland.

Das Wag = Kauff = und Saltzhauß iſt an einem kömlichen Ort/nicht
weit von dem Waſſer / und alſo ſehr bequem die Wahren mit ringer mühe aus
und in die Schiffe zutragen.

A. 1563. Ware der Neu Bau des
Helmhauſes angehebt / und A. 1564.
follendet. Auf demſelben wird alle Frey-
tag/ der Garn-Flachs-Ryſten-und Leinen Tuch-Marckt gehalten : Auch werden in den Jahrmarckten / (deren jährlich Zwen : der erſt fallet eyn vierzehen
tag nach Pfingſtē;der ander aber auf den
erſten Donſtag nach St. Felix und St.
Regula tag/) für die frömden Kauff-
leuth/Kramläden aufgerichtet/ von wel-

chen

[marginal notes:]

Rondelen im Rennger-Thor.

Waag-Kauff-und Saltzhauß.

Helmhauß.

Jahrmarckt in Zürich.

chen Sie der Oberkeit einen gewüſſen
Zinß geben müſſen. Alle Soñtag nach
den Predigen/ſpaziert ein groſſer Theil
der Burgerſchaft daſelbſten. Auf dem
oberen Boden haben die Kürſner/Tuch-
und Federhändler ihre Kammeren und
Kram-Läden.

Anckens
waag.

A. 1611. Hat man die alte Anken-
waag abgebrochen/und neben dem Rüden neu gebauen/ wie ſie noch jeziger Zeit
zuſehen. Der Waagmeiſter wird aus
der Burgerſchaft genommen: und wird
daſelbſt aller Keß/ Ancken oder Butter/
Unſchlitt / und Ziger ſo verkauft/ oder
anderſtwohin verſchicket wird / abge-
wogen.

Der Bau.

Das Eckhaus auf dem Neuen
Bau/hinder dem Kraz/ (welcher vor
zeiten ein unflätiger und moraſtiger Ort
geweſen/ an dem See gelegen/ der aber
A. 1540. mit Erden außgefüllet/und mit
einer Rondelen oder Bollwerck/ſamt einer Maur iſt eingefaſſet worden) ward
A. 1583. under Herrn Anthonj Oerj gebauen: Iſt ein luſtig Haus gegen dem
See/in der Kleineren Statt/dariñ wohnet der Bauherr / ſo des Kleinen
Rahts/ und zu Sechs Jahren abgeän-

deret

deret wird. Diſer hat die auffſicht über
alle Oberkeitliche Gebäue: ſo etwann
auch zwüſchen der Burgerſchaft des
bauens halben einige Streitigkeiten ent-
ſtehen/muß er ſolche/neben etlichen ande-
ren/auch zu dem Bau verordneten Her-
ren/entſcheiden/und hat deßwegen ſeinen
eignen Schreiber. In diſem Haus hatte in den Pündtneriſchen Kriegen Herzog Heinrich von Rohan Hof gehalten.

Nächſt darbey iſt das **Steinrad**/
oder der **Kranich**/ durch mittel deſſen
man auch die allerſchwereſten Steine
und Sachen/ohne groſſe Mühe/aus den
Schiffen auf das Land bringen kan.
Daſelbſt ſind auch die **Hütten der
Steinmetzen.**

Unweit darvon/ gleich hinder dem
FrauMünſter/iſt der ſo genañte **Werk-
hof**/ein groſſer weiter Platz/ allwo das
Oberkeitlich Bauholz gezimmeret wird/
und ſind beyde Ort dem Bauherzen ſehr
komlich/und gleich an der hand.

Es iſt diſe Statt auch treffenlich verſehen mit allerhand Vorzathhäuſeren/die-
nende zu des Menſchē beſchütz-und erhal-

D   tung;

tung : da inſonderheit die Zeughäuſer
ſehr wol verſehen.

Das Alt Zeughaus hat etliche
Böden: Der underſt iſt einig und allein mit drey viertheil-halben - und vier-
theil-Carthaunen / auch Mörßlen von
ungläublicher gröſſe /beſezt : darauf iſt
auch die Feurſprützen/von ſonderli-
cher invention, wirft auf jeden truck einen halben Eimer Waſſer aus über die
höchſten Häuſer. Die übrigen Böden
ſind mit einer ungläublichen Menge
Musqueten/ Harniſch/ Spieß/ Halle-
barden/Armbruſten/Trummen/Petar-
den/ Handmörßlen und Doppelhacken
verſehen/ darunter einer mit 36. Zügen/
ſo alles in einer ſehr ſchönen Ordnung :
Auch werden daſelbſt aufbehalten die
Kriegs-Fahnen/ſo in alten Schlachten
eroberet worden.

Das Neu Zeughaus machet von
dreyen reigen geringeren Stucken ſo ein
langes Perſpectiv, daß einer die hinder-
ſten kaum underſcheiden mag / und iſt
bey jedem Stuck ſeine Munition : auch
hänget durch das ganze Gebäu/alle zehen
ſchritt weit/eine Laternen:ja es iſt alles in
einer ſolchen Ordnung und Bereitſchaft/

daß/

Das Alt Zeughaus.

Groſſe Feur-ſprützen.

Doppelha-cke mit 36. Zügen.

Das Neu Zeughaus iſt ſehr lang.

daß / wann man bey Tag oder Nacht
außziehen müßte / man nicht die geringste Hinderung haben solte : Auch weißt
ein jeder Officier/welche Stuck ihme un-
dergeben.

Das **Kriegs-Munitions-haus**
ist erst A. 1686. in dem Thalacher gebauen worden/in die gevierte / wie ein
Kloster/ (in mitten des Hofs stehet die
Schanzen-schmitten) Es ist darinnen
ein grosser Vorrath von allerhand Kuglen / Bicklen / Schauflen / Wägen/rc.
Welches alles in einer sehr schönen Ordnung ist.

Nicht weit von dem Kriegs-Muni-
tionhaus ist der **Schiffschopf**/ darin
zwey Kriegsschiffe / welche allezeit in be-
reitschaft stehen / den See dardurch bey
Kriegsgefahren offen zuhalten/ sie seyn
in form einer Galleen : in jedem hat es
zwey Kammeren / und zwey Gallereyen/
auf welche man Stuck pflanzen kan :
Auch seyn Gablen darauf für die Dop-
pelhacken/ und zwey Reigen Bänck für
die Ruderknechte : Man kan sie mit ringer Mühe in den See bringen / weilen
das Wasser nächst bey der Hütten tieff/
und wie ein Meerhafen eingeschrancket/

*Kriegs-
Munition-
haus.*

*Schiffschopf
darinn zwey
grosse Schif-
fe,*

auch mit Bäumen besetzet ist. Das einte
diser Schiffen heisset Biber / das ander
aber Otter; sie seyn gleich groß/und ganz
von Eichenem Holz gemachet. Jedes hat
seinen sonderbaren Haubtmañ.

**Vorrath-
häuser.**

Es hat eine hochweise Oberkeit nicht
nur ein lobliches Werck gethan darinn/
daß sie eine Statt Zürich mit Wehr und
Waaffen / zu beschützung des lieben
Vatterlands/ versehen / sonder auch darinn / indem sie bey wenig Jahren drey
herzliche Vorzahthäuser gebauen/de-
ren Nutzen man bey diser theuren Zeit
schon gespühret hat/ dann solche von der
Oberkeit dem ganzen Land aufgethan/
und die Frucht um einen geringen Preis
gegeben worden.

Kornhaus.

Das Erst ist das schön und sehr kömlich Kornhaus zunächst bey dem Frau-
Münster / allwo alle Freytag der Kornmarckt gehalten wird : hat ein grosses
Vortach / under welches die Kauffleuth
ihre Frucht stellen / also daß/ wann es
regnet / die Früchte nicht naß werden :
auch hat es zunacht eine eigne Wacht
darbey. Es ist daselbst folgende Uberschrift zulesen :

Q. F.

Q. F. F. Q. S.

Iſthanc molem in Limagi ripa
quam vides aſſervandæ diven-
dendæque Frumentariæ anno-
næ deſtinatam
Cos. LeonhardoHolzhalbio glor.
mem. Fundamentis inchoatam:
Cos. Joh: Rudolpho Rhanio
& Joh.Heinrico Holzhalbio
Patriæ Patrib.

Perficiendam Curavit. S.P.Q.T.

Es iſt auch ſehr komlich wegen einladung der Früchten / dann man die er-
kauften Früchte grad auß dem Kornhaus in die Schiff tragen kan.

A. 1684. den 18.Jenner ware ſo ein
groſſer Kornmarckt gehalten / daß der
Oberkeit in die 24.Mütt Kernen nur an
Imminen gefallen.

Es ſeyn drey Herꜩen von dem Kleinen Rath / die alle Freytag auf dem
Zollhaus ſeyn/und allen Zoll einnemmen / auch ſo etwas Streitigkeit ſich erhebt vor dem Kornhaus/ müſſen ſie ſolches entſcheiden/und den Fürkauff/auch
ſo einer / ehe der Marckt eingerüſt iſt/
ernſtlich abſtraffen.

Groſſer Kornmarkt.

Zollherꜩen daſelbſt.

**Groß Maga-
zin.**

Das ander Vorrathhaus iſt / das
ſo genañt Magazin, in dem Thalacher/
welches hundert Schritte lang : Man
kan in die 30000. Mütt Kernen darinnen aufbehalten. Der under Boden iſt
ganz mit Salzfäßlein überleget.

**Salzhaus
auf Dorff.**

Das dritt Vorrathhaus iſt das auf
Dorff/ in der Rondelen/ hinder dem
Haus zum Eglein/ erbauene Salz-
haus/ in welchem meiſtentheils das
Salz/ ſo man naher Lucern/ Zug/ꝛc.
verſchicket/aufbehalten wird/und iſt ſolches Orth zur Einladung auch ſehr bequem.

**Conſtafel
und Zünfte.**

Under die gemeinen Gebdu mögen
billich auch gezehlet werden die Conſtafel und Zwölf Zünfte/deßgleichen die
Sechs Geſellſchaften/wie allhier nach
der Ordnung zuſehen :

Conſtafel.

Die Conſtafel/ſonſten Zum Rü-
den/ genennet/ weilen es vor diſem
der Graffen von Toggenburg Wohn-
haus geweſen/ welche einen Rüden in
dem Schilt geführet/ hat ſie ſolchen
Namen behalten : Es hat daſelbſt eine
groſſe gewölbete Stuben/auch einẽ ſchönen gegypſeten/ mit allerhand Kunſtreichen Gemählen gezierten Sahl ; dahin

ge-

gehören die Ritter/ Edelleuth und Burger/ die sonst keine Zunft haben.

Die **Zunfthäuser**/ nach der Ordnung/ seyn folgende / und werden genennet :

Das **Haus** zu der **Saffran**/ allwo die Apotheker/ Krämer/ und die Kram verkauffen/ ꝛc.

Zu der **Meisen**/ daselbsten seyn die Wirth/ Satler und Mahler.

Zu dem **Gälben Horn**/ oder die **Schmidstuben**/ allwo die Büchsen-Huff- und Kupferschmid / Schwertfeger/ Schlosser/ Kantengiesser/ Spengeler / Gloggengiesser / Schärer / Bader und Sporzer.

Zu dem **Weggen**/ dahin gehören die Pfister und Müller.

Zu dem **Rothen Löuen**/ oder die **Gerwe** / da sind die Pergamenter / Roth- und Weißgerwer.

Zu dem **Widder**/ darauf seyn die Metzger und alle diejenigen die Vieh in die Metzg treiben.

Zu dem **Silberschmid**/ oder der **Schumacheren**/ allwo die Schumacher Zunftgenössig.

Zu dem **Rothen Adler**/ oder der

Zimmerleuthen/ darauf die Zimer-
leuth / Maurer/ Trechsler/ Küffer/
Steinmetzen / Haffner/ Kübler/Tiſch-
macher/oder Schreiner/ꝛc.

**Der Schnei-
deren.** Zu dem Schaaff/oder der Schnei-
deren/darauf die Tuchschärer/Schnei-
der und Kürſner.

**Der Schiff-
leuthen.** Zu dem Anker/oder der Schiff-
leuthen/allwo die Seiler/Schiffleuth
und Fiſcher.

Kämbel. Zu dem Kämbel/darauf die Oeh-
ler/Saltzknecht und Grempler/ꝛc.

Waag. Zu der Waag/ allwo die Hutma-
cher/Weber und Bleiker.

**Die Geſell-
ſchaften.
Schneggen.** Die Sechs Geſellſchaften ſeyn
Der Schneggen/ welche entſtan-
ben von denen ſo genañten Böcken/ die
ſich in dem alten Zürich-Krieg / als die
Statt von den Eidtgenoſſen belägeret/
dapfer und wol gehalten.

Schützen. Die Schützen/allwo die Bogen-
ſchütz ihre Zuſamenkonſt halten.

**Das Schü-
tzenhaus auf
dem Platz.** Das Schützenhaus auf dem Platz
oder Schieß-Platz/ welches A. 1571.
gebauen worden/ein anſehenlich und luſtig Gebäu/ward A.1689.in die Fortification eingeſchloſſen ; darinn beſin-

den

den ſich ſehr ſchöne Gemählde ; wird be-
ſucht von denen / die ſich mit den Hand-
rohren / Reiß-und ſchweren Muſqueten
beluſtigen.

Der Schön und außgeziert / mit
allerhand Muſicaliſchen Jnſtrumenten
verſehene Muſic-Sahl / allwo alle
Zinſtag die Muſicanten zuſammen komen.

Der Muſic-Sahl.

Das Anatomiſch Collegium, wel-
ches ſich beſam̃let auf dem Haus zum
Schwartzen-Garten / allwo præſidiert
Herr Johann Muralt / M. & Ch.
Doctor.

Anatomiſch Collegium.

Die Feurwercker Geſellſchafft /
welche Jhre Gelegenheit hat bey dem
Zeughaus / wird genennet das Labora-
torium, allwo ſie ſich in ernſt-und luſt-
Feurwerck täglich üben.

Feurwercke-rey.

Neben diſen ſo ſchönen Oberkeitlichen Häuſeren hat es in der Statt / und
in den Vorſtätten / anſehenliche Privat-
Häuſer und Luſtgärten / da inſonderheit
der Herren Werdmülleren Luſtgärten
und ſchöne Häuſer in den Seidenhöffen:
wieauch der Stadel-Schön-uñ Baum-
wohlen-hoff. Jtem Herren Haubtmañ Lochmans Haus / welcher dariñen aufbehaltet ein ſehr rare Kunſt-

Anſehenli-che Privat-häuſer und Luſtgärten.

Kamer. In der Statt iſt ſonderbar zuſehen der Garten in dem Spital/ der Garten Herzen Doctor Lavaters/ in welichem zufinden allerhand ſeltſamme Gewächße von Blumen/ Kräuteren und Wurtzlen ꝛc.

Es ſind auch underſchidenliche alte Thürn/ die vor altem von den Edlen bewohnet worden/ die Ritter-Thürne genañt/ und noch jetziger Zeit in weſen.

Under die Privat-häuſer zehle ich auch die Höfe und Häußer der Herzen Prelaten/ als da ſeyn des Herzen Biſchoffs von Conſtantz/ der Thumbherzen von Conſtantz/ des Fürſten von Einſidlen/ des Abbts von Wettingen/ der Statt Schaaffhauſen im namen des Cloſters Aller Heiligen/ der Aebtiſſin von Scheñis/ des Abbts von St. Bläſſi gleich auſſert der Statt/ im Stampfenbach genennet.

Die Herzen Principalen obgedachter Amt-häuſeren/ erhalten allhier in Kriegs-gefahren eine gewüſſe Anzahl Reißpferde auf fürfallende Noth.

Vor diſem hatten ihre Häuſer auch in der Statt/ das Cloſter Cappel/ allwo ſich noch ein Amtmañ aufhaltet/ und genennet wird der Cappelerhoff: Die

Alte Thürn.

Prelatenhäuſer und Höfe.

Erhalten etliche Pferd im ſtall deß wohl.

Alte Klöſter haben auch ihre Häuſer in der Statt.

Probſtey

Probſten Embrach hatte das Haus zu
St. Peter / iſt dißmahlen die Teutſche
Schul ; das Cloſter Reuthi / hate das
Rüthehaus an der Rüthi = oder Schnei-
der=gaß / gleich vor dem Schaaff über :
Das Comentheur=haus des Cloſters zu
Küßnacht ware das Haus zur Weiſen
Tauben an der Weiten Gaß.

In dem Niderdorff hat es zwey Bruggen mit Müllen beſetzet / danahen ſie genennet werden der Obere und Undere
Mülleſtág : auf dem letſteren iſt auch die
Pulffer=Mülle / Schleiffe und zu nächſt
darbey auf einer beveſtneten Inſul / das
Werd genannt / die Papeir=Mülle.

Ober und Under Mülleſtág.

Zwüſchen dem oberen Mülleſtág und
der underen Bruggen / wird bey gar kleinem Waſſer ein groſſer Felß oder Stein
geſehen ; auf diſem haben Anno 1580.
den 10. Tag Hornung etliche Metzger
und Gerwer / in die 16. Perſonen / einen
Abendtrunk gethan / ſich frölich gemacht /
da Ihnen viel Wein iſt verehrt worden :
und A. 1654. in dem Merzen / als das
Waſſer ſehr klein / haben faſt alle Hand-
werck etwas merckwürdiges darauf gearbeitet.

Groſſer Stein in der Limmat.

Viel Handt-werkſleutte arbeiten et-was darauf / als er von dem Waſſer ledig.

Den 7. Merzen macheten etliche

Schuhmacher darauf ein par Schuh.

Den 8. Merzen hat Meiſter Hart-
man Reutlinger/der Tiſchmacher/einen
Todtenbaum darauf gemachet.

Den 9. Merzen / zog Mr. Taucher
der Mezger ein Kalb darauf aus. Nachmittag um ein Uhr ritte ein Reuter auf
diſen Stein / und gabe dem Pferd ein
Futer/ auch hatte man ſelbigem eine Aa-
der geöffnet / und ein Eiſen aufgeſchla-
gen: darnach ritte er zuruck/und über die
under Brugg nach Haus.

Den 10. Merzen haben die Schrift-
gieſſer / Sezer und Trucker auf diſem
in der Lindmat ligenden Felſenſtein
nachfolgendes gemacht:

Reimen ſo
darauf ge-
truckt wor-
den.

Der Nachwelt ſeye dis getichtet
 zum nachſinnen/
Was wir/die Truker heut/ denck-
 würdiges beginnen :
Am erſten Frühlingstag/im nach-
 geſezten Jahr/
Da Mangel nur an Gelt/ſonſt alles wolfeil war/
Im ſchlanken Limat-Fluß / grad
 underhalb der Bruggen/

Bey-

Bey ſeits dem Brunnen-Rad/er-
   äugte ſich vaſt truken/

Bewuſter Felſſenſtein / den man
   an diſer ſtatt/

Bey Mañs gedenken nie ſo bloß
   geſehen hat.

Was nun die dünne Flut (die ſonſten mit geliſpel /

MitTiger ſchnellem Lauff/und vi-
   lem Wirbelwiſpel

Den Felſen überſchoß / undKlaff-
   ter tief verſtekt)

Werd deuten/weißt nurGott/biß
   es die Zeit entdekt.

Wann dann aus Anlaß des / viel
   Handwercker bewogen/

Mit ihrem Werckgezeug vor uns
   ſind aufgezogen/

Die auf ermeltem Stein ein recht
   Gedächtnus ſtuck

Ihrs Handwerfs ausgemacht :
   ſo zeigen wirs im Truk.

An eben diſem Orth : Wir ſetzen
   Wort und Zeilen /

Wir ſchlieſſen ein Patent und mit
   zur Preſſen eilen /

Von

Von dannen zeigen wir/das ſchön
 getrukte Werck
Und geben unſrer Kunſt ein ewi-
 ges Gemerck.
Der Schrifften = Gieſſer ſich mit
 recht zu uns geſellet/
Und als ein Künſtler auch ſich of-
 fenlich darſtellet.
Viel Burger ſchauten zu / viel
 Frömde gleicher Weis :
Der Höchſte all erhalt / zu ſeines
 Namens preis!

Gemeldten Tags ſchrepften die Ba-
ber einem anderen Bader/und wäſchten
ihne mit Lindmatwaſſer ab : darnach
ſprange er in den Fluß/iſt eine Zeit lang
darinnen herum geſchwummen / begabe
ſich wider auf den Stein/ ſprange widerum in das Waſſer/und ſchwamme über
daſſelbige in die Schipfe.

Abends giengen die Wullenkämb-
ler auch auf diſen Stein / und arbeiteten daſelbſt: des nachts ſungen die Studenten darauf liebliche Muſicſtuck.

Den 11.Merzen/Klopfeten die Kür-
ſiner darauf mancherley Belzwerck.

Den 13.Merzen / machten die Küf-

fer

fer ein Faß / darinnen man Weiß-und rothen Wein / jeden absonderlich behalten kan : deßgleichen die Kübler einen doppleten Trachter über dises Faß / daß man zugleich Weiß- und rothen Wein hinein giessen kan / und verehrten selbiges der Oberkeit. Auf dessen vordren Boden stehet geschrieben folgendes :

Diß Faß sol billich han den Preis/
Dann es halt Wein / z'gleich roth
    und weis
Und ward gemacht in einem Jahr
Als s'wasser schier aufdrocknet
    war/
Im Limmatfluß auf einem Stein
Das es gesehen groß und klein/
Und ward verehrt das kunstlich
    Werck
Der Oberkeit zu einem g'merck:
Darum die Küffer z'loben sind/
So dises Faß gemachet gschwind /
Vom Rothen Adler in der Statt /
Darvon ihr Zunft den Namen
    hat.

    Auf der hinderen Seiten / oder auf dem hinderen Boden dises Fasses wurde folgendes geschrieben :

Die

Die Küffer machen darauff ein Faß/ darein man weissen und rothen wein thun kan.

Die Kübler hatten ein begiñen/
Auch auf diß Faß etwas z'erſin-
nen/
Darum ſie ſich hand wol bedacht/
Und auf diß Faß ein Trachter
g'macht/
Zu gleich er weiß auf diſem Stein/
Weil ſie den Küffern ſehr gemein.

Den 14. Merzen/ haben die Stein-
metze die Jahrzahl in den Stein einge-
hauen.

Zu Bacharach in der Pfalz wird ein
viereggichter Stein in dem Rhein geſe-
hen/ auf welchem zur Zeit des Heiden-
thums/ wann das Waſſer ſo gar klein/
daß er herfür gegangen/ die Einwohner
dem Baccho geopferet/ (danahen er A-
ra Bacchi geneñt wordē) in hofnung/es
werde guter wein abgeben: Ob nun auch
auf diſem Stein etwas dergleichen möchte vorgegangen ſeyn/ überlaſſe ich eines
jeden ſelbſt eignem gut beduncken/ dann
auch in diſem Jahr ein ſehr guter Wein
gewachſen.

Es hat in diſer Statt auch ſchöne
und groſſe Pläße/ als namlichen der
Münſterhof/ (welcher der gröſſeſte iſt :)

der

**Zu Bacha-
rach auch
ein ſolcher
Stein.**

**Groſſe Plä-
ße der Statt**

der Platz bey der Müntz/der Hechtplatz/
det Alt Platz auf Dorff/der Weinplatz/
allwo der Weinmarkt gehalten wird/
St. Peters Hofstatt/wie auch des Steuß-
sis Hofstatt/die Müßegg/oder der Chorherzen Platz/die Undere Zäunen: under
allen aber ist der Schönste der Thala-
cher/ in der Vorstatt der Kleineren
Statt.

In dem Stattgraben der grösseren
Statt/wird eine grosse anzahl Hirschen
von der Oberkeit erhalten: Der Kleineren Statt Graben aber ist mit Wasser
angefüllet/ist sehr Fischreich/ und in dem
Brachmonat foller Karpfen / weilen sie
darinnen Leichen ; Wann solches vorbey / so begeben sie sich widerum in den
See.

Die Einwohner diser Statt seyn
sehr arbeitsam/so wol Weibs-als Mañs-
personen ; man findet wenig Volck das
müssig gehe: Vast jedermañ ist beschäf-
tiget/eintweders mit Standsgeschäften/
oder mit Kauffmañschaft / oder mit
Handwercken : ja auch die allerkleinsten
Kinder werden beyzeiten zur Handarbeit (nach deme sie aus den Schulen
kommen) angeführet: Die Weibsper-
sonen/Junge und Alte/ befleissigen sich

*Stattgrä-
ben.*

*Männer
und Weiber
zu Zürich
arbeiten.*

E   ge-

gemeiniglich der Spitzarbeit / geſchren-
ket und durchgezogen / deßgleichen des
kunſtlichen näyens / allerhand Blum-
Laub-und Schweiff-wercks / daß es wegen ſeiner Zierlichkeit und annemlich-
keit mit verwunderung anzuſehen. Da
ſihet man oft acht / zehen / bis in zwölff
und mehr / auch junge Töchteren / und
Kinder gar / mit luſtigem gemüth und
frölichem Geſang bey einanderen ſitzen
und arbeiten / und kan man bey Som-
mers Zeit und gutem Wetter käumer-
lich an einem Orth in der Statt herum
gehen / daß man nicht dergleichen mit
hauffen ſehen und hören werde : alles iſt
geſunder complexion, luſtiger Natur /
und ganz frutiger Art.

Groſſe Kauffmañſchaft.   Inſonderheit wird allhier groſſe
Kauffmañſchaft getrieben mit der
Seiden / mit dem Burat und Wein /
dann deſſen ſehr viel in die Statt kommet / und den benachbarten Orten / allwo kein Wein wachſet / verkauffet
wird.

Religion der Statt.   Diſe Statt iſt überall der refor-
mierten Evangeliſchen Religion zuge-
than / und ſeyn die Geiſtlichen in groſſem
anſehen / haben reichliche Einkommen /

ſon-

sonderlich die Chorherzen/welche vor
diesem an gewüssen Orten die Hohen=
undNidern=Gerichte gehabt/die sie aber
zur Zeit der Reformation der Weltli=
chen Oberkeit übergeben: Es werden ih=
nen auch zugeordnet zwey Herzen des
Kleinen=und zwey Herzen des Grossen
Raths/so man Chorherzen Pfleger
nennet/Die müssen ihnen helffen rathen/
was zum nutzen und erhaltung des
Stifts dienstlich: auch so irgend etwas
Spans oder Streits entstehen möchte
wegen der Kirchenörteren/müssen sie sol=
ches/neben den Thurnherzen/entscheidē/
und habē deßwegen einen eignen Schrei=
ber den man neñet den Stiftschreiber/
der alle obgedachten Sachen des Stifts
ordenlich verzeichnen mus. Item Sie
haben aus dem grossen Rath einen
Großkeller/ und einen Camerer /
(so alle sechs Jahr abgeänderet werden/)
die müssen das Einkoñen des Stifts
sañlen/ und dem Schenkhof abwarten/
neben dem Herzen Schenkhofer.

A..1552. Ware so ein reicher und ge=
segneter Herbst / daß man einem jeden
Chorherzen aus dem Schenkhof in die
116.Eimer Wein=Most gegeben.

Rand:
- Chorherzen.
- Chorher-renspfleger.
- Thurn-herzen.
- Stiftschrei-ber.
- Großkeller. Camerer.
- Schenk-hofer.
- Reicher Herbst.

Abtheilung der Geiſtlichen.

Die gantze Geiſtlichkeit wird abgetheilt in die jenigen: ſo in der Statt/ und in die ſo auf der Landſchaft einen Dienſt oder Pfrund haben.

In der Statt ſeind die Pfarzer/Helffer/Profeſſores, Schulmeiſter/ſamt denen/ ſo die Filialen verſehen/welche dahar Filialiſten genennet werden.

Auf der Landſchaft in gewüſſe Capitel abgetheilet.

Auf der Landſchaft wird die Geiſtlichkeit abgetheilet/in 8. Capitel/deren ein jedes ſeinen beſonderen Decanum und Camerer hat/und ſind folgende: 1. Das Capitel an dem Zürich See. 2. das Capitel in dem Freyen Amt. 3. das Steiner- 4. das Winterthurer- 5. das Elgoüer. 6. das Ober-Wetzikomer- 7. das Under-Wetzikomer- 8. und endlichen das Regensperger Capitel/ welches auch dieſer zeit das gröſſeſte iſt/ wegen einiger Pfarren/ſo ſelbigem noch einverleibet wordē.

Amt eines Decani.

Ein jeder Decanus oder Dechant iſt verbunden in ſeinem Capitel alle Pfarrer zubeſuchen/ und fleiſſige Nachfrag zuhalten: Worinen ſie ſtudieren: Was für Bücher ſie haben und leſen: Ob ſie mit Lehren und Predigen nichts verſaumen: Ob ſie der Armen und Kranken eine fleiſſige Rechnung haben: Ob ſie auf und neben der Kanzel ihrem Beruff

fleiſſig abwarten : Wie es ſtehe in ihren
Haußhaltungen : Ob ſie und die ihrigen führen einen frommen/ſtillen/einge-
zognen und ehrbaren Wandel : Oder
aber/ob ſie durch ihr böſes Exempel/und
unrichtig Leben / jemand ärgeren : auch
ob ſie ſich mit ihren Gemeindsgenoſſen
oder Pfarr-angehörigen wol vertragen
können? und ſo fortan. Befindet ſich
dann bey dem einten oder anderen etwas
Mangels / ſo ſolle ſie der Decanus
freund-und Brüderlich zur verbeſſerung
weiſen : Wann aber keine Beſſerung
erfolget / muß er ſolches bey ſeinem Eid
leiden und anzeigen in dem Synodo,
deren jährlich Zwey / von der geſamten
Geiſtlichkeit zu Statt und Land gehalten werden/in welche auch kommen / alle
Reformierte Pfarrer und Helffer des
Underen und Oberen Thurgeus / deßgleichen alle Reformierte Pfarrer und
Helffer des Rheinthals / wie auch die
Exſpectanten/oder Jüngeren Kirchen-
diener/die noch keine Dienſte haben.

Jährlich
zwey Synodi
der Geiſtli-
chen.
Welche das
rein einver-
leibet.

 Der erſt Synodus wird gehalten
auf den nächſten Mon-und Zinſtag nach
dem erſten tag Meyen : Der ander aber
auf den nächſten Mon-oder Zinſtag
nach St.Galli tag : und ſo gedachter ta-

Wann die
Synodi ge-
halten wer-
den.

gen einer ſolte fallen auf den Montag
ſelbſten/wurde hernach der Synodus erſt
auf den nächſt folgenden Mon-undZin-
ſtag gehalten.

Unberſcheid
deſſelbigen.

Allhier iſt zuwüſſen/daß jeder Synodus Zweyfaltig/und deßnahen zwey tag
erforderet / den Mon-und Zinſtag : der
eine mag genennet werden ein Particu-
lar- der ander aber ein Univerſal-Sy-
nodus : Der Particular-Synodus

Prö-Syno-
dus.

wird ins gemein geheiſſen der Proſyno-
dus,in welchem ein jedes Capitel abſon-
derlich an einem Ort ſich verſamlet / auf
den Montag vor dem Allgemeinen und
Groſſen Synodo, ſich zuberatſchlagen/
wie die Sachen in dem Groſſen Synodo
fürzubringen und abzuhandlen. An dem
Zinſtag darauf wird gehalten der Uni-

Der Uni-
verſal-oder
Allgemein
und Groß
Synodus.

verſal-oder Allgemein und Groß Synodus auf dem Rathhaus/in der Räht und
Burgerſtubē/ in welchem ſich alle Capi-
tel/ja alle Geiſtlichen zu Statt und Land
verſamlen / da wird nach nothdurft gehandlet von denen Stucken / welche zur
befürderung der Kirchen Gottes gerei-
chen und dienen. Und damit in demſelbigen alles in guter Ordnung zugehe /
wohnet ſelbigem jederzeit bey ein Alter

Her2

Herr Burgermeiſter / und acht andere
Herren von Räthen und Burgeren / da
dann alle Geiſtliche zu Statt und Land
außgeſtellet / cenſiert / und ihres Lehrens
halben erkundiget werden / auch nach be-
ſchaffenheit der Sach mit ihnen gehandlet wird.

Was das **Regiment** diſer Statt
anlanget / ſo beſtehet es in dem Kleinen-
und Groſſen Rath : der **Klein Rath**
beſtehet in 50. Perſonen / namlich zweyen
Herren Burgermeiſteren / 24. Rathsherren / und 24. Zunftmeiſteren : der
Groß Rath / den man ſonſt Räth-und
Burger heiſſet / beſtehet in 212. Perſonen / wird ins gemein genennet die 200:
dann vaſt alle Oberkeitliche Mandat alſo anfangen : **Wir Burgermeiſter
Klein und Groß Räth** / ſo man
nennet die zweyhundert / ꝛc.

Aus jeder Zunft werden 12. Mäner
in den Groſſen Rath genommen / die
Conſtafel giebet 18. Männer / und alſo
6. mehr als andere Zünfte / danahen werden ſie **Achtzehner** / und die auf den
Zünften **Zwölffer** genennet / deren jeder
von allen Vorgeſetzten ſeiner Zunft erwehlet wird.

**Regiment
der Statt
Zürich.**

**Klein
Rath.**

Groß Rath.

**Achtzehner
und Zwölf-
ſer.**

Jn den **Kleinen Rath** giebet die
Conſtafel 6. Männer : vier werden erwehlet von der Conſtafel/und **Conſta-**
felherren genennet / die anderen Zwey
von dem Groſſen Rath und Rathsherren genennet. Jede Zunft gibt in den
Kleinen Raht 3. Männer : zwey werden von der ganzen Zunft erwehlet/und
Zunftmeiſtere/der britt wird von dem
Groſſen Raht erwehlet / und **Raths-**
herr genennet. Uber das erwehlet der
Groß Rath noch ſechs Männer in den
Kleinen Rath mit Freyer Wahl/welche
ihn bedunket die wegſten und beſten zu-
ſeyn/ſie ſeyen auf der Conſtafel/oder auf
welcher Zunft ſie wollen : werden von
deßwegen **Rathsherren von der**
Freyen Wahl genennet. Jn den
Kleinen Rath ſeyn auch zuzehlen beyde
Herren **Burgermeiſtere**/welche von-
und aus dem Groſſen Rath erwehlet
werden.

Es wird der klein Raht zu Zürich
abgetheilt in den **Neuen und Alten**
Rath: der Neu wird erwehlet um St.
Johañis Baptiſtæ, oder des Täuffere-
Tag / und regieret bis zu St. Johañis

des

des Evangeliſten Tag/ alsdañ wird Er
abgeenderet / und regieret widerum der
Neu Rath/(ſo vor dieſem der Alt geheiſſen) biß zu St. Johannis des Täuffers
Tag. Der Neu Raht/ſo erwehlet wird
um St. Johannis des Täuffers Tag/
wird geneñet Baptiſtalis : der jenig aber
der erwehlet wird um St. Johanniß des
Evangeliſten Tag/gleich vor Wienacht/
wird genennet Natalis.

    Die Conſtafel-Herꝛen und Zunfft-
meiſtere / ſo in den Neuen Raht komen/
werden jeder von ſeiner Zunffte erwehlt/
und wird ſelbiger Tag genennet der
Meiſter-Tag. Der neu regierend
Herꝛ Burgermeiſter / und die Rahts-
Herꝛen werden vor Räht und Burger
wiederum von neuem erwehlt.

    Acht Tag hernach / wird bey dem
Groſſen Münſter von dem neu-regieren-
den Herꝛen Burgermeiſter / den Neuen
Räthen und Zunfftmeiſteren/auch ganzer Burgerſchaft/der Eid abgeleget/und
wird der Schweer-Tag geneñet. An
dem Tag zuvor muß der Rahtſchrei-
ber durch die ganze Statt reiten / und
verkündigen/daß aus Befelch der Oberkeit die ganze Burgerſchafft/ ſich auf den

Baptiſtalis.

Natalis.

Meiſtertag.

Schweer-tag.

Mornderigen Tags bey dem Groſſen
Münſter einfinde / und welcher nicht er-
ſcheinen wurde / dem werde man als einem ungehorſamen / kein recht halten/
ob er gleich möchte recht haben/und waſ
er unrecht / ſo werde man Ihne bey dem
ſchärpfeſten richten. Dem Rahtſchrei-
ber lauffet eine groſſe Menge junger Kinderen nach / mit groſſem frolocken und
jauchzen. Hernach wird diſen Kinderen/
ſo viel deren auch ſeyn mögen / von O-
berkeits wegen auf dem Rahthaus jederem ein Zürich-Pfenning gegeben und
außgetheilet / wormit dann die Jugend
eine groſſe Freude bezeuget.

Der Alt Raht wird auch zu dem
Neuen beruffen/ doch nicht allezeit/dann
etliche Sachen durch den Neuen Raht
allein verhandlet werden / inſonderheit
was das Malefiz betreffen thut / allwo
dann ein Seckelmeiſter den Stab führet / und wird bey verſchloſſner Thüren
über das Blut die Urtheil ausgeſprochen.

Waß ein Herr Burgermeiſter nicht
anheimiſch/oder kranck / ſo præſidieret
der Oberſt Meiſter/welcher einer von
den vier Statthalteren iſt / under welchen es alle Jahr umgehet.

*Neuer Raht
hat das Ma-
lefiz allein.*

*Oberſter
Meiſter.*

Oſt-

Oftmahls begibt es ſich/ daß die vier und zwanzig Zunftmeiſtere allein ſitzen/ inſonderheit wann es etwas der Handt- wercken halben antriffet : Und wann di- ſes geſchiehet/ ſo præſidiert alßdann ein zur ſelbigen Zeit/ Oberſter Meiſter.

Freyheit der 24. Zunftmei- ſteren.

Dem Raht iſt auch zugeordnet der **Stattſchreiber** / der **Underſchrei- ber**/ und zwey Subſtituten, die alles was verhandlet wird/ verzeichnen müſ- ſen. Item der **Großweibel**/ der ſeine Wohnung hat auf dem Rathhaus / di- ſer mus dem Raht abwarten / alle Par- theyen auß-und einlaſſen / auch zu den Gefangenen auf dem Rathhauß ſorg tragen. Und ſo jemand auf der Brugge unreiffes Obs feil hat/ mus Er ſolches laſſen hinweg nemmen und in das Waſ- ſer ſchütten.

Statt- ſchreiber. Under- ſchreiber. Subſtitu- ten. Großwei- bel.

Der **Rathſchreiber** treibet alle/ in dem ganzen Zürichgebiet ſich aufhalten- de/ſäumige Zahler/bis zu dem Auffahl.

Rahtſchrei- ber.

Der **Rechenſtuben** wohnen ſtets bey beyde Herzen Burgermeiſtere / ein Statthalter/ beyde Seckelmeiſtere/ und der Obmann gemeiner Klöſteren: zu de- nen werden jährlich geordnet drey Her- ren des Kleinen/ und drey Herzen des

Rechenherr- ren.

Groſſen

Grossen Raths / welche man **Rechen-Herren** nennet. Sie haben ihren eignen Schreiber und Substituten. Dise haben die Auffsicht über alle Oberkeitliche Lehen / welche auch von ihnen mit Lehen-leuthen besetzet werden. Auch müssen die Seckelmeistere / Obmañ / Bauherr / alle Landvögte / Amtleuthe / und andere Oberkeitlich Bediente / ihre Rechnungen vor ihnen ablegen.

Zur Reformation werden jährlich geordnet zwölf Herzen / acht des Kleinen / und vier des Grossen Raths / die man die **Reformations-Herren** nennet / die haben auch ihren eigenen Schreiber : Sitzen alle Zinstag nnd Donstag nach Mittentag / müssen das Oberkeitlich groß Mandat handhaben / und die verfehlenden nach gebühr bestraffen.

Das **Ehegericht** besuchen acht Herzen ; namlichen zwey Geistliche und sechs Weltliche Herzen / deren drey des Kleinen / und 3. des Grossen Raths seyn / die man die **Herzen Ehe-Richter** nennet : Haben ihren eignen Schreiber und Ehe-Gerichtsweibel / sitzen alle Zinstag und Donstag am morgen / und præsidieret meistens ein Statthalter : Dise müssen alle streitige Ehe-Händel

ent-

entſcheiden/auch alle Unzuchten/Hurey/
in dem ganzen Zürich-Gebiet/ mit höchſtem ernſt abſtraffen : die Ehebrüch) aber
werden von dem Raht abgeſtraft.

Das Statt-Gericht hatte einiſt
die Aebtiſſin zu dem Frau - Münſter/
mit einem Schultheiß und Richteren
beſetzet : daher auch jetziger Zeit der
Schultheiß und die Richter ihre beſol-
dung empfangen von dem Amt zu dem
Frau-Münſter. Jezund aber wird der
Schultheiß/ der den Stab führet/von-
und aus dem Groſſen Rath erwehlet :
(jedoch muß er ſchon des Gerichts geweſen ſeyn/) die vier ſtehten Richter aber
werden erwehlet von dem Kleinen Rath;
die drey Mittel - und die drey Neuen
Richter / werden alle halbe Jahr aus
Jungen Burgeren / von dem Neuen
Raht allein erwehlet : Haben ihren eignen Schreiber und Gerichtsweibel.

Alle Montag wird gehalten das
Stangen-Gericht/ und præſidiret
alsdann in dem Nammen der Herzen
Obervögten / eintweders der Vogt
von Hirslanden/ oder der von Zol-
licfon/ oder der von Küßnacht/ oder
der aus dem Rieſpach/ oder der aus der
Enge/ oder der Vogt von Herzliberg/

unter

Marginalia:
Statt-gricht. Schultheiß und Richter.

Grichts-ſchreiber. Grichts-weibel.

Stangen-gricht.

under welchen es jährlich umgehet/ weilen dieſe Gemeinden dahin Gerichts-
zwängig. Man richtet um Geltſchul-
den/ꝛc. Es iſt kein Appellation von dem
Gericht für Rath/es ſeye dann ſach/ daß
die Richter die Sach ſelbſten für Rath
zeuhen.

Zinsrichter. Es ſeind auch etliche Herꝛen/ ſo Zinsrichter geneñet werden/welche der Zin-
ſen halben urtheilen/ wann eine Streitigkeit vorfallt : Dieſe Zinſrichter ſeind
zwey Herꝛen des Kleinen Raths/mit zu-
ziehung des Underſchreibers / Gerichts-
ſchreibers und Großweibels.

Seckelmei-
ſter. Beyde Herꝛen Seckelmeiſtere ſeind
des Kleinen Raths : vor dieſem bliebe es
einer ſein lebenlang : jezunder aber iſt es
auf zwölf Jahr geſtellet/und iſt einer ein
Jahr um das ander in dem Amt ; durch
ſie gehet alles Einnemmen und Außgeben der Statt. Sie müſſen Jährlich
einmahl als Reichsvögte / auf der Lind-
mat/bis zu dem Lindmat-Spitz/(allwo
ſie ſich in die Aaren ſenket/und den nammen der Aaren bis gen Coblenz an ſich
nimmet/ allwo ſie ſich mit dem Rhein
vermiſchet/und den Namen des Rheins
bis in das Meer behaltet) fahren / und
ſo ſich etwas Streitigkeits wegen der

Wuören;

Wuoren möchte erheben / müſſen ſie ſelbige entſcheiden.

Der **Saltzhausſchreiber** iſt ein
Herr des Kleinen Raths/durch dene der
gantz Saltzhandel gehet / darvon er
jährlich ordenliche Rechnung ablegen
muß ; Zu dem Saltzhandel iſt auch ein
eigner Buchhalter/der deſſelbigen halben
alles in fleiſſiger Verzeichnus hat : Deßgleichen hat es einen **Oberſten Saltzknecht**/ durch welchen das Saltz den
Burgeren und Landleuthen / ſo viel ſie
deſſen begehren / verkauft wird : Auch
mus er das jenig Saltz meiſtentheils
verfertigen/daß in die Länder/ oder ſonſt
verſchicket wird : Diſer hat under ſich
noch mindere **Saltzknechte**/ welche be-
ſchäftiget ſind mit lupfen/ tragen/ auß-
meſſen des Saltzes/und ſo fortan.

Der **Zeugherren Amt** iſt / den
Zeughäuſeren fleiſſig abzuwarten / alles
in einer ſchönen Ordnung zuhalten/ damit bey vorfallender Noth/ alles ohne
hinderung zugehe : Auch daß ohne ihr
vorwüſſen und bewilligung niemand in
dieſelbigen eingelaſſen/oder ihnen irgend
etwas gezeiget werde. Der einte Herr iſt
des Kleinen/ der ander aber des Groſ-

ſen

Marginalia:

Saltzhaus-
ſchreiber.

...

Buchhalter
des Saltz-
hauſes.

Oberſter
Saltzknecht.

Mindere
Saltzknech-
te.

Zeugherren.

sen Raths. Dise Herzen haben einen
eignen **Zeugwart**/samt noch anderen
Undergebnen/welche man **Zeugknecht**
nennet.

Die **Wachtherzen**/deren zwey des
Kleinen Raths/ samt den Officieren des
Statt-Fahnens/ und Schützenhaubt-
manns auf dem Platz/haben ihren eignen
Schreiber/ auch einen **Wachtsager**/
welcher den Herzen und Burgeren anzeigen solle/ an welchem künftige nacht die
Ronde und Wacht;Diser wird von den
Wachtherzen gesendet/ ohne umberscheid
zu allen denjenigen/ welche die Ordnung
trift:Die **Rondeherzen** werden alsdañ
begleitet durch einige von der Wacht/
gehen durch die Statt mit einem Wind-
liecht/ auch durch die Vorstätte/ und sehen zu/daß nichts ungerades/oder feind-
liches sich mercken lasse. Die Wachtherzen straffen neben disem auch ab alle
diejenigen/ so ihre sechs Schießtage
nicht jährlich auf dem Schützenplatz er-
füllet haben/ (dann jeder Burger schul-
dig ist/ alle Jahr sechsmahl auf dem
Schützenplatz zuerscheinen/ mit Ge-
schoß/ Pulfer und Kuglen/damit sie daselbsten nach dem Zihl schiessen mögen:

da

Seitenrand:
Zeugwart.

Wachther-
ren.

Wachtsa-
ger.

Rondeher-
ren.

Amt der
Wachther-
ren.

da dann auch iederzeit etwas zuverschief=
sen;) Uber das straffen sie auch ernst=
lich ab alle Händel/ so bey tag oder bey
nacht mit den Wächteren möchten an=
gehebt werden: Deßgleichen straffen sie
auch ernstlich ab die Wächter/welche et=
was verliederlichen/ oder sonsten ihre
Pflicht nicht erstatten.

Die Schirmvögte/ deren der ein
des Kleinen/der ander aber des Grossen
Raths ist/müssen zu den Wäislenen und
Vatterlosen Kinderen/auch den jenigen/
so schlechte Haußhaltungen führen/samt
ihrem Hab und Gut/ genaue auffsicht
halten/ damit selbige nicht ihres Guts
beraubet/und in noch grössere Armut ge=
setzet werden: sie haben ihren eignen
Schreiber. *Schirm-vögte.*

Der Wegherr ist des Kleinen
Raths/mus gute auffsicht haben auf alle
Strassen/ und so etwas manglet/ die
Seumigen warnen/ und wann sie solche
nicht verbesseren/ mit höchstem ernst
straffen. *Wegherr.*

Die Wein=umgeltherren (deren
Zwey/ und beyde des Kleinen Raths/)
sitzen alle Samstag auf dem Rathhaus/
und nemmen das von den verkauften *Wein-um-geltherren.*

Weinen beſtimte Umgelt ein. Sie haben ihren eignen Schreiber / der alles
ordenlich verzeichnen mus. Der Abbeiler / ſo von dem Rath aus der Burgerſchaft erwehlet wird / mus allen ver-
kauffenden Wein abbeilen / und die Faß
Oberkeitlich verſiglen.

Der Wein-Rüffer / ſo von einer
Löblichen Zunft zur Meiſen / erwehlet
wird / mus alle Weine ſo verkauft werden / durch die ganze Statt außrüffen /
und ſitzet ſamt dem Abbeiler alle Sam-
ſtag auf dem Rathhauß bey den Umgelt-
herzen. Auch hat es einen eignen beſtim-
ten Weinfuhrmann / welcher den verkauften Wein in Fäſſeren an den See /
zu den Schiffen pfleget zuführen / um
einen bedingten Lohn / den er nicht ver-
gröſſeren mag.

Zu dem Marck-Stal ſeyn verordnet zwey Herzen / einer des Kleinen /
der ander aber des Groſſen Rahts / die
müſſen zu den Oberkeitlichen Pferden
gute Sorg tragen / auch die Streitigkeiten entſcheiden / ſo ſich wegen der Pferden erheben : haben deßwegen ihren eignen Schreiber / auch einen / der den Oberkeitlichen Pferden abwartet / und Mark-

ſtaler

ſtaler genennet wird : Diſer aber hat noch zwey Knechte/die ihme zu den Pfer-den müſſen helffen gute Sorg tragen.

Der Thierherr/ ſo des Kleinen Raths / mus gute Auffſicht haben zu den Hirſchen ſo in dem Graben der gröſſe-ren Statt.

Der Oberſte Jägermeiſter mus ernſtlich handhaben und ſtraffen alle die jenigen / die zu verbottner Zeit das Gewild ſchieſſen/es ſeye dann ſchädliches Gewilde / als da ſeyn Wölff/ Lüchs/ Wilde Schweine/ꝛc. die man zu allen Zeiten mit höchſtem Gewalt verfolget/ und auch zuverfolgen ſchuldig.

Der Bergherr iſt des Kleinen Raths / und ohne ſeine bewilligung iſt niemand befügt in dem Zürichberg/ Ad-liſperg/ꝛc. Holz zufellen/ oder nemmen : die darwider handlen/werden ſtreng von ihme abgeſtraffet.

Der Sihlherr iſt des Kleinen Raths / mus zu allen Wuoren des Zü-richgebiets an der Sihl groſſe ſorg tra-gen/dann öfters bey Flötzung des Hol-zes (welches theils in dem Schweizer-gebiet/Einſidlen/und anderſtwo erkauf-fet/theils in dem Forſt und Sihlwald

Marckſta-ler.	
Thierheꝛ.	
Oberſter Jägermei-ſter.	
Bergherꝛ.	
Sihlheꝛꝛ.	
Sihl thut oft groſſen Schaden.	

gehauen wird/) grosse außbrüche/ und
schädliche überschwemungen von derselbigen har entstehen. Er muß auch jedem
Herzen des Kleinen und Grossen Raths/
jährlichen die bestimten Klafter Holtz zu-
schicken.

**Mülle, um-
geltherzen.**

Die **Mülle-umgeltherzen** / die
beyderseits des Kleinen Raths / nemen
ein alles/ von der Oberkeit bestimte Umgelt der Müllen : Haben ihren eignen

Schreiber.

Schreiber.

Hardherz.

Der Hardherz ist des kleinen Rahts/
hat die Aufsicht über das Hard/mus die
Wuor an der Lindmat daselbst/ wo es
manglet/verbesseren: Auch so sich in dem
Hard Streitigkeit erhebet wegen des
Viehs/mus er selbige entscheiden. Ein
jeder Burger hat die Freyheit eine gewüsse anzahl Viehs daselbsten auf den
Weidgang zulassen.

**Pfundschil-
linger oder
Abzugsher-
ren.**

Die **Pfundschillinger**/ so beyde
des Kleinen Raths / sind verpflichtet/
von allem Gut/ so aus der Statt gezogen wird/ den Abzug zunemmen : bey
denen pflegen auch zusitzen beyde Herzen

**Gantmei-
ster.**

Gantmeister/so des grossen Raths seyn/
deßgleichen der Gerichts = Schreiber ;
haben einen eignen Mann/ (der bey den

säumigen Zahleren die Pfandschaft aus-
tragen / und in die Oberkeitliche Gant
bringen mus:) wird **Gantknecht** genennet.

Es seyn auch geordnet zwey Herzen
des Kleinen = und einer des Grossen
Rahts/welche die Scheyen und Schindlen beschauen / und so selbige nicht die
rechte bestimte Länge haben/oder sonsten
nicht währschaft seyn / müssen sie solche
auf offenem Marckt lassen verbrennen.

Auch seyn zwey Herzen des Kleinen
Rahts/die in dem Fischmarckt gute aufsicht haben / daß keine verbottne Fische/
so in dem Leich gefangen worden/ver-
kauffet werden ; die / so darwider hand-
len/werden ernstlich von ihnen abgestraf-
fet/und die Fische in das Wasser geschüt-
tet : Auch liget ihnen ob alle Streitigkeiten / so bey dem Fischkauff entstehen/
zuentscheiden. Deßgleichen hat es auch
gwüsse Herzen des Raths / welche die
Stockfische müssen besichtigen/ob sie faul
oder Währhaft.

Es hat eine Lobliche Statt Zürich
unter ihrer Bottmässigkeit viel Vogteyen und Aemter/welche pflegen abgetheilet zuwerden in die Innere=Ausse-

Gant-
knecht.

Scheyen
und Schind-
len bschauer.

Auffsichther-
ren zu dem
Fischmarkt.

Zürich hat
viel Vogteye
und Aemter.

re = und auch Gemeine Vogteyen und Herꝛſchaften : auch in Innere und Auſſere Aemter.

Auſſere Aemter.

Die Auſſere Aemter ſeyn / das Amt Winterthur/Stein/Cappel/Küß=nacht/ Rüthi/ Töß /Embrach; an der Zahl Sibne : werden von dem Groſſen Rath mit Amtleuthen beſetzet.

Innere Aemter.

Die Innere Aemter ſeyn / das Seckel=Korn= Obmann = Bau = Sihl= Spitahl = Frau Münſter=Hinder=oder Rüthi=Allmoſen=Oetenbach=GroßKel=ler=und Cammer=Amt. Item der Cap=pelerhof/welcher durch den groſſen Rath aus der gemeinen Burgerſchaft beſetzet wird.

Gmeine Herꝛſchaf=ten.

Die Gemeine Herꝛſchaften oder Vogteyen/ ſo mit den anderen Eidt=gnöſſiſchen Orthen zugleich beherꝛſchet/ und alle Zwey Jahr abgeenderet wer=den/ als da ſeyn ; Baden/ Thurgöuw/ Rheinthal/ Freye = Aemter / Sargans/ Haubtmañſchaft zu Weil in demThur=göuw/welche alle ihre Rechnungen müſ=ſen ablegen zuBaden/auf der Allgemei=nen Tagſatzung/ vor den Regierenden Orthen. Lauwis/ Luggaris/Mendrys/

Meinthal

Meinthal aber vor dem Ennetbirgiſchen
Syndicat.

Die **Auſſere Vogteyen** ſeyn/Ky=
burg/Grüningen/Egliſau/Regenſperg/
Andelfingen / Greiffenſee / Knonau/
Wädenſchweil/ Lauffen, Steinegg/He=
gi/Weinfelden/Sax/und Pfyn: Wer=
den von Zürich allein beherꝛſchet.

Die **Innere Vogteyen** / welche
von zweyen Herꝛen des Kleinen Raths/
(ſo jährlich under einanderen abwächs=
len) geregieret werden / ſeyn Ebmatin=
gen / welches jederzeit von dem Elteren
Herꝛen Burgermeiſter bevogtet wird al=
lein/Altſtettē/Regenſtorf/Bülach/Neu=
Amt / Rümlang / Schwamendingen
und Dübendorff/Höng/Horgen/Wol=
lishofen/ Wiedicken/ Stäfa/Männe=
dorff/ Meilen/ Ehrlibach / Kußnacht/
Wipfingen / Birmenſtorff / Wett=
ſchweil: Welche alle aber ihre eigne Un=
dervögte und Landſchreibere haben.

Es ſeyn auch noch etwelche Aemt=
lein oder gemeine Dienſtlein/welche von
der Burgerſchaft verſehen werden/ als
der Cappelerhof/ das Kauffhaus/ der
HausMeiſter Dienſt / der Imminer=
Dienſt vor dem Kornhaus/ vorderſter

Auſſere
Vogteyen.

Innere
Vogteyen.

Gmeine
Burgerliche
Aemter.

oder Oberster Saltzknecht/die Groß und
Klein Anckenwaag / Steinin und Höl-
zin Werckmeister/Bruñen Meister/Ge-
schworne Reuter/ Statt Läuffer/Statt-

**Nacht-Ro-
delschreiber.**

Knechte / Nacht-Rodelschreiber/ so bey
Nacht alle Frömde in den Wirthshäu-
seren sich aufhaltende / verzeichnen muß/
damit nichts ungerades in der Statt
sich bey nächtlicher weil zutragen möge.

Redner.

Item die Redner / deren Zwey auf den
gemeinen Tagsatzungen zu Baden sich
einfinden/als Fürsprecher der Partheyen/
so für die Tagherzen begehren : Die
Sinner / Umgeltschreiber / Abbeiler /
Waagmeister in der Werchwaag/ Zol-
ler/ Hochwächter/ Statt-Trompeter/
Zeit-Richter/und viel andere mehr / die
bestentheils meiner Gn. Herzen Farb
tragen.

**Schiffmei-
ster des Ni-
derwassers.**

Es werden auch aus gemeiner Burgerschaft genommen sechs Schiffmeiste-
re des Nideren Wassers/welche mit allerhand Wahren bis naher Basel
fahren.

**Schiffmei-
ster des O-
berwassers.**

Deßgleichen wird ein Schiffmeister
des Oberen Wassers aus gemeiner Burgerschaft genommen : Disem liget ob/
neb en einem Schiffmeister von Wesen/
und einem von Glaris/ gute sorg zutra-

gen zu allen denen Güteren und Wah-
ren/welche in Italien/Pündten/ und in
das Glarneſ und auf dem Waſſer verſchicket werden / oder von dannen kommen : hat ſeine eigene Bedienten/ durch
welche Er alles pfleget zuverfertigen/und
ſo etwas verlohren wird / müſſen es gedachte drey Herzen widerum erſtatten.

Und damit man groſſen ſchadens/
der aus verwahrloſung der Schiffen/
an Leuthen und Güteren entſtehen möchte / deſto mehrers könte befreyet ſeyn/ ſo
ſeyn gewüſſe Herzen des Raths verord-
net/welche die Schiffe/ ſonderlich die/ ſo
naher Baſel geführet werden / fleiſſig
müſſen beſichtigen / ob ſie nicht etwan
faul/ oder ſonſten zu ſchwach / woraus
Schaden und nachtheil entſtehe möchte.

Aus obgedachtem ſihet man genug-
ſam/ wie eine weiſe Oberkeit alles ſo ge-
nau und ordenlich beſtellet : inſonderheit iſt ſelbige nicht minder zuloben in
betrachtung der ſchönen Ordnungen die
ſie hat in Feursnoth und Kriegsläuffen :
Dann ſo oft ein Feur oder Sturm ent-
ſtehet zu Statt oder auf dem Land /
(welches Gott gnädig abwende) iſt geordnet ein Haubtmann des Kleinen
Raths / deme ſeyn zugegeben vierzehen

*Schiffbe-
ſchauer.*

*Sturm/und
Feurs ord-
nu ig in der
Statt.*

F v   Herzen

Herꝛen des Groſſen Raths / namlich
Zwey ab der Conſtafel/und einer ab jeder Zunft / welche das Volck bey dem
Brennenden Orth müſſen in guter Ordnung halten / und daſſelbige antreiben/
mit allem fleiß den Brand zuſtillen/und
das Feur zudämmen : und ſo das Feur
bereits gedämmet/ müſſen demnach einige beſtellte an ſelbigem Orth noch eine
Zeitlang warten / damit es nicht etwan
widerum einen Außbruch nemme. Auch
iſt die Statt abgetheilet in zehen Panner / deren ein jedes ſeinen Haubtmañ
und Pañerherꝛen hat/welche die beſtim-
ten Wachten beſtellen. In den Vorſtätten ſeyn die Commendanten/welche
alle Porten und Fortificationen ver-
wahren müſſen / damit in währender
Brunſt nichts Feindthätliches ſich zutragen möchte. Deßgleichen ſeyn zu dem
Feur füraus verordnet / beyde Werck-
meiſtere/alle Zimmerleuthe/die Maurer
und Tachdecker : Die Küffer aber ſamt
anderen ab jeder Zunft ſind zu den Feur-
ſprützen beſtellet/und müſſen / wo es die
Noth erforderet / mit denſelbigen fort-
eilen.

 Und damit man ſich der Feursbrun-
ſten halben deſtoweniger zubeſorgen /

Marginal notes:

Zehen Pan-
ner der
Statt,

Commen-
danten.

Wer ſon-
derlich zu
dem Feur
verordnet.

Sorgfältig-
keit ſchädli-
che Brun-
ſten zuver-
hüten.

ſeyn gewüſſe Herzen geordnet/ die müſſen in allen Häuſeren die Oeffen/Ca-
min / und Feurhofſtette beſichtigen /
ob ſie gut und ihrenthalben kein gefahr
oder ſchaden zubeförchten. Iſt aber ein
Camin oder Feurhofſtatt allzuruſſig
oder ſonſten ſchlecht verwahret/ haben ſie
gewalt zubefehlen / daß das Camin eilfertig gebuͤtzet / die Feurhofſtatt aber
beſſer verſorget werde. Iſt ein Ofen
ſchlecht / und Feurshalben gefährlich/
wird er auß befelch gedachter Herzen
durch einen Hafner / den ſie eben zu dem
End hin bey ſich haben/mit einem Ham-
mer eingeſchlagen/ damit man einen an-
deren/ſicheren und beſſeren aufſetzen laſſe. Auch werden die Brünſten viel ver-
hütet/und diß ſtucks halben ſorgfältige
Leuthe gemachet/weilen die jenige/ denen
ihr Camin/Haus oder anders durch verwahrloſung entzündet wird / noch darzu
gebüßt / und um eine gewüſſe Summa
Gelts geſtraffet werden.

Wann auf der Landſchaft ein Feur
oder Brunſt angegangen / ſo iſt darzu
geordnet ein Herz des Kleinen Raths/
als **Feurhaubtmann**/ ſamt viertzig
Männern aus der Burgerſchaft/namlich

Feurord-
nung auf
der Land-
ſchaft.

vier

vier von der Conſtafel / und drey Männer ab jeder Zunft / welche dem Feur / ſo
bald man deſſen in der Statt gewahr
wird zueilen / und möglichſte Hilff leiſten:
da dann der beſtellt Feurhaubtmann /
nach demmung der Brunſt / allen anwe-
ſenden Hilffsleiſteren danket / und die
von dem Brand beſchädigte in dem
Nammen der Statt / tröſtet.

Sturmord-
nung auf
dem Land.

Jn Kriegsgefahren / iſt es auf dem
Land nicht weniger wol beſtellet : Dañ
das ganze Land in underſchiedenliche
Quartier / jedes Quartier aber in gewüſſe Sammelplätze abgetheilet iſt / alſo daß
wann die Hochwachten / deren je eine
der anderen entſpricht / angezündet werden / ein jeder weißt / wohin er ſich begeben mus / alſo daß das ganze Land in gar
kurzer Zeit in Waaffen ſtehet.

Herren der
Sanitet.

Es ſeyn gewüſſe Herren des Raths
zur Sanitet verordnet / welche zu allen /
ſonderlich zu Peſtszeiten / und ſo anſtek-
lende Krankheiten hin und wider graſ-
ſieren / müſſen haben eine genaue Auf-
ſicht / damit man nichts zur Statt hinein
laſſe / deſſenthalben man ſich beſorgen
möchte einiger anſteckungen : Sie haben ihren eignen Schreiber.

Herren auf

Und damit in dem Wein = oder in

dem

dem Anckenmarkt nichts ungerades für-
gange/ ſeyn auch gewüſſe Herzen beyder
Orthen von dem Rath geordnet/ welche
eine fleiſſige Auffſicht haben müſſen/ daß
Statt und Land diſer dingen halben
durch den ſchädlichen Für-Kauff nicht
beſchweret werde: Und ſo etwann der
Käuffen halben Streitigkeit entſtehet/
oder daß man ein anderen in den Markt
fallet/ müſſen ſie es entſcheiden.

dem Wein-
und Aucken-
marckt.

Die Herzen Kauff-und Handels-
Leuthe / deren ſehr viel in der Statt /
haben ein eigen Directorium, darinn
ſie ſich zu gewiſſen Zeiten underreden ihrer Handlungen halben / wie ſelbige je
mehr und mehr mögind geeuffnet und
befürderet / hingegen aller Schaden ab-
gewendet werden: Und ſo die Spinne-
ren / Wäbere/ Kämbler und alle die/ ſo
mit Seiden- oder Wullen-Arbeit um-
gehen/ untreu erfunden werden/ beſtraf-
fen ſie ſelbige ernſtlich / etwann gar mit
Banden / Gefangenſchafften / und of-
fentlicher Schmach/ doch nicht eigenen
Gewalts/ ſonder mit Erlaubnuß einer
Hohen Oberkeit. Die haben ihren eignen Schreiber.

Directorium
der Herzen
Kauffleu-
then.

Es hat auch zwey Glatt-Vögte /

Glattvögte.

ſo

Glatt-Fluß.

so beide des kleinen Raths / welche eine
Auffsicht haben müssen über die Glatt / einen Fluß der aus dem Greiffen-See
fliesset / und sich nicht weit von Glatt / fel-
den / bey Rheinsfelden / in den Rhein ergiesset ; ist sehr Fischreich. Dise Herren
müssen die verübte Fräfel bey der Glatt /
die mit unzeitigem fischen / und in anderweg verbracht werden / ernstlich bestraffen.

Gsandter über das Gebirg.

Alle Jahr wird neben den regierenden Orten / auch von Zürich aus / geordnet ein Gesandter in die Ennent-
bürgische welsche Vogteyen / daselbsten sich zu erkundigen der Landtvögten /
und ihrer Regierung / auch zurichten die
Sachen / so von den Landtvögten nicht
außgemachet worden.

Gute Truk-kereyen.

In der Statt Zürich befinden sich
auch gute Trukereyen / die wol verzühmt.
Die ersten Buchtrucker so allhier gewesen / und mir in wüssen / waren Hans Ha-
ger und Hans am Wasen.

Christoph Froschauer Buchtruk-ker zu Zü-rich.

A. 1519. ward Christoph Froschauer ein
Buchtruker von Oetingen aus Bäyern /
Burger zu Zürich: diser hat die Truckerey
sehr geäufnet und allerhand schöne geist-
und weltliche Bücher getrucket. Damit

aber

aber nicht etwan ohne Underſcheid alles
möchte getrucket werden / ſeyn gewüſſe
Cenſores der Sachen ſo ſollen getrucket
werden / denen man ſelbige zuvor weiſen
und zur Cenſur übergeben muß / die dañ
urtheilen ſollen / ob ſie ſich ohne Aerger-
nuß / oder jemands Schaden trucken laſſen. Und alſo ſeyn in allen dingen gute
und lobliche Ordnungen gemachet / welche / ſo ſie fleiſſig gehandhabet werden /
das ganz Land in glücklicher Regierung
erhalten.

Cenſores
der Buche-
ren / die ſol-
len getrukt
werden.

Zun Zeiten hat man auch gen Zürich gebracht / und um das Gelt beſichtigen laſſen / allerley kleine und groſſe Leuthe / Item allerhand ungewohnte Thiere / als Leuen / Tigerthiere / Kameel / Dro-
medarj / Bären / Strauſſen / Pellicanen /
Greiffen / Meerkatzen / Fabianen / kleine
Pferdlein die durch einen Reiff ſpringen
können / Leuen-Katzen / welches eine gattung der Lüchſen / und dergleichen mehr.

auerley
ſeltſame
Sachen
gen Zürich
gebracht.

A.1645. Kame ein Mann gen Zü-
rich / der hatte zwey Köpfe / vier Aerme /
vier Füſſe / aber nur einen Bauch.

Wunder-
mann.

A. 1651. Ward zu Zürich ein Ele-
phant gezeiget / der könte 1. Eine Reverenz machen / 2. Tanzen / 3. Sich mit
dem Bäſen außbutzen / 4. In einem Ei-

Ein Ele-
phant ſo
wol abge-
richt.

mer

mer Waſſer tragen. 5. Mit dem Degen
hauen. 6. Mit dem Rappier fechten.
7. Den Fuß bieten. 8. Einen Schilling
ab dem Boden aufheben. 9. So ihme
ein Reichsthaler hingeworffenworden/
hat er ſelbigen widerum aufgehebt. 10.
Machte er mit dem Hut eine Reverenz.
11. Könte er mit den Kuglen ſpielen.
12. Legte er etliche jungen Knaben auf
einen hauffen. 13. Tragte er einen Trompeter auf ſeinem Rüſſel. 14. Name er
einem Gelt aus dem Sack heraus. 15.
Legte er ſich auf den Bodē. 16. Schwing-
te er den Fahnen. 17. Schießte er eine
Piſtole los. 18. Bedankte er ſich mit einem Zeichen gegen der ganzen Geſellſchaft um ihr Gelt. Seine länge vom
Haubt bis zu dem Schwanz war fünf
und eine halbe Ehlen ; der Rüſſel drey
Ehlen/ und ein Vierling ; die gerade höhe vier Ehlen/ und eine halbe ; ſeine da-
mahlige älte 20. Jahr.

Im Jahr 1652. war auch zu Zürich
Magdalena/ Rudolfs Thujebuy/ von
Stockholm aus Schweden Fraue/ ihres Alters 39. Jahr/ ohne Arm: ſie könte
mit ihren Füſſen 1. Die Nájertrucken
aufthun. 2. Die Nadlen fädmen. 3.
Nájen. 4. Stricken. 5. In Ramen

nájen.

näen. 6. Sticken. 7. Würcken. 8. sich
selbsten kämen. 9. Mit dem Messer schnei-
den. 10. Mit der Gabel essen. 11. Einschen-
ken. 12. Trinken 13. Mit der Scher schnei-
den. 14. Ihr Angesicht wüschen. 15. Ihre
Nase schneutzen. 16. Mit Würfflen und
Charten spiele. 17. Mit einem Löffel essen.
18. Ihr Kind einwickten. 19. Das Kind
saugen. 20. Die Pistolen laden und loß
schiessen. 21. Dem Kind zuessen geben.

A. 1653. Im Mertzen / kam gen Zürich ein Zwerg ohngefehrd etwas über
anderthalbe Ehlen hoch / sein Nam war
Theodorus Steib / von Wien auß
Oesterreich / der hatte keine Aerme/und
könte. 1. Mit den Füssen schön mahlen. 2.
Hindersich und fürsich schreiben. 3.
Wein in ein Glas einschencken. 4. Mit
den Charten spiehlen. 5. Eine Pistole laden und abschiessen.

A. 1667. war bey dem Affenwagen ein
gar kleiner Italiener / etwan einer Ellen
Hoch / der hatte einen Bart / aber in den
Händen und Fingeren hatte er keine Bei-
ne / also daß man sie könte nach belieben
umwinden.

A. 1678. brachte einer ein Pferd gen
Zürich / das hate 8. Füsse: erstlich hatte
es 4. Füsse / wie andere Pferde / an den

Zwerg ohne
Aerme.

Ein Zwerg-
lein.

Acht-Füssi-
ges Pferd.

G　　　　Knoden

Knoben aber / nächst an den Huffen /
hatte es an jeglichem Fuß ein kleines Ne-
ben=füeßlein / so aber den grossen ganz
gleich / und auch beschlagen waren. Dises
Pferd konte tanzen / und sonsten viel andere Künste mehr / welche sehr curiös zusehen gewesen.

Lange Frau.

A. 1685. den 14. Augstmonat ist ein
Holländer mit seiner Frauen / welche 7.
Werch=schuhe lang / und ihrer Schwö-
ster / die ungefehrd 4. Werchschuhe lang
gewesen / gen Zürich komen / waren von
Svvoll auß Holland / der Zwerg war
42. Jahr alt / und ihre Schwöster 32.
Jahr.

Langer Mann.

A. 1688. den 3. Augstmonat ist Jacob
Klein / von Schnek auß Frießland siben
und ein halb Schuh lang / mit seinem 14.
jährigen Sohn so vast 6. Schuhe lang /
aber sehr mager gewesen / gen Zürich
kommen.

Der Ander Theil:

Haltet in sich /
Eine kurze/ jedoch aber grundt-
liche Beschreibung

Des

Zürich Sees /

Seiner Luft = und Nutzbarkeit :
auch was merckwürdiges daselbsten zusehen / und was sich sonderliches darauf
begeben und zugetragen habe.

Eingang.

NAch dem Ich / durch Gottes
Gnade / nunmehr zum Ende gebracht / die Beschreibung der
Statt Zürich/ die unden an dem See
gelegen / so wil Ich mich jetzunder wenden zur Beschreibung des Zürich Sees
selbsten/ und entwerffen / seine Luft= und
Nutzbarkeit / deßgleichen die Merckwür-
digsten Sachen vermelden / welche sich
von zeiten zu zeiten auf dem selbigen begeben und zugetragen haben.

Eingang/
von dem In-
halt des
Anderen
Theils.

Der Zürich-See.

Lacus Tigurinus, Tigurensis, Turicinus, Thuricensis.

Mancherley
Namen des
Zürich-
Sees bey
den Autho-
ren.

Länge/Brei-
te und Tief-
fe des Zü-
rich-Sees.

Dieser See / ist einer der schönsten und sichersten / so irgend
mag gefunden werden: Er erstrecket sich in die länge / in die Zehen
Stund. (eine Stund in die 3000. Geo-
metrischer Schritte gerechnet; ein Geo-
metrischer Schritt aber haltet Fünff-
Werck-schuhe/ were also in die 30000
Geometrische Schritte lang.) Die Breite dieses Sees/wo er namlichen am brei-
tisten ist/haltet eine Stund / oder 3000.
Geometrische Schritte. An etlichen Orten ist Er sehr tieff / sonderlich zwüschen
der Auw und Meilan / ist er über die 80.
Klaffter tieff: hingegen bey der Rapper-
schweiler-Brugge ist er so düñ/ daß man
einen Graben und Schiffweg hat machen müssen/ damit man Winters-Zeit/
wan das Wasser sehr klein / mit gelad-
ten Schiffen durchfahren köñe.

Ist sehr düñ
bey Rapper-
schweil.

Diese Düñe scheidet den Ober- und
Vnderen Zürich-See / und wurde
vor erbauung der Rapperschweiler
Bruggē/bey den Hürden genañt/von

Marchen
des Oberen
und Unde-
ren Zürich-
Sees.
Bey den
Hürden.

wegen

wegen der vielen daselbsten in dem Waſſer zu dem Fiſchen geflochtnen Hürden. Es wird jährlich in dieſen Fachen oder Hürden in dem Augſt-und Herbſtmonat eine ungläubliche anzahl Fiſche (Albulen genañt) gefangen.

Dieſer See zeucht ſich anfangs von der Statt Zürich minder und mehr gegen Mittag: Hernach krümet Er ſich wie ein Horn gegen Aufgang der Sonnen. In denſelben flieſſen ſehr viel groſſe Bäche / als die Jonen / der Utznacherbach / der Wurmſpach / der Bach ſo auß Weggithal koñet / der Lachenerbach / der Feldbach / der Müllibach / der Meilibach / item der Meilerbach / der Roßbach / der Ehrlibach / der Kußnachterbach / der Goldbach / der Hornbach / und andere mehr / ſo von ihren beygelegnen Orthen den naññen haben: So flieſſet auch in dieſen See der herꝛlich und Schiffreiche Fluß Lindmat / anfänglich nur die Lindt genennet / entſpringet bey dem Berg Märch / ſo das Urner-und Glarner-Land ſcheidet / lauffet durch ein Thalgeländ / (gibet demſelben den Namen Lindthal /) bey Schwanden vorbey: Alda flieſſet in die Lindt die

Groſſe Fiſchfänge.

Situation des Seci.

Flieſſen viel Bäche darein.

Die Lintt.

Sernff; ein halbe Stund unber Glarus
fallet darein die Löntsch/ so aus dem Seelein in dem Klönthal komet: Nächst bey
Näfels empfanget sie einen schönen/
grossen und Fischreichen Bach/ von lauter Brunen Wasser/ dergleichen wenig
zufinden/ treibet von stund an etliche
Müllen. Nächst der Zohlbrugg bey Nider Urnen empfahet sie den Ausfluß des

Walleftat-
ter See flief-
fet auch da-
rein.

Wallenstatter-Sees/ die Seetz genen-
net/ lauffet hernach zwüschen dem Gaster und der March hindurch/ und ver-
sencket sich under Grynau in den Oberen
Zürich-See/ verlieret alsdañ den Nammen Lindt bis gen Zürich/ allwo sie wider aus dem See fliesset/ und Lindmat

Lindmat.

genennet wird; behaltet hernach disen
Namen/ bis zu dem Lindmatspitz/ allwo
sie sich mit der Reuss/ und der Aaren ver-
mischet/ und die Aaren genennet wird/
bis sie zu Coblentz in den Rhein fallet/
da er selbigen Namen behaltet/ bis er sich

Fliesset in
den Ocea-
num.

in Holland in den Oceanum, oder grosse Welt-Meer ergiesset.

Nutzbarkeit
des Zürich-
Sees.

Es ist nicht zubeschreiben was grosser
Nutzbarkeit diser See ertraget. Man
betrachte nur/ wie vil Volck sich einig
und allein mit der Schiffart erhaltet!

wie

wie vil Kauffmañs-Güter hin und wider auf diſem See geführet werden. Es
ſolte einem unglaublich vorkomen / wañ
man wolte erzehlen / wie viel Holtz jährlich ab dem Wallenſtatter-See über die
Lindt hinab bis in die Statt Zürich geführet werde : dañ man mit groſſen Nawen bis gen Wallenſtatt / welches zwey
Tag-Reiße weith / fahren kan ; allein in
dem obſich reiſen werden die Schiffe mit
Pferden die Lindt hinauf bis gen Weſen gerecket oder gezogen / welches aber
langſam hargehet.

Es iſt leicht zuerachten / was groſſer
quantitet Wein auf diſem See hin und
wider verführet werde / weilen das gantze Geländ um diſen See herum vaſt
überal mit Räbbergen beſetzet iſt.

Beſchaue einer nur in dem gewohnli-
chen Wochen-Marckt / der alle Freytag
gehalten wird / was für eine groſſe menge der Schiffen / mit Laden / Schindlen /
Scheyen / Obs / Ancken / Käß / Viehe
beladen / zu Zürich ankomme / und wie
ſelbige ſo dick in einanderen ſtehen / daß
man dem Geſtad nach kein Waſſer / ſonder nur die Schiffe allein ſehen kan / welche dañ mit Korn / Wein / und anderen

Marginalien:
Wird viel Wein dar-auf gefüh-ret.

Am Wo-chen-Marckt viel belade-ne Schiffe zu Zürich / mit mancherley Wahren.

Kauffmanns Wahren beladen / widerum zuruck fahren.

Viel Bilgeri-Schiffleuth erhalten sich darauf.

Wie viel erhalten sich mit den Bilgeri-fuhren / die vast das gantze jahr hindurch anders nichts thun / als Frömbde / nacher Einsidlen reisende Personen / bis gen Richtenschwyl / und wider zuruck führen. So gibet es auch in der Statt eine grosse anzahl der Schiff-leuthe / die vast anders nichts zuschaffen haben / als vorneme Herzen zuführen: ja es gibet öffters deren / die Gutschen und

Führen Gutschen und Pferde darauf.

Pferde mit sich in die Schiffe nemmen / und zu Wasser fahren / nur Komlichkeit halben / auf disem sanfften und lustigen See außzuruhen / da doch die Landt-Straassen zimlich gut sind.

Steinfuhr ertragt grossen Nuzen.

Zu dem / ertraget auch nicht wenig nuzens die Steinfuhr / da das gantze Jahr hindurch etlich hundert Ledenen von Bäch und Herrliberg / in die Statt Zürich / und an andere Ort geführet werden. Das komlichste aber ist / daß man

Allerhand Gattungen der Schiffen.

zu disen fuhre allerhand gattung Schiffe hat / als namlichen:

Nawen oder Nachen.

Nawen oder Nachen / die auff zweyhundert und fünffzig Centner tragen.

Halbe

Halbe Nawen/ die ohngefehrd halb so viel tragen mögen.

Weidling/ sind ohngefehrd der vierte theil eines Nawens/ darinnen kan man allerhand führen/ tragen bis auf zwentzig Personen/ sind sehr kömlich.

Fischer-Schiffe/ darinnen die Fischer fahren/ können etwann zwey Personen mit sich nemmen/ und in Ihren Gransen die Fische lebendig bis auf den Fischmarckt bringen.

Kleine Jag-Schifflein/ sind sehr kömlich etwan den Endten nachzujagen/ oder sonsten/ so man bey stillem See mit drey oder vier Personen an ein Ort hineilet.

Es ist auch in diser Schiffart etwelche Ordnung/ daß man ohngefehrd weißt/ wañ man an das ein oder ander Orth fahren könne/ und sind hernach folgende die Schiffe/ so vast ordinarj an gewüssen Tagen in der Wochen gen Zürich komen/ uñ wider hinweg fahren/ als:

An dem Montag/ um ein oder zwey Uhren Nach-mittag fahret hinweg der Schiffmañ von Meilan/ bis naher Meilan/ lasset zu Küssnacht und Hertzliberg außsteigen/ hat einen Weidling.

Marginal notes:
- Halbe Nawen.
- Weidling.
- Fischer-Schiffe.
- Jag-Schifflein.
- Ordnung in der Schiffahrt.
- Welche Schiffe am Montag abfahren/ auch wohin.

Um zwey / drey oder vier Uhren nach=
mittag fahret hinweg der Rohrwieser bis
gen Stäfa / lasset zu Küßnacht / Herz=
liberg / Meilan / und Menedorff auß=
steigen / ist auch ein Weidling.

Um zwey/oder drey Uhren fahret eins
gen Menedorff/lasset außsteigen zu Küß=
nacht / Herzliberg und Meilan.

Um zwey oder drey Uhren nach=mit=
tag fahrt man hinweg mit einem halben
Nawen bis gen Horgen/lasset an keinem
Orth aussteigen.

Auch fahret zu weilen eines um drey
oder vier Uhren Nachmittag gen Wä=
denschweil.

Am Zinstag
kein ordina=
ri Schiff. An dem Zinstag fahret kein ordi=
nari-Schiff hinweg.

Am Mitt=
wochen. An dem Mittwochen / um ein=/
zwey/oder drey Uhren Nachmittag/fah=
ret eines gen Meilan / das ander gen
Menedorf/lassen underwegs aussteigen.

Um drey oder vier Uhren fahret ein
halber Nawen gen Horgen / lasset nicht
außsteigen.

An dem
Donstag. An dem Donstag / um zwey/ drey
oder vier Uhren Nachmittag/fahren hin=
weg drey Schiffe/ eines gen Menedorf/
das ander gen Stäfa / das dritt gen

Urickon

Urickon / eine Stund under Rapperschweil.

An dem **Freytag** Nachmittag um
ein / zwey / drey / vier oder fünff Uhren /
fahren Schiffe an alle Orth des Zürich-
Sees / sind theils Nawen / theils Weidling.

Es ist aber auch nach ein richtiges
ordinári Schiff / so alle Freytag fahren
muß / wie wenig es immer zuführen hat /
auch ist der Lohn allezeit gleich jeder Person / wird das Nacht-Schiff genennet /
fahrt erst hinweg wann die Thorglogg
läuten wil: führet meistentheils Glarner /
fahret bis gen Lachen / lasset an keinem
Orth aussteigen / als bey der Rapperschweiler Brugg / fahret die ganze Nacht
hindurch. Der Schiffmañ ist ein Burger von Zürich / wird von der Zunfft zun
Schiffleuthen darzu genomen / und erwehlet / hat keine gewüsse Competenz.
Das Schiff ist ein Nawen.

An dem **Sambstag** / um ein / oder
zwey Uhren Nachmittag / fahret hinweg
der Schiffmañ von Meilan / lasset aussteigen.

Um zwey oder drey Uhren fahret hinweg der Churerbott bis gen Lachen / lasset biß gen Mænedorff aller Orthen aussteigen /

An dem
Freytag fah-
ren allerley
Schiffe an
alle Ort des
Zürich-
Sees.

Ordinari
Schiff am
Freytag.

Schiff-Maß
von der
Schiff-Leu-
then Zunfft
erwehlet.

An dem
Samßtag.

steigen / bleibet daselbst übernacht / alsdañ lasset Er an keinem Orth mehr aussteigen / aussert bey der Rapperschweiler
Brugg : Fahret jezunder am **Freytag**
Abends um sieben Uhren.

Auch fahret um 4. Uhren ein Schiff
bis gen Horgen / lasset aber underwegs
nicht auß steigen.

Man findet
allezeit
Schiffe so
um den Lohn
fahren wo-
hin man ver-
langet.

Verlangete aber einer ein absonderlich Schiff zuhaben / so findet Er es alle
Tag groß und klein/um welche Zeit man
wil/ aussert an dem Sonntag ist es/ bis
nach vollendeter Abend-Predig/auf dem
See Züricher-Gebieths / ohne Erlaubnuß Reisende zuführen verbotten. So
aber einer gen Richtenscheil wil / findet
Er / insonderheit wann die Bilgerfahr-
ten starck in dem Schwang gehen / vast
allezeit Schiffe/ die dahin fahren/wann
Er nur ein wenig Zeits bey dem Wirtshaus zum Hecht oder zum Rappen war-
tet/ bis daß etliche Personen zusammen
kommen/damit es den Schiffleuthen die
arbeit bezahlen möge.

Der Zürich-
See ist sehr
Fischreich.

Und weilen diser See/sehr Fischreich/
als komme Ich nunmehr auch zu dem
Fischfang / der so reichlich / daß es schier
unglaublich zu seyn scheinet/ wann einer

sagen

sagen solte / wie viel Volks sich mit den
Fischen durch das ganze Jahr erhaltet.
In dessen aber wolle man nur betrach-
ten / wie viel deren / die sich nur allein
durch das Angel-Fischen ernehren / in
deme man offt über die dreissig Schiffe
bey einanderen sihet / welche den ganzen
Tag anders nichts thun / als den Angel
außwerffen / und seind sehr wenig / oder
vast gar keine / die des Tags lär außgehen.   Was für eine grosse Anzahl Fischer bringen sich dennoch nicht reichlich
durch / mit den Tracht-Garnen / Land-
Garnen / Schweb-Netzen / und Setz-
Schnüren? Deßgleichen sind viel de-
ren/die den ganzen Sommer über Fische
in den Behren fahen/des Winters aber
dem Land nach Burdenen / und viel Fische / als Treuschen/Groppen/ so sich darein verschliesen / heraus ziehen. In summa es bedarff nicht viel sagens : Man
gewahre nur allein / wie viel umligende
Orth/ Römischer Religion / die Fasten
halten / und sich aus disem See speisen
müssen. Was braucht nicht das Fürstlich Stifft und die Waldstatt Einsidlen durch die gantze Fasten / ja durch das
gantze Jahr / da vast allezeit eine unzahl-
bare Menge Bilgerin sich daselbst auf-

Angel-fischer.

*Tracht-
und andere
Garn-fi-
scher.*

*Burdenen-
fischer.*

*Viel leuthe
werden
durch die
Fische er-
nehret.*

hal-

halten / und vaſt keine andere Fiſche haben / als aus dem Zürich-See / allwo das
Cloſter Einſidlen zu Pfefficton / in dem
Winckel genañt / eine von denen ertra-
genlichſten Fiſchenzen hat?

Viel Fiſche
werden an-
derwerts
verfertiget.

    Ich wil jezunder nichts ſagen von
Rapperſchweil / Utznach / Lachen /
Schmericken / und anderen nechſtgeleg-
nen namhafften Orthen / die alle Römi-
ſcher Religion / und in währender Fa-
ſtens-Zeit des Fleiſch-eſſens ſich enthal-
ten. Wann einem bekant / wie viel Fiſche durch das ganze Jahr naher Baden /
ſonderlich wañ die Faſten und die Tag-
leiſtungen ſind / auch naher Clingnau /
ja gar bis naher Baſel verführet werden / ſolte Er wol meinen / man eſſe zu
Zürich gar keine Fiſche: Wann Er aber
täglich durch das ganze Jahr zu Zürich
die groſſe Menge / allerley groſſer und
kleiner köſtlicher Fiſchen in dem Fiſch-
markt beſichtiget / ſo könte Er ſich einbil-
den / man eſſe anders nichts als Fiſche /
und halte ſich ehender auf an den Fiſch-
reichen Nordwegiſchen Meerküſten / als
aber in einer / an einem von ſüſſen Waſ-
ſeren beſtehenden See ligenden / Statt.

Groſſer
Brauch von
Fiſchen zu
Zürich.

Underſchie-
denliche
Gattungen
der Fiſchen.

    Der Fiſchen aber dieſes Sees ſind
underſchidenlicher Art und Gattungen /

und

und solle jeder nach seiner Eigenschafft
absonderlich beschrieben werden / wie
folget :

Der Hägling hat under allen den
vornemsten Preiß; dann/obwolen diser
Fisch einer der kleinsten Gattung/ haben
sie doch billich / wegen ihres hohen werts
und sonderlicher güte / die Erste Stell :
Sie seyn gemeinigklich fünff/ sechs / bis
in sieben Zohl lang/ kleiner als eine Al-
bulen/ eines herzlichen Geschmacks/son-
derlich wann sie frisch auf dem Kohlfeur
gebraten/und also warm in einer bedeck-
ten Blaten aufgetragen werden.   Sie
werden nicht alle Monat / auch nicht aller Orthen/sonder in dem Christmonat/
Jenner/Hornung und Merz/ bey Wä-
denschweil/Zollikon/und Wollishofen/
in der Nacht / wann kein Monbschein/
und sehr tunckel ist / in grosser Menge/
mit einem grossen Zug-Garn gefangen:
Wann sie nur ein wenig heitere sehen/
lassen sie sich gar tieff in das Wasser herunder.   Dise Fische dörffen auf offentlichem Markt nicht verkauffet werden/bis
die Fischer den Herzen See-Vögten eine
gewüsse/ ihnen bestimte/Anzahl derselbigen überlifferet /   werden alßdann ge-

schwind

Hägling die beste Fische.

Wann/ und wo sie gefangen werden.

Werden
hin und wi-
der geschikt.

schwind aufgekauffet / und weit hin und
wider verehrt und verschicket. Wiewo-
lē aber dise Fische in grosser menge gefangen werden / sind sie doch allezeit in hoher
achtung / weilen sie wegen ihrer Zärtig-
keit sehr aufgesuchet / und auch von frömden Herzen aus fehrn entlegnen Landen /
so selbiger geniessen / allen anderen Gattungen der Fischen vorgezogen werden.
Auch kommen ihnen die Surseer- und
Hallweiler Ballen / die sonst für die beste
Gattung gepriesen werden / an Zärtig-
keit und Güte nicht zu.

Sind alle-
zeit in ho-
hem werth.

Förenen
oder Forel-
len grosse
Fische.

Förenen oder Forellen seind eine
Gattung der Fischen / die bey uns sehr
bekañt / und werden von männiglich /
wegen ihres herzlichen Fleisches / füraus
aber in dem Aprel und Meyen sehr hoch
gehalten : In dem Somer ist ihr Fleisch
roth / in dem Winter aber weiß : Etliche
seind mit schwarzen / etliche mit rothen /
und etliche mit Goldfarben Flecken besprengt : Sie komen zu einer mercklichen
Grösse und Schwere / dann zun Zeiten
deren gefunden werden / die in die dreissig und mehr Pfunde wägen. Sie wer-

Wie sie ge-
fangen wer-
den.

den in dem ganzen See / durch das ganze Jahr (aussert in dem Läich / so um St.

Galli

Galli Tag pfleget zu seyn/) gefangen/
Somers-Zeit sonderlich in dem Tracht-
Garn/ und an Setzschnüren/ Winters-
Zeit aber in den Schweb-Garnen. Ab
dem Donner sollen sie sehr erschrecken/ so
daß sie sich zur selbigen Zeit offtmahls
sehr auf dem Wasser verschiessen / auch
wann sie von anderen Fischen verfolget
werden/ daß man sie mit den Händen
nemen kan. Erschrecken ab dem Donner.

A. 1672. Hat Herr Johañ Ita/
gewesner Pfarzer zu Sarmenstorff/ mit
Meister Heinrich Tolder dem Schiff-
mann aus dem Meiler-Feld / zwüschen
Meilan und Richtenschweil auf dise
Form eine sieben und zwenzig pfündige
Forellen auß dem Wasser gezogen/ die
sich also verschossen hatte/ und solche Ihr
Fürstl. Gnaden zu Einsidlen verehret. Histori hievon.

Die Bach-Forellen seind klein/ ins
gemein einer spannen lang / mit rothen
Flacklein besprengt; Es gibet zun zeiten auch pfündig/ ja zwey und drey pfündige / werden in grosser anzahl mit dem
Angel/ in den grossen Bächen/ so in den
Zürich-See fliessen/ gefangen/ sonderlich
in der Jonen / in dem Feldbach / und
Käpfnacherbach / die Aa genañt. Und Bachforel-len.

weilen man ihnen mit außschöpfen des
Wassers gar zu streng überlegen / seind
an underschiedenlichen Orthen von den
Herzen Obervögten selbige zufangen
bey hoher Straaff verbotten worden / insonderheit mit den Garnen / Händen /
und außschöpfen der Gumpen. Ihr
Fleisch ist gesünder als der See-forellen.

Niderwäßler Forellen seind sehr
schön mit grossen rothen / schwarzen und
Goldfarbigen Flecken besprenget / werden in der Statt / zwüschen der underen
Brugg und den Müllistegen / wo die
Lindmat anhebt zufliessen / (allwo etliche
Burger ihre eigne Fischenzen haben / in
welchen sonst keinem als ihnen erlaubt
die Fische zufangen) auch aller Orthen
der Lindmat gefangen / in Reuschen / mit
dem Angel / auch mit einem Garn / welches die Fischer an Stangen halten / und
dem Grund nachfahren / komen zu zim-
licher Grösse / sie seyn meistentheils zwey /
drey und vier pfühdig: Zun zeiten werden auch zehen / bis zwölfpfündige gefangen. Ihr Fleisch ist fürtreffenlicher
als der zwey vorhargehenden geschlech-
teren / werden deßwegen von den Statt-
Fischeren in grossen Fischg-halteren aufbehalten / und in hohem Gelt verkauffet.

Der

Der Salm/ ist ein Fisch eines herꝛ=
lichen Geschmacks/ und zarten Fleisches/
den Förenen nicht ungleich. Dise Fische
werden vor Jacobi Salmen/ und her=
nach Lächse genennet. Gegen dem Win=
ter kommen sie auß dem Meer / fahren
der Lindmat nach hinauf/bis an den Zü=
rich=See/ ja gar durch denselben hinauf
in die Lindt/bis gen Glarus/leichen als=
dann in den süssen Flüssen und Wasse=
seren/machen in dem Sand ihre kunst=
lichen Gruben/ die sie mit Steinen wol
verwahren/damit das Wasser ihren Ro=
gen/ welchen sie in dise Gruben leggen/
nicht zerstreue: und obgleich die Wasser
fallen/auch die Gruben vertrochnen/sol=
le doch derselbige nicht verderben/ sonder
in dem Frühling bey wachsendem Was=
ser lebendig werden. Die jungen/so da=
raus erwachsen/werden Sälmling ge=
nennet/ und nicht von jedermann von
den Förenlinen underscheiden und erken=
net: Ehe sie jährig/fahren sie dem Ocea=
no,oder Hochen Meer zu/bleiben hernach
daselbsten bis sie erwachsen/kommen als=
dann wiederum herauf.

Also streichen / nach eingetrettnem
Mertzen/die Salmen herauf/gegen dem

Salm und Lächs.

Wie ihr Leich auf=kommt.

Sälmling fahren dem Oceano zu.

Wann die Salmen ob=sich streichen.

H ij   Herbst/

Herbst / da sie Lachs genennet werden/
leichen sie / durch den Winter liget der
Rogen in den Gruben / Frühlingszeit
wird der Saamen zu jungen Sälmlin-
gen/nach dem Sommer streichen selbige
gegen dem Meer/und werden Salmen:
Erforderet hiemit zwey Jahre ehe sie zu
Salmen werden.

Werden sehr groß und schwer.

Die Salmen komen zu einer merk-
lichen grösse / wägen bis zwenzig/dreissig
und mehr Pfunde. Ich habe selbsten einen Lachs gesehen / und in den Händen
gehabt/so vierzig Pfund gewogen : Diser hette in dem Frühling/als ein Salm/
weilen sie bannzumahlen sehr feißt und
schwer/auch besser als in dem Herbst/gar
wol über die fünfzig Pfunde gewogen.

Wie sie ge-fangen wer-den.

Dise Fische werden/theils in den Reuschen und Garnen gefangen / theils bey
Tag ab beyden Bruggen in der Statt/
theils zu Nacht bey anzündung der Fa-
keln/mit Geeren gestochen. Sie werden
an keinem Orth mehr gefangen als zu
Lauffenburg/und bey dem Lauffen under
Schaffhausen.

Sonderliche art die Haa-gen zufan-gen.

Die Fischer haben den Brauch/ daß
wann sie ein Weiblein fangen/(Lyderen
genennet) binden sie selbiges an ein Seil/

so wird dann das Mäñlein (von dem krummen Schnabel / so er hat / Haagen genennet) auch alsbald gefangen.

Die Jlancken / werden auch Grund-oder Lachs Forellen genennet / seind meistentheils sechs / acht / zehen / bis in zwentzig Pfunde schwer / werden zu oberst in dem Zürich-See / und in der Lindt in Reuschen und mit Garnen viel gefangen / seind kürzer als die Lächs / haben mehr purpurfarbe und schwarze Flächcken / auch seind sie dicker bey dem Schwantz.

Die Rötele / seind auch Forellen geschlechts / werden von Martini bis zu dem Neuen Jahr in Schwäb-netzen neben dem Meilerfeld / und bey der Auw gefangen : Die Garn werden über zwentzig Klafter tieff gesetzet ; man lasset sie über nacht in dem Wasser hangen / werden dann an Schnüren wiederum aufgezogen / es bleiben oft sehr viel darinnen. Dise Fische seind sehr gesund / gut / lind und matt / doch nicht so kostlich als die Forellen / sonderlich in dem Sommer / sinteweilen sie alsdann gantz weich. Sie seind gemeinlich wie die Bach-Forellen / einer Spannen lang / doch gibt es

(Randnotizen:)
Jlancken / oder Lachs-Forellen.

Rötele : wo sie gefangen werden.

Ein gesunder Fisch.

zun Zeiten auch zwey und drey pfündige.

Die Aescher / seind die herzlichsten und gesündesten Fische under allen/eines fürtreffenlichen geschmacks / sehr feißt/ deren feißte zu der Arzney hoch gepriesen wird.   Sie kommen bis an den Zürich-See/und werden in der Statt zu Winterszeit viel an dem Angel gefangen / deren etliche pfündig / etliche anderthalb pfündig / in dem Sommer aber fanget man sie in den Reuschen und Garnen/ zuweilen auch an dem Angel / seind alsdann am besten.

Der Karpfe / ist ein sehr listiger Fisch/deßwegen auch schwerlich zufangē; man bekomt sie durch das ganze Jahr/ insonderheit aber in dem Brachmonat/ da sie in dem Leich ; werden alsdann in dem Ober-See bey Rapperschweil und Pffefficon / deßgleichen bey Wollisho-fen/und in der Statt/zwüschen den Pallisaden und der Oberbrugg/mit Garnen gefangen/ auch in dem Stattgraben der Kleineren Statt/werden viel geschossen/ mit Geeren gestochen / und mit dem Wurffgarn gefangen. Dise Fische seind sehr herzlich zum sieden / und seind keine die mehr schweiß haben als dise/da-

(Randnotizen:)

Aescher sind sehr gesunde Fische.

Der Karpfe ist listig.

Wann/wo und wie sie gefangen werden.

Ein gesunder Fisch.

nahen

nahen selbige mit dem Wein / darinnen
sie sieden wil/ ausgewäschen werden; Ihr
Fleisch ist fett und lind / der Kopf wird
wegen der Zungen sehr hoch gehalten/
in dem die Liebhaber guter Bißlein zusagen pflegen / daß an den Fischen gut
seye/ das Barben Mäulein/ das Karpfen Zünglein/ das Treuschen Läber-
lein/ ꝛc.

Der Karpfenstein/ die Gall und
Fette/ sollen zu der Arzney sehr dienstlich
und gut seyn. Die schwere diser Fischen
kommet bis auf zehen / ja zwenzig und
mehr Pfunde.

Die Brachsmen/ siend breite Fische/
den Karpfen an geschmack nicht unehn-
lich/ gleichwolen zeucht der Karpf an der
güte weit vor; sie wägen ins gemein vier/
fünf und sechs Pfunde ; lieben einen
lättechten Grund / danahen werden sie
meistentheils bey der Rapperschweiler
Brugg/ in dem Pfeffickomer-Winckel/
bey Stäfa/ Mennedorff/ und Richtenschweil in dem Meyen/ Brach- und Heumonat in grosser menge gefangen.

A.1684. den 2. Heumonat/ haben die
Wedenschweiler Tracht-Fischer bey
Richtenschweil acht Centner ; und den

Der Kar-pfenstein.

Brachsmen.

Wurden in grosser An-zahl gefan-gen.

4. Heumonat gedachten Jahrs/ fünfzehen Centner Brachsmen in einem Zug gefangen.

A. 1686. Haben die Schloß-Fischer zu Pfeffikon/ in dem Winckel/ in die dreissig Centner Brachsmen mit dem Tracht-Garn in einem Zug gefangen.

Die Blauling/seind Fische/ welche in gemein zwey in drey Pfund wägen ; doch seind auch schon sieben pfündige gefangen wordē/seind gut zum sieben/werden aber mehrentheils gebraten/und danahen Bratfische genennet. Man fanget sie durch das ganze Jahr/ aussert so sie in dem Leich. (Doch werden selbige alsdañ bey der Rapperschweiler Brugg in grosser menge gefangen/ (welche sie in dem Rauch dörzen) weilen sie sich zu keiner Zeit des Jahrs/als in dem Leich daselbsten sehen lassen.) Sie werden sehr viel mit dem Angel bey Herzliberg/Horgen/ Wedenschweil / 2c. gefangen / die meisten aber mit den Tracht-Garnen/ deren viere an der Zahl / und zu jedem vier Mäñer gehören / namlich / eins zu Stäfa/zwey zu Wedenschweil/und eins zu Ehrlibach : jedes derselbigen kostet auf die hundert Gulden/ seind sehr groß/

werffen ſolche in die gröſſeſte tieffe/ der
Triechter genennet/ hinaus/ machen
einen weiten Ring/ zeuhen ſie dann zu-
ſamen/biß die Fiſche in einem Sack eingeſchloſſen. Es giebet oft groſſe Hechte/
und Forellen darmit. Mit diſen Garnen pfleget man zufiſchen von mitten des
Meyen/bis in mitten des Augſtmonats.
Es werden auch Winterszeit vil Blau-
ling/aber ſehr kleine/ mit den Häglingen
gefangen.

Tracht-
fang.

Was dariñ
gefangen
werde.

Die Albulen/ſeind guteFiſche/zum
ſieden und braten bequem/auf das höchſte halbpfündig/ den Blaulingen nicht
unähnlich/ alſo daß etliche vermeinen
kein underſcheid zuſeyn/ als das Alter/
namlich / daß wann ſie drey Jahr alt
ſeyen / hernach Blauling genennet wer-
den/welches aber die alten Fiſcher wider-
ſprechen/indem ſie weiſſer/und die Ruggen ganz grau / mit wenig purpur und
blauem vermiſcht ſeyen. Sie werden mit
Behren und Garnen gefangen: Inſonderheit aber fanget man in dem
Augſt-und Herbſtmonat bey der Rap-
perſchweiler-Brugg/in den Hürden ge-
nennet/eine ungläubliche menge/ die ſie
hernach in dem Rauch dörzen / und auf
die Faſten behalten.

Albulen.

Wie ſie ge-
fangen wer-
den.

Barben.

Die Barben/eine gattung der Fischen/haben lindes/schwammachtes/und fettes Fleisch / aber darbey eines guten geschmacks/ stecket foller Gráthen : Der Kopf wird wegen des Mauls sehr hoch gehalten. Man fanget sie zu Somerszeit in der Statt Zürich/ anfangs der Lindmat/in grosser menge : Sie leichen in dem Augstmonat : Ihr Rogen ist sehr schädlich / und bringet die Leuth/so darvon essen/ wegen gar zustarcken purgierens / mit grosser pein und schmerzen/ in gefahr Leibs und Lebens/wird deßwegen hinweg geworffen. Es gibt oft deren/die acht/zehen/bis in die zwölf Pfunde wegen. In dem Winter seind sie auch verbotten zufangen/weilen selbige dannzumahlen wie blind.

Wann sie gefangen werden.

Ihr Rogen ist schädlich.

Treusche.

Die Treusche / ist von ansehen ein sehr wüster / jedoch kostlicher Fisch /und wird insonderheit dero Leber sehr hoch geachtet. Zu außgang des Jeners/nachdem es warm oder kalt / seind sie in dem Leich ; werden sonst durch das ganz Jahr an Setz-schnüren / in Burdenen und Behren gefangen/auch zuweilen gestochen. Bey uns lobet man selbige von dem Herbst - bis in den Christmonat/

das ist/vor dem Leich: dann nach dem Leich werden sie schädlich geachtet / dann etlichen ihre Leberen soller Pfinnen wachsen/welches denen Fischen eine anerborne Krankheit seyn solle. Sie seind ungleicher grösse/ (die grösseste so ich gesehen/ hatte vier Pfunde gewogen/) sehr schnell und räubig / und ist kaum ein ander geschlecht/daß nach seiner grösse und gestalt andere so grosse Fische verschlucke ; ja/ sie fressen einanderen selbst/wie dessen Herr Cysat in seinem Buch/Der vier Waldstätten-See genenet/ein Exempel anzeuhet / welches von Wort zu Wort also lautet :

Krankheit derselbigen.

Ein schneller räubiger Fisch.

„ Ich hab selbsten ein lächerlich Ding „ von Treuschen gesehen. Dañ/ als ich „ A.1648. etliche Treuschen zu Münster „ in einen Brunnen gethan/und solcher „ massen versorget / daß keine hinaus „ kommen könten/hab ich doch von tag „ zu tag verspühret / daß sie an der Zahl „ abgenommen/ deßwegen argwohnet/ „ als ob sie mir sonsten entragen wur- „ den. Darumben auf einen Freytag „ der Magd befohlen/ einen theil Treu- „ schen auß dem Trog zunemmen / wei- „ len sie ohne diß hinweg kämind : Als „ nun die Magd solche herauß schöpfen „

Lächerliche Histori bier- von.

wollen/

„ wollen / hat sie mich selbsten zu dem
„ Brunnen erforderet / darinn ich mit
„ verwunderung den Dieben / ia eine
„ Treusche / gesehen / welche zwey
„ Schwänz / namlich/ einen vorwarts/
„ und den anderen hinderwarts / und
„ doch nur einen Kopf hatte / fuhre eine
„ weil hindersich / und eine weil fürsich/
„ daß dann sehr wunderlich zusehen: es
„ hatte aber ein Treusch den anderen bey
„ dem Kopf erdapt/welcher nicht vil klei-
„ ner als er / und den Kopf allbereit in
„ sich geschluckt/ und angefangen abzu-
„ täuen/wie solche räubige Fische zuthun
„ pflegen / darbey ich gesehen / daß dise/
„ wegen ihrer grossen Fräßigkeit dem
„ eignen Geschlecht nicht verschohnen.

Groppen zweyerley Art.

Der Gropp. Dises seind kleine /
unansehenliche/ aber sehr köstliche Fisch-
lein/haben sehr grosse Köpfe : ihr Rogen
wird hochgeachtet. Diser Fischen seind
zweyerley Art / deren die einten See-die
anderen aber Lindmat-Groppen genennet werden. Die See-Groppen seind
kleiner und weisser/die anderen aber grös-
ser/ schwärzer und köstlicher. Man fanget sie mit Reuschen / Burdenen / und
Schor-Behren / auch werden viel mit

den

den Groppeiſen geſtochen : Sie ſeind am
beſten von dem Weinmonat bis zu dem
Merzen / dann ſie leichen alsdañ.

Die Schleyen ſind ganz ſchleimach-
tige Fiſche / wohnen gern im Kaath-und
Lettechtigen Orthen / werden durch den
Sommer im See in den Behren gefangen / haben ein weiſſes Fleiſch / ſeind gut
geſotten und gebraten / ſie ſollen doch
leicht / wann man derſelbigen zuviel iſſet /
das Kaltwehe oder Fieber verurſachen ;
je gröſſer aber dieſelbigen / je minder
ſchädlich ſie ſeind. Wann man die
Schleyen ſchüppen wil / mus man zuvor
heiß ſiebend Waſſer daran gieſſen / ſonſt
laſſen ſie die Schüppen nicht.

Der Aal / iſt ein fetter und zarter
Fiſch / ſehr lieblich zueſſen ; denen aber /
ſo dem Reiſſenden Stein underworffen /
ganz ungeſund. Sie vergleichen ſich
mehr einer Schlangen als einem Fiſch /
ſollen ihre jungen lebendig gebähren :
Werden in Behren und an Setzſchnü-
ren gefangen / wägen etwan fünf / ſechs /
bis in ſieben Pfunde.

Es kom̄et jährlich ein gewüſſer Mañ
gen Zürich / der ganze Fäſſer mit Aelen /
ſo in diſem und anderen Seen gefangen

worden /

Schleyen.

Wie ſie zu-
ſchüppen.

Aal.

Sind gleich
einer
Schlangen.

Aal-Häm-
ler.

worden / aufkauft / solche hernach auf
Wägen bis an die Donau / und von
dañen bis gen Wien in Oesterreich verführet / und daselbsten in hohem Preis
verkauffet / als etwas selzams ; Danh in
der Donau keine Aele anzutreffen.

**Kleine
Neunauge.**

Die Kleinen Neunauge / seind
Fische / an gestalt und grösse den Blin-
denschleicheren nicht unehnlich / haben
keine Gräth / werden in der Lindmat und
Bächen gefangen / aber selten zur speiß
gebraucht.

**Reechling
sehr gesun-
der Fische.**

Reeling oder Rechling / seind sehr
Edle ung gesunde Fische ; so daß sie auch
kranknen Personen fürgestellet werden :
Man fanget sie auch den ganzen Sommer in den Tracht- und Land-garnen /
auch an schnüren und in den Behren.
Es ist zumercken / daß sie vier Jahr den

**Aenderen
ihren Nam-
men.
Heurling.**

Namen veränderen : in dem ersten
Jahr werden sie Heurling genennet /
und zehen Tage vor St. Margrethen
Tag gefangen / seind dañzumahlen nicht
länger als eine Nadel / und ein köstlich
essen. In dem andern Jahr werden sie

Stichling.

genennet Stichling / weilen sie um etwas grösser / und ihre Gräth anfangen
zustechen / werden in gar kleinem preiß

verkauffet / seind am allerbesten so sie ge=
bachen werden. In dem dritten Jahr
nennet man sie **Eglin:** und in dem vier=
ten **Rechling** / behalten hernach disen
Namen: und wann sie gar groß / kom=
men sie auf zwey und drey Pfunde.

A. 1687. den 23. tag Weinmo=
nats / hat in wehrender Kinder=Lehr / an
dem Sonntag nach mittentag ein star=
ker Wind zu Meilan / zwüschen bey=
den Haaben / (das seind geringe Seehä=
fen) eine solche menge Stichling an das
Land getrieben / daß man derselben mit
den Händen / Feimeren / Zeinen / Kräten /
Kübeln / und Gelten / über die drey Cent=
ner gefangen hat / und ware dazumahlen
vast kein Haus in ganz Meilan / darinn
nicht von disen Fischen geessen worden.

Die Hechte haben / wann sie alt / ein
sehr hartes Fleisch: Wann sie aber nur
einer spannen lang / werden selbige für ein
Herzen=essen gehalten: Etliche derselben
werden so groß / daß sie dreissig und mehr
Pfunde wägen. Sie seind sehr räubig
und frässig / und verschiessen sich oft ob
dem Raub / daß sie samt demselben ge=
fangen werden; wie dann ein solches A.
1687. begegnet / da ein grosser Hecht / ei=
ner Forellen mit solchem Gewalt in eine

Reuschen

Eglin:
Rechling.

Grosse men=
ge Stich=
ling zu Mei=
lan an das
Land getrie=
ben.

Hechte.

Werden
sehr groß
und schwer.

Ein
grosser
Raubfisch
und rechter
Lupus oder
See=wolff.
Histori sei=
nes raubs;
danaben er
gefangen
worden.

Histori seines Raubs; danaben er gefangen worden.

Reuschen nachgeschossen / daß beyde ge=
fangen worden : und obgleich die Forel=
len von dem Hecht verletzet worden / so
hat doch der Fischer añoch einen Thaler
von derselbigen bekomen. Man fanget
sie sonst ins gemein mit dem Tracht=und
Land=garn / auch an Setz=schnüren/mit
dem Angel und in Behren.

Hasele.

　　Hasele seind gute Fische /sonderlich
um den Herbst; sie werden in den Netzen/
und der meiste Theil mit dem Angel ge=
fangen : Die in der Lindmat und Syl
seind besser als die See=Haßlen. In
mitten des Aprellens seind sie in dem
Leich begrieffen / lassen sich alsdañ häuf=
fig in die Bäche/ daß man sie mit Hän=
den fangen kan : so aber einer darob er=
wütschet wird/straaffen die Herzen See=
vögte denselbigen / neben einem guten
Filtz/ mit höchstem ernst ab.

Schwaalen.

　　Die Schwaalen/ seind Winters=
zeit/ wann sie foller Rogen / am besten/
sehr gut zum sieden/gesund / aber gräth=
echtig ; werden bey Küßnacht / Tall=
weil / und Hertzliberg durch den ganzen
Winter/in grosser menge an dem Angel
gefangen.

Alet.

　　Die Alet seind sehr gräthechtig /

schwümmen allezeit scharenweise / werden durch den ganzen See / sonderlich in
der Statt / in dem Somer mit den Garnen in grosser menge gefangen / auch viel
mit Geeren gestochen / und mit Schrenz-
änglen geschrenzet : werden oft ellen-
lang / wägen vier / fünf und sechs Pfunde.

Die Nasen seind auch soller Grä- **Nasen.**
then / eines weichen Fleisches / und öden
geschmacks / seind besser gebraten als ge-
sotten / insonderheit in dem Hornung /
weilen sie danzumahlen fett; werden auch
zur selbigen zeit / an dem Ausfluß des
Sees / zwüschen den Pallisaden in den **Wie und
wo sie am
meisten ge-
fangen wer-
den.**
Föhrinen / (sind von Stauden und Tan-
nästen gemachete Einfänge / darein sie
sich Winterszeit verbergen) in grosser
menge gefangen. Ich hab selbs gesehen
eine solche Föhrin mit Garnen umstellen /
und die Fische in Behren / so man darein
leget / heraus ziehen / welche so soll gewesen / daß der fölleste ohngefehrd einen
Centner gewogen; die Fischer fiengen dazumahlen über die sechs Centner / und
weilen die Fasten um selbige Zeit / lößten
sie ein grosses Gelt darab.

Rottelen / Blicken / Laugelen / **Rottelen /
Blicken /**
Greßling / und Bambele / seind sehr

J   ge-

Laugelen/ Greßling/ Bambele/ gemeine Fische.

gemeine Fische / werden zwaren viel an dem Angel / und in den Garnen / durch den ganzen Sommer gefangen / und von den armen Leuthen aufgekauffet : Winterszeit fanget man auch die Laugelen und Bambele/ werden alsdañ von vornemmen Leuthen aufgekauffet / und an Sulzen gemachet.

Doch etliche zun zeiten werth.

Ryßling.

Ryßling/ seind an grösse und gestalt der Bambelen nicht unehnlich / aber vil besser/ und deßwegen von einem/ der sich nicht wol darauf verstehet/ schwerlich von den Bambelen zuunterscheiden.

Schaidfisch.

Schaidfisch. Vor etwas zeits haben gewüsse Herzen von Zürich etliche diser gattung Fischen aus dem Schwabenland beschicket/ und in disen See gethan/ welche aber alle widerum gefangen worden.

Artliche und seltsamme Manier zu fischen.

Es haben die Fischer in dem Winter/ so der See überfrohren/ eine artliche und seltsame manier Fische zu fangen/ in dem sie ein Loch durch das Eyse machen / ein Brett darüber decken/ die Schnur an ein Rütlein binden/ in eine Rüb stecken/ und auf das Brett stellen / wann sich dann das Rütlein bieget / ist es ein Zeichen/ daß ein Fisch daran hange. Man sihet

oft zwenzig und mehr bey einanderen die
au ffolche Manier fifchen.

Andifem See ift verwunderlich/daß/
wann die Fifcher ihre Nrtzen gefetzet haben in die tieffen/ und der Wind obfich
gehet / müffen fie felbige weit under der
ftelle / da fie folche gefetzet haben/ fuchen:
Hingegen / fo der Wind nidfich gehet/
müffen fie felbige weit ob der ftell fuchen;
mus alfo das Waffer in der tieffe wider
den Wind lauffen.

Wunderli-
che Eigen-
fchaft des
Zürich-
Sees.

In difem See/ und den darein flief-
fenden Wafferen/befinden fich allerhand
lebendige Thiere / deren etliche Amphibia, die in dem Waffer und auf dem
Land leben können/ die anderen aber In-
fecta,oder Ungeziefer genennet/und hernach befchrieben werden.

In dem Zü-
rich-See
mancherley
Thiere.

Under die Amphibia werden gezehlet der Otter/ die Frösch/ die Waf-
ferkrott/ und andere mehr / deren um
kürze willen nicht zugedencken.

Amphibia ;
in dem Waf-
fer/und auf
dem Land
lebende
Thiere.

Der Otter/ift ein vierfüffig Thier
fo groß ohngefehrd als ein Hund/hat einen koftlichen Balg ; fein Fleifch wird
von den Chartheufer-Mönchen geeffen ;
ift fehr Fifchfräffig/ haltet fich under den
Wuoren auf ; wohnet theils in dem

Otter/was
es für ein
Thier.

Wo er fich
aufhalte.

J ij   Waffer/

Waſſer/ theils auſſert demſelben / mag
aber nicht ohne Luft leben / dann er zun
zeiten das Maul oder Naſen heraus
ſtrecken und den Luft faſſen mus/ſonſten
erſtickt er/komt der Lindmat nach/hinauf
bis in die Statt Zürich / wird auch in
der Lindt geſpühret. Zun zeiten ſchlieſt
er den Fiſchen nach in die Reuſchen/ und
wann er ſelbige nicht bäldeſt zerbeiſſen
oder zerzeiſſen kan/mus er dariñ erſticken/
wie auß folgendem Exempel zuerſehen.

Otter in ei-
nem Fiſcher-
Wehren ge-
fangen.
A. 1689. iſt ein Otter in die Statt
kommen/hat die Barben/welche ſich under der Papeir-Mülle in einer höhlen/
über den Winter in groſſer Anzahl aufhalten / herfür getrieben: indem aber ſelbige als dann gleichſam blind / hat man
ſie nach begehren ſtechen köñen ; Weilen
es aber dañzumahlen verbotten/iſt jeder
ſo geſtochē hat/ um zehen batzen geſtraaf-
fet worden. Diſen Räuber hat Herꝛ
Schiffmeiſter Schmidli den 16.Aprel/
gedachten Jahrs/ in ſeinem Hütt-Weh-
ren/bey dem underen Fiſcher-Hüttlein
gefangen.

Fröſche:
mancherley
Gattungen.
Die Fröſch iſt ein bekañtes Thier/
und ſeind deren underſchiedenliche gat-
tungen/als da ſeind die kleinen und groſ-

ſen

sen Fröschen/die Laubfrösch und andere.
Die Frösch wird auch zur Speiß gebraucht/ sonderlich in der Fasten / da man ganze Säck soll zufangen pfleget/ und gen Baden und andere Orth tragt: haltet sich gern auf in dem Morast; kan in-und ausert dem Wasser leben: Frühlingszeit gebichret sie vil Eyer/ (so man Fröschleich / oder Fröschmalter nennet/) in dem Wasser / in welchem alsdañ die Frösch in mitten verborgen liget / so die Eyer geschloüst/werden die **Roßnegel** oder **Roßköpfe** daraus : dañ / es erwachset erstlich aus dem Leich ein rund schwarzes fleisch/darnach der Kopf/ und der Schwanz / endlich die Füsse. Der Schwanz aber vertheilet sich endlich/ die Haut gehet ab / und alsdañ komen herfür die hinderen Füsse. Es gibt auch Fröschen die aus dem Schleim und Kaath fauler Wasseren erwachsen.

Die **Wasserkrott**/ist ein sehr vergiftig Thier/ der Gartenkrott ganz ähnlich/ ist aber etwas kleiner.

Die **Krebse.** In dem Zürich-See gibet es nicht sonderlich gute/ sonder nur kleine schlechte Krebslein ; in den Bächen aber so darein fliessen/gibt es zweyer-

Werden zur Speiß gebraucht.

Dero Ursprung.

Die Roßköpfe/geben endlich Fröschen ab.

Wasserkrot.

Krebse; unterschiedenliche Geschlecht.

ley / deren die erſten genennet werden
Edelkrebs/ ſeind gröſſer und ſchwärzer
als die anderen / auch wañ ſie geſotten /
ſchön roth ; ſeind am beſten von dem
Meyen bis anfangs Herbſtmonats ;
ſeind in ſelbiger Zeit ein koſtliches eſſen.
Die anderen aber/ Steinkrebs genen-
net/ ſeind kleiner und weiſſer/ auch wann
ſie geſotten / ganz bleich-roth / werden
auch nicht hochgeachtet.

Die Inſecta aquatica, oder das
Ungeziefer ſo ſich in dem Waſſer auf-
helt / laſſet ſich underſcheiden in das
Kriechend/ und in das Fliegend. Un-
der das Kriechend mögen gezehlet wer-
den die Waſſer Schnegglein / die
Muſchelen / die Blutſauger / die
Waſſer molch/ das Waſſerkalb.

Der Waſſer-Schnegglein gibt
es an dem Geſtad des Zürich-Sees ſehr
viel / allerley Figuren / zugeſpizte und
runde/ ſeind ſchneeweis/ wañ ſie lär/ und
lang gelegen / darzu auch ſehr dünn und
brüchlich. Man findet ganze Häuffen
bey einanderen / die der Wind an das
Land ſtoſſet/ ſonderlich bey dem Meiler-
horn.

Die Muſchel iſt ein lebendig Fleiſch/
zwüſchen

Ungeziefer in dem Zü-rich-See.

Kriechen-des Unge-ziefer.

Waſſer-ſchnegglein.

Muſchelen.

zwüſchen zwey dünen Schalen eingeſchloſſen ; Wañ man ſie aus dem Waſſer nimet/und über nacht ligen laſſet/öff-
nen ſie ſich ſelbs. In dem Schanzen-
Graben/ und in der Lindmat zu Zürich/
haben die Schalen weit eine andere
form/ als die in dem Zürich-See/ ſeind
auch viel dicker ; das Fleiſch wird nicht
zur ſpeis gebraucht/ ſonder es werden allein genuzt die Schalen/ Mahlerfarben
dariñen aufzubehalten.

Der Blutſauger iſt eine gattung
der Würmen / ſo ſich in dem Waſſer
aufhaltet / ſonderlich an Moraſtigen
und ſumpfechten Orthen / iſt von Farb
ſchwarz/ dunckelbraun/ grün und gelb
geſtreimet. Wann er an des Menſchen
Leib geſetzet wird / ſauffet er ſich ſo voll
Bluts / bis er von ſich ſelbs herunder
fallet. Die Doctores und Apothecker
behalten ſolche auf in Gutteren mit Waſſer angefüllet/ werden etwan den Menſchen an ſtatt des Aderlaſſens angeſezt.

Der Waſſermolchen ſeind underſchiedenliche gattungē/ etliche ſchwarz
und gelb geſtecket/ etliche ſchwarz/eſchen-
farb gedüpflet/ ꝛc. ſeind ſehr vergiftig/
wohnen in den ſtinkenden Waſſeren/

Blutſau-
ger.

Sauffet ſich
voller Bluts

Werden
aufbehalten
zum ge-
brauch.

Waſſer-
molch; ſeind
underſchie-
denlicher
Art.

auch in dem Moraſt des Zürich-Sees hin und wider / wie auch in etlichen friſchen Brunnen.

Waſſerkalb.

Die Waſſerkälber / ſeind in diſen Landen ſehr bekañt / werden in faulen Brunenwaſſeren gefunden. Es ſcheinet / daß es ſeinen Namen habe von dem / daß

Ertödet die jungen Käl-ber.

die jungen Kälber / ſelbiges oftermahls inſich ſauffen / aber gleich darauf nach und nach abnemmen / und endlich ſter-ben. Deßgleichen / wann ein Menſch ei-

Auch die Menſchen.

nes derſelbigen trincket / ſolle er auch ab-nemmen und ſterben. Sie vergleichen ſich einem langen weiſſen Pferd- oder

Seind gleich einem Roß-haar.

Roßhaar / ſeind ſehr hart / mögen vaſt nicht zerknitſchet werden / wicklen ſich zu-ſamen wie ein Zweifelſtrick.

Fliegendes Ungeziefer.

Under die Fliegenden Inſecta oder Ungeziefer mögen gezehlet werden die Kerdelen / die Rickli oder Rückling / und andere ſeltſame Keſer / ſo in dem Zürich-See ſich aufhalten.

Kerdelen / ein gutes Fiſch-Aas.

Die Kerdelen / ſeind kleine / ſechs-füſſige Würmlein / eingeſchloſſen in ei-ner dünen Schalen / die aus mancherley ſachē / als Holz / Rohr / Graß / Sand / rc. beſtehet und darinn / als in einem Ge-häuß / ſich aufhalten: ein gutes Aas die

Fiſche /

Fische / und füraus die Forellen darmit zufangen / werden von den Fischeren theur aufgekauffet / geben um ein Gelt-lein soll zun zeiten 8. 10. 12. und 16. Zü-richschilling. Dise Thierlein verenderen sich zu Somerszeit in gelbe Sommer-Muggen / mit langen Flüglen / welche scharenweis um den See/und in sonder-heit des Abends um die Knöpfe der Thürnen spielen und ihren Reyen dan-zen.

Die Rickli/Rückle/ oder Rück-ling/ denen von den Fischen und Enten sehr nachgestellet wird / seind heiter E-schen - graue /sechs füssige Thiere / viel grösser und dicker als die Kerdelen/ doch denselbigen in so weit nicht ungleich ; halten sich auf in dem See / auf dem Sumpfechtigen Boden / Somerszeit aber kriechen sie aus dem Wasser her-für/veränderen ihre gestalt/schliessen aus ihren Bälglein heraus/ bekommen also-bald Flügel/und fliegen darvon/werden alsdañ Fliegende Rückling / und Augenschiesser (Perlæ) genenet. Es stind aber dero mancherley Gattungen/ kleine und grosse / auch von underschie-denlichen Farben : aber ins gemein ha-

Werden zu gelbē Som-mer-Mug-gen.

Rickli/Rük-le/ Rück-ling.

Werden zu Augēschies-seren.

J v ben

ben sie lange Füsse / grosse flügel / und
zwaren deren vier/grosse Köpfe und grosse Augen / welche auch den grössesten
Theil des Kopfs machen/ erhaben/ und
sehr verwunderlich gestaltet seind : etliche
darunter / und zwaren die grössesten/
seind etwan zwey Zohllang / von dem
Kopf bis an den Schwanz mit gelben
Ringen umwunden/im übrigen sonsten
meistens Meer-grüner Farb/fliegen oder
schiessen mit hauffen auf dem See / und
auch an dem Land herum/ werden auch
wegen dieser ihrer grossen Augen / und
ihres schnellen hin und wider schiessens
Augenschiesser genennet : Das Bälglein dieser Rücklingen/so aus dem Wasser gekrochen / hanget hernach an den
Mauren / und an anderen aus dem
Wasser herfür gehenden Orthen : sie
seind zu Statt und Land herum/in grosser menge ganz lähr zusehen.

Die Laßle ist ein schön sechsfüssig
Thierlein oder Würmlein / gelb und
brauner Farb : hat einen breiten Kopf:
es scheint als wañ es auf dem rugken drei
underschiedenliche gemahlete Schilte
habe ;· die zwey letzteren aber seind nur
anzeigungen künftiger Flügle : sein

bauch beſtehet von neun Ringen / hat zu
auſſerſt zwey lange Härlein ; es halt ſich
allein in dem Waſſer auf. Zu end des
Meymonats kriecht es auß dem Waſſer/
henket ſich an eine Maur/ Pfeiler / oder
Stange / ꝛc. hernach ſpaltet ſich ſein
Bälglein auf dem Rugke/ daraus kriecht
alsdann die **Groß Badermuck** her=
für / welche alſobald darvon fliegt/ und
den alten Balg dahinden laßt ; ſie iſt al=
lein in und bey der Lindmat anzutreffen/
iſt anderthalben Zohl lang/gelb=braun/
hat vier lange Flügel/ ſechs Füſſe/lebt et=
liche Tage ohne Speiſe: iſt ein angeneh=
mes Aas der Fiſchen.

Ein ſeltſa=
mer Waſ=
ſer - Kefer/
wurde Anno
1680. in ei=
ner Reuſche
in dem See
gefangē/wel=
cher mir zu=

Seltſamer
Waſſerke=
fer.

gebracht worden : der ware ungefehrd
anderthalb Zohl lang / und eines Zohls
breit / mit dunkel=grünen harten ſchalen
bedecket/zu rings um den Leib neben den

Flüglen

Flüglen herum mit einem heiter gelben
Ring eingefaſſet : Er hatte vornen auf
jeder ſeitē zwey düñe rothlachte Schänke-
lein/hinden aber auf jeder ſeiten ein zimlich dicken rothē.Schänkel/ganz haarech-
tig/breit/vaſt wie ein Floßfeder geſtaltet/
damit er ſich in dem Schwümen nach
belieben können wenden : Der Kopf
ware ganz heiter roth/ zwey hochrothe
Hörnlein an beyden ſeiten des Mauls/
worneben zwey lange rothe Zeſerlein/
ausgerecket wie an den kleinen Bach-
krebslein : Um die Gleich des Kopfs he-
rum/hatte er zwey dunckel-rothe Ring/
und mitten über die Schalen herab/da
ſie von einanderen gehen/auch einen rothen Strich : Wann man diſen Keſer
auf das trockne ſezte / thatr er zu ſeiner
gröſſe ungläubliche Sprüng hinderſich/
daß es ſehr lächerlich anzuſehen : habe
ihne etliche Tag lang in einem Becke
mit Waſſer /ohne Speiß / lebendig erhalten. Auch gibet es/neben dem vorge-
dachten/noch viel anders dergleichen / ſo
wol kriechendes als Fliegendes Ungezie-
fer/welches alles zubeſchreiben/ Ich kürze halben übergehe.

Neben den vierfüſſigen Thieren /

(marginal note:) Thate wun-
derliche
Sprünge.

Krie-

Kriechendem und Fliegendem Ungezie-
fer/finden sich auch auf dem Zürich-See
allerley Geflügel/zahme und wilde Enten und Gänse/ Böhlinen/ und Tüchel/
auch zuweilen Schwanen.

Die zahmen Enten und Gänse/
werden von vielen auferzogen und erhalten wegen ihres Fleisches zur speise / und
auch wegen ihres Flums oder zarten linden Federen zu den Betteren : Etliche
derselbigen seind ganz weiß / wie der
Schnee/etliche halb weiß und halb grau/
etliche ganz grau/etliche grau mit schwarzen Flecken/etliche von farb wie die Wilden / haben breite gelbe Schnäbel und
Füsse.

Was die Wilden Enten / Böl-
hinen/ Tüchel und Schwanen betrift / seind derselbigen mancherley Gat-
tungen/als die Rätsch-Entē/Storz-
Enten/Roth-Enten/ Schell-En-
ten/Foll-Enten/Weisselg-Enten/
Rhein-Enten / Kruck-Entlein/
grosse und kleine Düchel-oder Duch-
Entlein/und Bölhinen : die sich alle Winter in solcher menge auf disem
See aufhalten/daß man derselbigen bis

Mancherley
Geflügel
auf dem
Zürich-See.

Zahme En-
ten und
Gänse.

Mancherley
Gattungen
wilden Ge-
flügels auf
dem See/
eine grosse
menge.

in 400. 500. 600. und mehr mit einanderen schwümmen sihet: Insonderheit
aber in dem Pfeffikomer-Winkel / und
bey der Rapperschweiler-Brugg. Ja/
wann der See überal zugefrohren / kommen sie gar bis in die Statt Zürich hinein / schwümen alsdann bey hellem Tag
herum wie die zahmen Enten / nachtszeit
lassen sie sich auf die Gassen / ihre Nah-
rung zusuchen / sie seind dannzumahlen
auf einicherley weise zufangen / bey hoher Straff verbotten.

Fliegen nnd
schwümen
mit den
zahmen.

Die Retsch-Ente ist an der Stim
und grösse der zahmen Enten am ähn-
lichsten / hat einen Schwefel-gelben
Schnabel / vornen mit einem schwarzen
Dupfe besprengt / etwas schmähler als der
Zahmen : Der Kopf ist schön grün / hat
einen weissen Ring um den Hals. Da-
nahe sie Anas Torquata minor genennet wird : Der Bauch ist heiter Eschenfarb / mit schwarzen Dupflein besprenget /
zu hinderst aber under dem Schwanz
ganz schwarz : Auf dem Ruggen ist sie
braunlecht grau geträuffet / bey dem
Schwanz aber graulechtblau / und hat
daselbst drey schwarze / gegen dem Rugken gekrümte Federen : Die Flügel seind

Retsch-En-
te : ihr ge-
stalt.

hinden und vornen dunkel-grau / in etwas sich auf Oggerfarb ziehende / mit
Eschfarben strichen underzogen / in der
mitten ist überzwerch ein schöner Him-
melblauer strich / ober-und unterhalb mit
weissen Federen eingefasset : Die Füsse
sind roth-gelb.

Die Storg-Ente ist diser an Farb *Storg-En-*
und gestalt ganz gleich / nur daß sie in et- *te.*
was grösser / und danahen Anas Tor-
quata major genennet wird : von gedachten beyden Enten wird aus der
Haut / oder Balg des Kopfs bis an den
halben Halse / sehr schönes Belzwerk gemachet. Das Weiblein ist aussert den
Flüglen (so vast wie des Mänleins) ganz
Ziegelfarb / mit schwarzen Strichen besprenget : Der Schnabel und die Füsse
seind an beyden roth.

Die Roth-Ente / wird also genen- *Roth-Ente.*
net von ihrem rothen Kopf und Halse /
so zu underst Castanien-braun ; Der
Rugge / Bauch und Flügel seind grau /
mit weissen und schwarzen Linien / als
Wällen sehr schön geströhmet ; zu hinderst aber / samt dem Schwanz / ganz
schwarz : der Schnabel ist breit / der under Theil desselbigen durchaus schwarz /

der ober aber ist nur hinden und vornen
schwarz / und in der mitten liecht grau ;
Die Füsse samt den Zeehen seind blau-
lichtgrau/mit einem schwarzen Häutlin
zusammen gefüget.

Die Schell=Ente / wird also ge-
nennet/weilen Sie in dem flug mit ihren
Flüglen einen thon macht gleich einer
Schellen / hat einen breiten/schwarzen/
vast rund als ein Schilt geformierten
Schnabel / danahen sie etliche Schilt=

Ente nennen : Der Kopf ist dunckel
Castanien-braun / der Hals Dunkel-
grau/der Bauch weiß / der Rugge/die
Flügel und Schwanz ganz schwarz/aus-
sert in mitten der Flüglen zwey breite
weisse striche : die Füsse samt den Zeehen
seind Gelb/mit schwarzen Häutlein an-
einandern gehenket.

Die Joll=Ente/hat einen Eschfarben Schnabel/vornen mit einem schwarzen Flecken/gelbe Augen/einen schwarzen
Hals und Kopf mit einem Sträußlein.
Der Rugge/Flügel und Schwanz Dun-
kel-Haar oder Umbrafarb / in mitten
der Flüglen einen weissen strich mit
schwarzem underzogen ; Der Bauch ist
ganz weiß ; under dem Schwanz aber

schwarz/

schwarz/ die Füsse und Zeehen seind E-
schenfarb/ mit schwarzen strichen under-
zeichnet/die Zeehen mit einem schwarzen
Häutlein zusamen gefüget. Habe diser
Gattung eine selbsten geschossen / und
mit Farben abgebildet.

Die Weisselg hat einen langen /
schmahlen/vornenhar gekrümten/ grau-
lachten Schnabel / Eschfarbe Augen/
Castanien-braunen Kopf/ weisse Käh-
len und Bauch/einen Eschfarben Hals;
der hinder theil des Bauchs ist schwarz/
die Füsse mit schwarzen Häutlein / der
Rugge und Schwanz Oggerfarb mit
schwarz-und Eschen-farb vermischet/
schwarze Flügel / mit einem breiten und
zween schmahlen weissen Zwerchstrichen.
Habe selbsten einen solchen geschossen/
und mit Farben abgemahlet.

Die Rhein-Ente/ist die gröste under den Enten / hat einen schwarzen
Schnabel/ bey den Augen und oben an
dem Kopf schwarze Flecken zu beyden
seithen/der übrige Kopf ist theils weiß/
theils Eschenfarb: Der Hals/die Brust
und der Bauch/seind weiß/mit Eschfarben Flecken besprenget: Die Füsse seind
Eschenfarb mit einem schwarzen Häut-

K　　　lein:

lein : Die Flügel und der Rugge seind
mit weiß und schwarzen Flecken underscheiden.

Kruck-Ent-
lein hat
vielerley
Nahmen.

Die Kruck-Entlein/ haben underschiedenliche = Nammen = als Mur-
Sor = Riedt-Schleuff-Eyß = und Bi-
sem-Entlein : Dise seind die kleinste Gattung der Enten/ wohnet gern bey dem
Außfluß der Bächen/wird sehr fett und
in der Speise hoch gehalten / hat einen
schwarzen Schnabel / Castanienbrau-
nen Kopf und Hals/ zu beyden seithen
bey den Augen einen grünen Flecken/
mit einem Bley-gelben Ring umgeben :
der under theil des Halses samt dem
Ruggen ist weiß mit Dunckel-Eschfarb
sehr schön gesprenget/ die Brust und der
Bauch weiß-oder Bleygelb mit schwarz
grauen Dupflein/ die Flügel Eschenfarb
in der mitten ein weisser Zwerchstrich/
darneben ein halber schön grüner und
ein halber ganz schwarzer Zwerchstrich/
der Schwanz ist oben weiß und Eschen-
farb/ undenhar ganz schwarz/ die Füsse
seind Eschenfarb mit schwarzen Häutleinen.

Düchel.

Der Düchel/oder Tüchel/hat einen rothen spitzigen Schnabel/ auf dem

Kopf einen schwarzen Federbusche ; Zu
oberst an dem Hals zwey rothe, an dem
Ende/mit schwarzen Federen gezeichnete
Bärte/einen dünnen sehr langen Hals/
von hinden samt dem Ruggen/Flüglen
und halb zertheilten Fussen/schwarz/ der
vordere theil des Halses samt dem
Bauch ist schön Silberfarb/der anfang
der Flüglen ist weiß / wie auch etwelche
vast zu hinderst stehende Federen. Die
Bälge von disen Düchlen wüssen sich die
Kürsener wol zu nutz zumachen / zu
Schläussen und Belz-Kappen. Es gibet aber dieser Düchlen gar wenig auf
disem See/finden sich auch selten ein bey
den Enten.

    Der Groß Rhein-Düchel/ ist in   Rhein-Dü-
chel.
etwas kleiner als eine Gans / hat einen
rothlecht-grauen spitzigen Schnabel/
einen grauen Ring um die Augen: der
ober theil des Kopfs/der hinder theil des
Halses/samt dem Ruggen und Flüglen seind grau / mit Haarfarb und ein
wenig weissem gemischet / der Bauch ist
ganz Schneeweiß/ hat Eschenfarbe Füsse mit ganzen Häutleinen.

    Das Kleine Dauch-Entlein   Dauch-
Entlein
oder Tüche-
lein.
oder Tüchelein/ ist in der grösse einer

Taube/ hat einen spitzigen / rothlechten Schnabel ; auf dem Kopf ist es graulecht/unden weiß mit einem rothlechten Strich ; der Hals und Bauch seind roth / in der mitten aber Silberfarb ; die Flügel seind schwarz/ und graulechtblau mit ein wenig weissem vermischet/ die Füß seind zu Ende des Leibs schwarz/ hat keinen Schwanz / wird von etlichen in der Speiß gelobet/hat aber einen sehr starken Geschmack ; es kan nicht wol fliegen/danahen man selbiges leichtlich mit den Schiffen / ohne schiessen/ ermüden und fangen kan.

Die Bölhinen/ ist so groß als ein Henne oder Hun /wird wegen starcken Fisch-geschmacks wenig zur Speise gebrauchet: Etliche pflegen solche/ weilen die Federen an dem Bauch sehr lind und dick in einander stehen / außzubalgen/ und aus den Bälgen Brust-Tücher und Nacht-Röck zumachen ; Sie ist vast gänzlich schwarz / an der Brust und Bauch Eschenfarb ; hat einen spitzigen bleichrothen Schnabel/auf dem Kopf einen Glatz/formieret als ein Ey / mit einem weissen Häutlein überzogen ; gelbe Augen ; der oberst umkreise der Flüglen

ist

ist weißlecht; die Füſſe ſeind dunckelgrau;
ob den Knien aber/da ſie Federloß/gelb=
grün ; an den Zeehen hangen breite/
ſchwarze/ gleich einem halben Circul zer=
ſchnittne/ Häutlein ; hat einen langen
Hals/und kurzen Schwanz.

Es erzeigen ſich auch etwan auf die=
ſem See ſehr groſſe Waſſervögel/ als :
Netzen=ſcharben/ſo auf die 14. pfunde   *Netzen=
wägen/ haben lange/ gekrümte Schnä=   ſcharben.
bel/ ſeind ſchwarz : doch ſolle es auch zun
zeiten geben/die an dem Kopf und Halſe
weiſſe Federlein haben.

Schnee=Gänſe/welche vaſt überal   *Schnee=
an Farb und Geſtalt den zahmen Gän=   Gänſe.
ſen gleich/ befinden ſich auch zun Zeiten
auf dieſem See.

Wilde Schwanen gibt es auch/   *Wilde
wann gar grimmig=kalte Winter ein=   Schwanen.
fallen/wie dann A. 1649. zwey auf die=
ſem See geſchoſſen worden/ deren der
einte / nächſt bey den Palliſaden der
Statt/ von einem Burger allhier / der
ander aber von einem Landtmañ von
Rüſchlickon geſchoſſen worden. Deß=
gleichen ſeind A. 1684. den 24. Hornung
drey auf dieſem See geſchoſſen worden/
einer zu Rapperſchweil / der ander zu

Lachen in dem Ober-See/und der dritt
zu Schmericken. Die Schwanen seind
eine gattung der Gänsen/aber sehr groß/
haben einen gelben Schnabel/zuvorderst
mit einem schwarzen Flecken/so groß als
ein Menschen-Nagel bezeichnet; die
Schenkel und das Fleisch seind schwarz.
Wann er noch jung/ist er grau / wann
er jährig/ wird er schneeweiß; von den
Augen gegen dem Schnabel hat er ein
schwarzes Häutlein.

　Auch gibet es in disem See/ mancherley See-Gewächse/da ich auch des
einten und anderen mit wenigem gedenken wil : als namlich :

See-Ge-
wächse.

Grosser Bintz/ (Juncus maxi-
mus) ist in die acht Schuhe/ und noch
höher/eines Fingers dick/ hat inwendig
gleich anderem Bintz viel Marck. Die
jungen Knaben binden desselbigen in
dem Sommer viel zusamen / legen sich
darauf/ und lehrnen also schwümmen ;
Etwan flechten sie zum Lust eine grosse
Burde zusamen mit dünnen Stricken/
biegen denselbigen / machen ihme einen
aufgerichteten Hals/ formieren ihn wie
einen Schwanen / binden ihme an den
Schnabel einen Zaum ; ein theil der

Grosser
Bintz.

Knaben.

Knaben setzen sich alsdañ darauf/fahren
darvon/und führē selbigen mitsich in die
Statt hinein / der Lindmat nach hinab
bis in den Schützen ⸗ Platz ; andere
schwummen selbigem nach / setzen sich
bald darauf / springen wieder darab in
das Wasser/und ergetzen sich darmit mit
Jauchtzen und frolocken. Diser Binz
wird auch sonsten zu vielerley gebraucht/
meistens aber in dem Winter/die Stäh⸗
le/Keller/und andere Sachen darmit zu⸗
bewahren vor der Kälte.

Kleine und Grosse Rohr/(Arun-
do vulgaris) seind iñwendig hohl / ha⸗
ben eiñer spangen weit die Gleiche von
einander ; sie haben in ihrem Blust
obenhar grosse Feder⸗Büsche; auch ha⸗
ben sie sehr scharpfes Graß oder Blät⸗
ter/daran sich die Knaben manches mahl
sehr verwunden und schneiden/wann sie
dem Grossen Binz nachgehen/ dann sel⸗
biger under den Rohren zuwachsen pfle⸗
get. Die Leinweber gebrauchen sich di⸗
ser Rohren zu ihren Weberspühlein/die
sie Lährlein nennen / darauf winden sie
das Garn / damit sie selbige desto kom̃li⸗
cher in das Weberschifflein stecken/ und
hindurch schiessen können : Auch wird

daraus verfertiget ein theil ihres Ge-
schiers ; Man machet auch daraus die
Zünglein zu den Schalmejen / und anderen dergleichen Musicalischen Blaas-
Instrumenten ; sonsten werden sie auch
gebraucht wie der groß Binz / die Stäh-
le und anders darmit einzumachen / und
vor der grimmigen Kälte zubeschirmen.

Knospen. Knospen / (Typha) ist eine gattung Rohr / wachst insonderheit bey den
Riederen zu Utznach / Pfäffikon und
Freyenbach / wird von den Küfferen
und Schiffleuhten / zu den fugen der Faß-
böden und Schiffen gebraucht.

Gelbe Speck Gilgen. Die Gelbe Speck-Gilgen / (Aco-
rus adulterinus) hat sechs Blättlein /
drey biegen sich bogenweis nidsich gegen
dem Stengel / drey krümen sich übersich
hineinwerts gegen einanderen / seind
Schwefel-gelber Farb. Die Wurtzel ist
eines harben und scharpfen geruchs /
wird zur Artzney gebrauchet / und eine
kostliche Latwergen / Ackermañ genennet /
daraus zubereitet ; darvon wird auch
gemacht der sehr berühmt Pulvis Sto-
machicus Birckmanni.

Seeblum. Die Nymphæa, oder Weisse und
Gelbe-Seeblumen / haben breite /

runde

runde Blätter/ weiffe/ und auch geblech=
te schöne groffe Blumen / werden auch
mit vielfaltigem Nutzen zur Arzney ge=
braucht / füraus aber wird das daraus
distilliert Waffer in den Fieberen und
in dem Haubt=schmerzen genutzt.

Wafferlinse / (Lenticula lacu-
stris) hat Blätter / und ist gestaltet wie
andere Linsen/ ist kühlender Natur/ und
sehr dienstlich zu allerley entzündungen/
und auch zu den Augen / wird deßwegen
für mancherlej gebraucht in den arzneyē.
Die Enten halten sich bey disen Linsen
gern auf / freffen dieselbige/ und werden
sehr fett darvon. Und dergleichen Ge=
wächse / Kräuter und Blumen hat es
gar viel / die Ich aber um kürze willen
übergehe.

Und/ wiewolen diser See durch das
ganz Jahr hell wie Cristall/ und gesund
daraus zutrincken/ so reiniget er sich doch
alle jahr in dem Monat des Meyen/ da er
dann so unfauber wird/ daß es nicht lu=
stig daraus zutrincken : Difes nennen
die Schiffleuth den Seeblüthet/ und ist
eine gattung Jasts / der darunder ligen=
den Erden.

Allhier kan ich nicht unvermeldet laf=

Wafferlin=
se

Seeblüht.

Gelber
staub wie

Schwefel
auf dem
See.

sen das jenige/ daß sich in dem Frühling
bißweilen auf dem See erzeiget viel gelber Staub/ gleich den Schwefel-Blu-
men/ also daß er an vielen Orthen ganz
darmit bedecket wird / und einem un-
wüssenden anderst nicht fürkomen möchte / als wann der ganze See mit reinen

Wohar er
komme.

Schwefel-blumen angesänet were : Und
aber so ist dises nur Staub von dem
Blust der Tañen / in denen dem See
nächst gelegnen Hölzeren und Wälde-
ren/ welcher von dem Wind / durch die
Luft hin und wider getragen / und auch
in den See geworffen wird : dergleichen
geschehen A. 1653. und 1677.

Grosse Ne-
bel.

Es gibet sonderlich zur zeit des Herbsts
auf disem See sehr dicke Nebel / so daß
man sich des Compasses bedienen mus/
sonst einer oft wüst verirzen kan/ wann
er nicht einen erfahrnen Schiffmañ bey
sich hat.

Lindmat in
dem See
nicht zu-
spühren.

Etliche vermeinen / man möge die
Lindmat in dem See verspühren : die
Fischer aber und andere / so viel darauf
sich aufhalten / wollen nichts darvon
wüssen / ist auch glaubwürdig/ daß sich
ein so kleiner Fluß / in einem so grossen
Wasser bald verlauffen habe.

Lußbar-keit
des Sees.

Nun / bis dahin ist zur genüge von

der

der Nutzbarkeit dises Sees geschrieben
worden : Wil jezund auch etwas weni-
ges melden von der Lustbarkeit und
ergetzlichkeit / welche Frömde und Ein-
heimsche/auch gar Alte und sehr junge
Leuth auf demselbigen haben können /
also daß/ wañ alle Parisianische/ Venetianische / und andere Comœdianten,
(die sich selber flatieren / einem das Paradeis auf diser Erden natürlich vorzu-
stellen) alle ihre Kunst wurden anwen-
den/wie sie dem menschlichen Gemüth/
ein lustbarliches vernügen vorbringen
könten / so were doch alles nur ein eite-
ler schatten gegen der grossen ergetzlichkeit / die allerhand Stands-Personen/
Junge und Alte / auf disem See haben
können : Ja/wann die alten Heiden ihrem erdichteten Wasser-Gott Neptuno
ein gewüsses Orth bestimet / glaubte ich
für gewüß / daß sie seinen Thron nir-
gends besser als auf disen See gesetzet
haben solten.

Wañ Frömde Fürsten und Herren
naher Zürich kommen / kan selbigen keine grössere Ehre bewiesen werden/ als
wañ man Sie auf disen See spatzieren
führet. Insonderheit aber empfahen

Frömde
Herzen da-
rauf gefüh-
ret.

Sie

Sie einen sonderbaren lust / wann Sie auf dem selben in mitten des Somers/ da es am wärmsten ist / mit verwunderung des benachbarten Schneegebirgs ansichtig werden / und also den Winter gleichsam vor Augen haben.

Es ist nicht bald eine Hochzeit/die sich nicht in dem Somer / und bey schönem Wetter mit den Hochzeit-Gästen / des folgenden tags auf disem See erlustige.

So ist auch den ganzen Somer / sonderlich wañ die Tracht-Fischer / nächst bey der Statt / ihre Garn außwerffen/ vast kein Tag / daß nicht Burger und Frömbde auf dem See spazieren fahren/ daselbst ihre ergetzlichkeit zuhaben/den Fischeren zuzuschauen/wie sie die Fische herauß zeuhen : Oft geschihet es/daß ehe man weißt / was sie bekommen/man ihnen den Fang um ein gewüsses Gelt abkauffet ; da dann maniches mahl einer so glückhaft pfleget zusenn / daß er weit mehr bekomet/ als er aber bezahlet; hingegen kan es sich auch begeben / daß einer zun zeiten lähr außgehet.

Es gibet auch eine sehr angenehme ergetzlichkeit/wann die Herzen Musicanten mit ihrer Instrument-und Vocal-Music sich auf disem See mit solcher

Hochzeit, Gäste belustigen sich darauf.

Lust den Tracht-Fischeren zuzusehen.

Glück und Unglück in dem Kauffen des Trachtzugs.

Music-Gesellschaft belustiget sich darauf.

Lieb-

Lieblichkeit hören laſſen/daß einer gedenken ſolte / Orpheus ſuchte ſich / mit
den lieblichſingenden Sirenen in eine
Freundſchaft einzulaſſen/denen auch an
theils Orthen der freudig Echo mit
lieblichem Widerhall ganz freundlich
entſpricht/welches dann eine ſonderbare
ergetzlichkeit durch die Ohren in den Ge-
mühteren erwecket.

Auch ſcheinet es / ob wolte Jupiter
mit ſeinen feurigen Strahlen den Nep-
tunum abſchrecken / daß er mit ſeinem
dreyſpitzigen Scepter diſer lieblich ſin-
genden und klingenden Geſellſchaft keinen Schaden zufüge/ wann eine Lobliche Feur-Wercker-Geſellſchaft / auf diſem See ihr Orgel-Geſchütz und Stucke/
mit ſolchem Krachen den ganzen Tag
loos brennet/daß es wie ein ſtarker Donder durch Berg und Thal erſchallet / bey
Nacht aber die ſchönen Luft-und Waſ-
ſer-Kuglen ſpiehlet / auch die Luft-Ra-
queten in ſolcher menge/mit groſſem ge-
praſſel in den Luft ſchicket/daß einer von
weitem ſich die Gedanken machen ſolte/
es weren auf demſelbigen zwey groſſe un-
der-und wider-einanderen ſtreitende Armeen. Diſes ſeind nicht nur luſtige/ſon-
dern auch lobliche Ergetzlichkeiten.

Wie auch
die Feuer-
wercker Ge-
ſellſchaft.

Ich

Ich wil nichts sagen von dem grossen Lust und ergetzlichkeit / welche sehr alte und betagte Leuth / so weitentlegne Landgüter an disem See haben / schöpfen können / wann Sie / sonderlich Frühlings-Zeit / ohne einige Beschwerde ihres Leibs / können ihre Güter besuchen / da alle Bäume in vollem Blust / da man auch die Vögel aller Orthen mit solcher Lieblichkeit singen höret / daß eine in den allertieffesten Gedanken steckende Person / sich dardurch erfreuen solte.

So ist auch / nicht eine von den minsten Ergetzlichkeiten / wann Sommerszeit / in der grossen Hitz / Junge und Alte Leuth in disem See mit schwümmen sich erlaben ; ja / es gibt wenig Manns-Personen die nicht schwümmen können / ursach / weilen das Wasser nächst dem Land keinen Morast noch tieffenen hat / sonder sich nach und nach vertieffet : Derohalben gibt es solche erfahrne Schwümmer /

die sich nichts scheuhen über den See zu schwümmen / wie dann Hans Heinrich Sutz in dem Meiler-Feld / von daselbsten gen Horgen geschwummen / ist drey starke viertheil stund wegs. Ob der Statt Zürich / da der See eine starke viertheil stund breit / seind sehr viel hin-

über

über geschwummen / haben das Gelt in
die Bruch gebunden / in dem Wirtshaus bey dem Sternen getruncken/ und
seind widerum heimgeschwummen. So
ist auch bey Mansgedencken eine gewüsse Jungfrau hinüber geschwummen.

Es gibet auch deren/die sehr lang under dem Wasser schwummen / auch sich
etliche Klafter tieff under dasselbige hinab lassen bis an den Boden/und bringen zum Wahrzeichen mitsich von dem
Boden einen Stein oder Kraut: Dises
hatte bey guter Gesellschaft zum öftern
gethan Herr Hans Caspar Thoman/
der Buchbinder.

*Etliche hal-
ten sich sehr
lang under
dem Wasser.*

Wann einer lust hat / wol versuchte
und erfahrne Schwümer zusehen / kan
er sich nur Sontags nach der Abend-
Predig zu Zürich auf der oberen Brugge
einfinden/so wird er die noch gar junge
Knaben (deren etliche nicht über acht
oder neun Jahr alt/) mit verwunderung
sehen auf dem Wasser hin und wider
schwümmen / welche bald liggen als ob
sie todt/ bald mit einem/bald mit beyden
Füssen / auf dem Ruggen liggende / darein schlagen / daß das Wasser viel über
Mans-höhe sprützet / zun zeiten das
Wasser/ aufrechtstehende/ mit den Füs-

*Lust der Ju-
gend in dem
See baden.*

sen

sen tretten/ als wann Sie grund hetten/
und auf dem Boden einhar giengen/
auch andere Posturen und Lustbarkei-
ten mehr machen. Das verwegneste aber

Thut hohe
Sprüng in
das Waſſer.

an diſen Knaben iſt / daß ſie ſehr hohe
ſprüng in das Waſſer thun. Es iſt luſtig zuſehen / wie ſie in groſſer Anzahl ab
der Oberen Brugge über Kopf und über
Hals in das Waſſer hinunder bürtzlen/
und die Statt/mit jauchzen und ſchreyē/
hinunder ſchwümmen : Aber/ es machet
einem die Haar gen Berg ſtehen / wañ
man ſie ſiehet ab dem Helmhaus-Tache
ja gar ab dem Rahthaus/ab der Lauben
vor der Rathſtuben/ ſich in das Waſſer
ſtürzen/welches eine entſetzliche höhe von
vielen Ruthen iſt. Ich habe ſelbs einen
geſehen/der einen anderen auf dem ruggen getragen/ und mit ihme ab dem oberen Helmhaus in das Waſſer geſprungen. Darneben aber ſeind ſie ſehr kunſt-

Kunſtliche
Waſſer-
ſpringer.

lich in ihrem ſpringen/indem ſie ſich kein
bedenken machen / auch ab den höheſten
Oertheren in das Waſſer zuſpringen/
darinnen ſie dennoch grund haben / und
nicht viel über drey ſchuhe tieff/da ſie ſich
dañ in follem ſprung müſſen zuwenden/
daß ſie die Füſſe ſo geſchwind widerum
aus dem Waſſer herfür ſtrecken/daß ei-

ner

ner meinen solte/ sie weren nicht einmahl
under dem Wasser gewesen ; in disem
dünnen Wasser kommen sie gleichwolen
niemahlen auf den Boden : Und aber/so
bekommen sie der gar hohen sprüngen
halben etwan keine bessere belohnung/
als daß sie in dem Alter um das Gehör
kommen.

Schaden/ so
etwas hie-
raus erfol-
get.

Dise Lustbarkeit wird auch vermehret Somerszeit durch den Fischfang/
Winterszeit aber durch die Entenjagd/
wie es dann obgedachter massen derselbigen gar viel und mancherley gattungen auf disem See hat.

Somer-und
Winterli-
che Lustbar-
keit auf dem
See.

Zun Zeiten/ wann es in dem Winter gar grimmig kalt/ überfriehret diser
See so starck/ daß man mit Rossen und
Wagen darüber fahren kan/ dergleichen
geschehen A. 1362.1491. (da er zu dreyen
underschiedenlichen mahlen überfrohren.)1503.1514.1517.1551.1565.1571.1573.
1600.1608.1648.1681.1684. 1685. 1687.

See über-
frohren.

Wann aber der See also überfroh-
ren/ manglet es in dem geringsten nicht
an Lustbarkeit/da sihet man alles wims-
len von jungen und alten Leuthen/ die
sich mit schleiffen/und kleinem Schlitten-
fahren üben/ auch etliche auf Schleiff-

Lustbarkeit
auf dem
Eyß.

L   schuhen/

schuhen / so schnell als ein Pfeil dahar schiessen.

Wañ ein neuer/oder frischer Schnee auf den überfrohrnen See fallet/scheinet es einem schönen/ grossen und weitläuffigen ebnen Feld gleich : Dessen fallet mir bey eine lächerliche Geschicht / so sich auf disem Schnee-Feld solle begeben haben : Man erzellet von einem Reisenden / der von Rapperschweil über disen See naher Zürich geritten/daß er gesagt habe : Er seige alle die Tag seines Lebens niemahlen über ein solches langes/ schönes/breites/und ebnes Feld geritten/ als dißmahlen : Da man ihme aber angezeiget/daß es kein Feld/sonder der Zürich-See/ seye er auß Forcht und schrekken in eine Ohnmacht gefallen.

Wann diser See überfrohren / gehet es selten ohne Unglück und schaden ab/ in dem sehr viel Leuth mit Pferden und beladnen Schlitten / liederlicher weise über denselbigen fahren/ wann eintweders das Eys noch dünn/oder aber/wañ es schon bereits widerum beginnet zuschmelzen / wie dann A. 1687. den 27. Jenner/zwüschen Meilen und Tollicken drey Schlitten / darauf sieben Fäßlein oder Röhrlein mit Korn/samt vier kost-

lichen

Ein Reisender reitet unwüssend über den Zürich-See.

Überfriehrung des Sees selten ohne schaden.

lichen Pferden undergesunken und ertrunken / die Leuth aber wurden erzettet/
das Korn hat man zwölff Klafter tieff
widerum aus dem Wasser herfür gezogen. Das allerbösefte in dergleichen Fäh-
len ist / daß sich schier niemand getrauen
darff den Nothleidenden beyzuspringen/
und Hilff zuleisten / aus beysorg und
Forcht auch selbsten in das Wasser zu-
fallen : Ein gut und sicher Mittel disen
Leuthen getreue Hilfshand zubieten/ist/
daß man eine lange Stangen oder Lei-
ter/ an einem Seil angebunden / ihnen
vorstrecke : Das allerbeste aber ist/daß/
wer nicht nothwendig darzu getrungen
wird/ man sich diser gattung Bruggen
enthalte/weilen sie sehr schlecht underjo-
chet seind.

Den under das Eyß gesunknen schwerlich zuhelffen.

Mittel der Hilff.

Es kan das Eyß/ wann sich der See
wiederum öffnet/ und von dem Wind
getrieben wird / an den Haaben und
Schiffen sehr grossen Schaden thun /
wie A.1687. vast kein Haab an dem Zürich-See gewesen/die nicht von dem Eyß
umgestossen worden : auch hatte es den
grossen Stein so underthalb der Uffnau
in dem Wasser liget/ ab seiner stell ver-
rucket / welches sonst niemahlen solle geschehen seyn. Zur selbiger Zeit hatte der

Grosser gewalt und schaden des Eyses.

Wind

Wind zu Pfefficken das Eys/ in die sechzig Schritte weit an einem Stuck auf das Land gestossen.

Auf disem See gibet es zwahren zun zeiten auch sehr starcke Wind-stürme/ sonderlich von Nordwesten; gleichwolen höret man doch von wenig Unglück/ daß sich darauf zugetragen / aussert hernach folgenden/ welche eintweders das Ungewitter nur verachtet/oder aber/ wegen übermässiger Trunckenheit ehrlicher Leuthen gutem einrathen keines wegs wollen gebürende Folg leisten : oder aber/weilen sie die Schiffe allzusehr beslästiget und überladen.

A. 1345. Seind bey Rapperschweil auf dem See viertzig Personen ertrunken/welche das hereinbrechende Wetter verachtet.

A. 1642. den 1.Heumonat/ ertranken in dem Zürich-See/underthalb dem Mönchhof/eilf Personen.

A. 1657. Ist ein Mann und drey Weibs-Personen bey dem Flühsteg/ (weilen ein unversehenlicher Windsturm das Schiff zerschlagen/) ertrunken.

A.1682.Seind den 18.Herbstmonat/ abends um acht uhren/ (war Schleißmarkt) zunächst der Schiffhütten / siben

Per-

Unsähl so sich bisweilen auf disem See begeben.

40.Personen ertrunken.

11.Personen ertrunken.

4. Personen ertrunken.

7. Personen ertrunken.

Personen von Wollishofen ertruncken/ die übrigen wurden errettet/ hatten ein rüñendes Schiff/und als sie sich alle auf eine seiten gestellet/ welzete sich daſſelbige um. Herꝛ Joh. Ulrich Breſtwald/ Helffer zu Kilchberg an dem Zürich-See / setzte hierüber folgendes Epitaphium auf :

Es raſten hier in einem Grab/
Ein Ehemann/ Wittling und
   ein Knab/
Drey Töchtren und ein Weib
   darzu/
Die schlaaffen gar in sanfter
   ruh !
Sie seind durch schrecken/Angſt
   und Wee/
Ertruncken in dem Zürich-See:
In einer Stund/in einem Tag/
Mit überbliebner groſſer Klag.
Der See das Fleiſch hat wider-
   geben/
Die Seel lobt Gott in jenem
   Leben.

A. 1686. Ertruncken ihren drey/als sie von Rapperschweil kommen : Wie sie

Grabmahl derselbigen.

Drey Spieler ertruncken.

L iij   neben

neben Uricken waren/ wolten sie mit einanderen spielen / denen name einer die
Carthen/ (sagende: Es geziñe sich nicht
auf dem See zuspichlen/) und warffe
sie in den See / worüber sie zustreichen
kommen / und als das Schiff auf eine
seithen gewelzet/fielen sie mit einander in
den See/ die drey aber so da spielen wol-
ten/seind ertrunken / der die Carthen in
in den See geworffen/ samt einem ande-
ren/ ist darvon kommen. Ist in wahrheit
ein Exempel daran sich alle Spieler/wie
billich/ erspieglen solten.

Windwir-
bel auf dem
See/ oder
Winds-
braut.

Auch gibet es zun zeiten solche Winds-
wirbel/welche man **Windsbraut** nennet / die das Wasser eines Thurns hoch
auftreiben : A. 1586. den 16. Heumo-
nat/hat eine Windsbraut / nächst bey
Meylan/das Wasser also in die höhe getrieben / daß es einem zimlich hohen
Thurn gleich geschienen; Zu oberst auf
disem Wasserhauffen hatte es das anse-
hen/als wann ein neblechter Dunst auf-
gienge / und sich mit den Wolcken ver-
einbarte : Ist also diser grosse Wasser-
last mit einem grossen Gerausche in den
Luft getragen worden.

Wasser-
thurn.

Ein gleiches hat sich zugetragen A.

1688. welches Ich / samt vielen glaub-
würdigen Leuthen selbst gesehen : Das
Wasser ware so dick/daß man den Uetliberg in der Statt kaumerlich sehen mögen.

A. 1400. Solle der Zürich-See den
26. Brachmonats so kalt worden seyn/
daß vor grosser Kälte niemand daraus
trinken mögen/ da er gleichwolen nur an
dem Tag zuvor/ wie auch des nächst folgenden Tags/sein gewohnliches Tem-
perament widerum gehabt.

Diser See wird oft sehr klein/als A.
1400.geschehen/ da man trockenes Fus-
ses um die Wasser-Kirche herum / und
A. 1402. darauf/ gar von dem Haus
zum Rothen Thurn bis zu dem Rath-
Haus gehen können. Auch ware er sehr
klein A. 1511. 1540.1585.1654.

Hingegen ware er A. 1343. so groß/
daß er über die Bruggen der Statt Zürich gelauffen/auch das ganze Sil-Feld
überschwemmet hatte : Man mußte die
Bruggen zu Zürich mit Trottbäumen
beschwehren / und könte man mit Schiffen in die Kirche zu dem Frau-Münster fahren : Auch hatte das Wasser
das/ Herren Johannes Müller'n

Marginalia:
Schnelle verenderung des Wassers in dem See.

Wird etwann sehr klein.

Etwann sehr groß.

zuständige Haus an der Underen Bruggen / da jezunder das Wirthshaus zum Schwert stehet / allerdings die Lindmat hinab getrieben / welches dann in sollem Lauff drey in dem Wasser gebauene Müllenen mitgeführet / und die Brugg in dem Harb zu trümmeren gerichtet.

A. 1480. War er auch sehr groß / insonderheit ist die Syl sehr starck angangen / daß sie eines Knies hoch in die Kirchen zu St. Jacob / vor der Kleineren Statt Zürich / hinein gelauffen ; deßgleichen geschahe auch A. 1511. 1583. 1618. 1651. 1664. da man mit ganzen Nawen über den Hechtplatz hinein geschiffet / und selbige an die nächst gelegne Häuser gebunden. Das Wasser gienge damahls 18. Zohl über die Hechtplatz-Maur auf hin. Auch ware der See gar groß. A. 1677. 1688. da sonderlich auch die Syl sehr angegangen.

Es haben sich auch auf disem See underschiedliche Schiff-streite und Scharmützel begeben. A. 1389. Seind etliche von Zürich in den Ober-See gefahren / fiengen daselbsten zwölff Fischer / führten sie gen Zürich / verkauften ihre Garne / und erlößten darab bey fünfzig Pfunde.

A. 1445. Schikten die von Zürich

denen

Flößte ein Haus und drey Müllenen die Lindmat hinab.

Die Syl lauffet sehr starck an.

Underschiedenliche Scharmützel auf dem See.

Treffen auf dem See.

denen von Rapperschweil einen grossen Vorrath / an Speisen und Geschütze / auf dem See / mit einer Convoy von 500. Man / auf welche die von Schweitz mit zwentzig Schiffen looß gefahren / also daß es zu einem sehr ernstlichen Treffen gerathen / nach langem aber / der Züricheren grobem Geschütz nachgeben / und sie unbeschädiget zu Rapperschweil müssen anlenden lassen.

zwüschen den Züricheren und den Schweiteren.

In gedachtem Jahr liessen die von Zürich / durch einen berühmten Meister von Bregentz an dem Boden = See / zwey grosse Jagschiffe machen / deren jedes auf die 400. bewaffneter Männer getragen ; Als die Eidtgnossen solches vernomen / liessen sie einen grossen Floß / der Bär genennet / (so in die 600. bewaaffneter Männer getragen / auf welchen sie auch deren von Zürich Stuk / die grosse Büchs genennet / so ihnen / in Eroberung des Sarganser Lands / zu theil worden / und wegen schwere zu Wallenstatt ligen lassen / gethan haben) verfertigen.

Grosse Jagschiffe deren von Zürich.

Der Bär ein grosser Floß der Schweiteren.

Und als die von Rapperschweil an Lebens=Mitteln grossen Mangel litten / wolten die von Zürich / ihnen viel Korn /

Züricher suchen umsonst die Rapperschweiler zuprovian tieren.

Mehl /

Mehl/ und anders / deſſen ſie bedürfftig/ in gedachten zwey Jagſchiffen zuführen/ als ſie aber bis zu dem Lattenberg gefahren / da kame Ihnen der Eidtgnoſſen Floß ſamt anderen Schiffen / wol außgerüſtet entgegen ; wie ſie ſolches geſehen/ getraueten ſie ſich nicht der Eidtgnoſſen meiſter zuwerden/ fuhren deßwegen ungeſchaffeter Sach mit ihrem Proviant wiederum gen Zürich / und müßte Rapperſchweil vor dißmahlen ungeſpeißt verbleiben.

Die Ganß und die Ent zwey groſſe Flöß deren von Zürich.

Auf ſolches haben die von Zürich zwey groſſe Flöß/ laſſen machen/ (deren der Gröſſer / die Ganß / 800. Mañ mit ſamt dem Geſchütz/ der Kleiner aber/ die Ent genennet/ mit ſamt dem Geſchütz 500. Mann getragen /) haben ſelbige/ zuſamt den Jagſchiffen mit Korn / Haber / Roggen 2c. reichlich beladen / und den Rapperſchweileren zugeführet / wie ſie gen Stäfa kamen/ wolte ihnen der Schweitzeren Floß der Bär / ſamt 18. Jagſchiffen an ihrem Vorhaben/ (wie vormahls geſchehen/)verhinderlich ſeyn/ als aber die Züricher in einem ihrer Schiffen ein Stuk under die Eidgenoſſen loos geſchoſſen/ ihnen dardurch vier

Die Schweitzer ſuchen umſonſt den Züricheren den Weg gen Rapperſchweil abzuſchneiden.

Maß.

Mann erleget / seind sie darab erschrocken/ und haben sich widerum zuruck / gen Pfefficken begeben ; die Züricher aber haben ihr Proviant glücklich und wol in Rapperschweil gebracht.

Als nun auf den Freytag vor aller Heiligen Tag / die Züricher abermahls über den See auf Rapperschweil gefahren/ seind die Schweizer mit ihrer ganzen Seemacht auf sie dargeschiffet / da es dann zu einem harten Streit gerahten/ welchem sich auch die von Rapperschweil mit ihrem Fähnlein und ihren Schiffen/zu hilff der Züricheren / eingemischet/also daß nach langem Gefechte die Schweizer/(denen ihr bestes Schiffe verderbet) mit grossem Schaden zuruck weichen müssen : die Züricher aber fuhren mit ihren Helfferen frölich gen Rapperschweil.

Seestreit.

An dem Mitwochen der Fronfasten vor Wiehnacht A.1445. fuhren die von Zürich in einem Schiff gen Pfefficken/ funden daselbst der Eidtgenossen grossen Floß/ der Bär/ mit deren von Zürich grossem Stuck/die grosse Büchs genennet/ samt anderen Kriegs-schiffen/ bey denen kein Mann gestanden / namen also den Bären samt der grossen Büchs/

Züricher nemen den Bär hinweg/ samt vilen Schiffen: die übrigen verbranten Sie.

und

und der Schiffen so viel sie führen könten ; die übrigen verbranten/versenkten/ und zerschlugen sie.

Tagsatzung
auf dem
Zürich-see/
und schlich-
tung des
Siebenjäh-
rigen Zü-
rich-Kriegs.

A. 1446. An dem Zinstag vor S. Agatha Tag / ist auf disem See/ bey Wedenschweil / in dem alten Zürich-Krieg/als derselbig zwüschen der Statt Zürich und den Eidtgenossen schon sieben Jahr lang gewehret / eine Tagsazung gehalten worden. Als nun beyde obgedachte Partheyen/ von keinem Für-sten noch Herzen / zum Frieden mögen beredet werden / da hat der Comenthur zu Wedenschweil / Herz Hug von Montfort / an beyde Partheyen ge-worben/ Ihme zuvergünstigen / einen freundlichen Tag zwüschen ihnen zuse-zen ; das hat er erlanget / und selbigen auf gedachten Tag / auf dem See be-stimmet ; dahin fuhren die von Zürich mit einem Nawen / und die Eidtgenos-sen auch mit einem / alle ohne Harnisch und Gewehr ; des Comentheurs Schiff aber stuhnde zwüschen ihnen / und ware wol versehen mit Waaffen / darzu hatte er an dem Land 200. Männer/in Har-nisch und Gewehr / damit kein Parthey die andere überfiehle : Anfangs zwah-

ren geschahen ungeschickte Reden / zu-
letzt aber wurden sie so einig/daß sie zusamen in die Schiffe giengen / mit einanderen assen und trancken/satzten einen
Tag gen Costanz/und ward darnach der
Friede gemacht.

A.1474.Kam Herzog Sigmund
von Oesterreich mit Marggraf Car-
len von Baden / und vielen Edlen gen
Zürich / fuhre den See hinauf naher
Einsidlen: Und als Er von dannen auf
dem See wiederum gen Zürich wolte/
da kamen von allen Kirch-hörenen viel
Leuth in gerüsteten Schiffen/ und um-
gaben den Fürsten/je ein Schiff dem anderen nach/ empfiengen und begleiteten
Ihne bis in die Statt / daran Er eine
grosse Freude und wolgefallen gehabt:
Er verehrete auf ein jegliches Schiff/ so
viel deren waren/zwey Rheinische Gulden.

Als A. 1615. den 18.Julij die Herren
von Bern den Jr.Caspar von Gra-
fenried Neuerwehlten Landvogt gen
Baden aufgeführet/begegnete denselben
zwüschen Mellingen und Baden ein
schöne Anzahl von Rähten und den
Zweyhunderten der Statt Zürich. Da-

Herzog Sigmund von Oesterreich wird auf dem Zürich-See wol empfangen und beglei-tet.

selbst

selbst wurden Sie durch eine zierliche
Red von Herren Obmañ Hans
Heinrich Holtzhalb in die Statt Zürich geladen / und ritten hernach die Züricher und Berner mit einanderen zu
Baden ein. Zinstag den 20. Julij be-
gaben sie sich mit einanderen in feiner
Ordnung gen Zürich / und wurden etliche Stuck eihnen zu ehren auf dem Lindenhof bey ihrer ankunft loos gebreñt.
Man beherbergte sie zum Schwert und
Storchen / und leistete Ihnen Gesellschaft. Morndrigen tags wurden sie
von Herren des Kleinen und Grossen
Raths in schöner Ordnung zum Rüden
geführt und köstlich tractiert. Donstags
hat man sie auf den See spazieren geführet / ein köstliche Abendmahlzeit darauf gehalten / die Trachtgarn gezogen /
und die Fische also frisch in den Schiffen zubereitet und aufgestellet. Freytags
nachmittag wurden sie under loosbren-
nung des Geschützes aus der Statt begleitet / auch überal Gastfrey gehalten.

Die Herren von Bern werden darauf wol tractiert.

A. 1647. Seind die Herren von Bern /
so den Herren Landvogt gen Baden begleitet / naher Zürich geladen / auf dem
See köstlich tractiert / und ihnen zu eh-

ren

ren ein herrliches Feurwerck gespielet
worden. Auch haben die Herren Musicanten Ihnen zu ehren auf dem See
folgendes gesungen:

> Glück zu dem Bären / singen
>   wir /
> Dem Bundsgenossen treu:
> Wir sind mit Eyd verbunden
>   dir/
> Und bleibens ohne reu.
> Leb wol/Leb ewig starker Bär!
> Kom bald wider zu uns här:
> Gott uns dises wunschs gewär!
> Ein jeder diß begär!

A. 1670. Als Ihr Churfürstlich
Durchleucht Pfaltz = Graf Caro-
lus/ damahl Chur = Pfältzischer Erb-
Printz bey Rhein/hier durchgereiset / hat
man Ihne in dem grossen Kriegsschiffe/
auf disem See gar herrlich tractieret/da
ist eine solche menge grosser, und kleiner
Schiffen / mit Herren und Frauenzim-
mer beladen / selbigem continuierlich
nachgefahren / daß es einer zimlichen
Meer=Flotten gleich geschienen: Ja/ es
solte einer vermeint haben / der Hertzog
von Venedig/ wolte auf dem Schiff

Pfältzischer Chur= Printz Carolus wird auf dem See tractiert.

Bu-

Bucentauro genennet / das Fäst der
vermählung des Venetianischen Meers
halten. Es hatte diser Fürst einen sonderbaren Lust bezeuget/als Er gesehen in
seiner gegenwart die Tracht-Fischer eine grosse anzahl köstlicher Fischen fan-
gen/welche man also frisch auf dem See/
Ihr Churfürstlich Durchleucht zubereitet und aufgetragen hat : Als Er nachts
widerum in die Statt gefahren/hat man
ihne mit dem groben Geschütz bewill-
kommet.

Vor Zeiten haben auch die Landleuth
ab dem Zürich-See einen alten Brauch
gehabt / daß sie in einer anzahl grosser
Schiffen / auf den 11.tag Herbstm. an
St. Felix und Regula tag/wol außge-
butzt und bewaffnet/in die Statt auf die
Zürich-Kilwe oder Kirchweyhe gefahren ; es wurden auch dañzumahlen zwey
Herzen des Kleinen Rahts verordnet/
welche im Namen der Oberkeit/in einem
besonderen Schiff/so der Herzen Schiff
genennt worden / auf den See hinaus
gefahren und dise Seeleuth bewillkom-
met. Wann sie nun in die Statt ge-
kommen/seind sie erstlich mit den Schiffen dreymahl um den Wellenberg her-
umgefahren / lendeten demnach bey dem

Frau-

Frau-Münster an/ stelleten sich daselbst
mit den Spiessen in die Ordnung/denen
sich die Pfarrer undUndervögt vorange-
stellt / und thaten darauf einen Umzug
durch die Statt. Nach follendetemZug
wurden sie mit einem Abendtrunck be-
schenckt.

Als aber A.1566.an der Zürich-Kilwe / abends um 4. uhren / eine grosse
menge Volks auf der Ober-Brugg bey-
samen gewesen/die Schiffe zusehen/ welche in die Statt gefahren / und vonwegen der viele des Volks / ein Theil der
Brugge / zwüschen dem Rad und dem
Helmhaus / welche damahls noch auf
faulen hölzernen Jochen gestanden/ eingebrochen / auch von den Lienen und
Brettern ihren sehr viel übel verletzet/
und sieben Personen / unangesehen aller
möglichen eilenden Hilff/im Wasser ihr
Leben geendet/darunter auch Hr. Wolf-
gang Baumann Pfarrer zu Altstetten
gewesen / ist auf diese traurige und un-
glückliche Kilwe dise alte Gewohnheit
aufgehebt worden.

Es fahren auch zun zeiten die Herzen
des Kleinen Rahts in den Kriegs-schif-
fen auf dem See spazieren/ ihre belusti-
gung daselbsten zuhaben.

Der Klein
Raht belu-
stiget sich
bisweilen
darauf.

M Anno

A. 936. Beſchenckte Keyſer Otto I.
die Statt Zürich mit dem koſtbaren Regal des ganzen Zürich-Sees auf beyden
ſeithen (ehe und bevor die Statt bey
mehr als 300.Jahren einige Landſchaft
um den See gehabt) bis an die Statt
Rapperſchweil und deroſelben Brugg/
ſamt allen darzu gehörigen Fiſchenzen/
Zohl und Fahrgerechtigkeiten / ausgenommen einem Stuck deſſelbigen / zwiiſchen der Uffnau und Pfefficken gelegen/
ſo der **Frauen** oder **Pffeffickomer-Winckel** genennet wird (ſo lang zuvor
dem Cloſter Einſidlen vergaabet worden/) und iſt folgender maaſſen außgemarchet worden :

Namlich/daß der Groß Stein under
Freyenbach/ da das Kreuz anſtaht/ die
erſte March ſeyn ſolle ; Und von demſelben Stein hinauf/an die Stangen am
Fach.

Von der Stangen am Fach hinauf/
bis an den ſchwirzen da das Creuz an iſt.

Von demſelben Schwirzen hinauf/
bis auf den Tüffenberg / an dieſelbige
Stangen.

Und von derſelben Stangen hinauf
bis an das Rüffihorn an dieſelbe Stangen/ welche ſchecht (das iſt in grader Linien)

Der See
kommet an
die Statt
Zürich.

Der Pfeffiker Winkel
iſt des Cloſters Einſidlen.

Marchen
Deſſelben.

nien) gegen Ulrich Groschen Hauß/über
das Schloß Pfefficken zeigen / und doch
weiters nicht in den See hinaus gahn
sol / dann daß man bloß neben der Uff=
nau/auf das Schloß Rapperschweil se=
hen möge.

Weiter von der Stangen am Rüffi=
horn/bis ebnen/(oder bis unden nebent)
an die Uffnau an dieselbe Stangen.

Item von derselben Stangen unden
nebent der Uffnau/für Uffnau hinauf bis
ebnen (oder unden nebent) an die Lützel=
auw/an dieselbige Stangen.

Und von diser Stangen hinauf/ bis
an den grossen Stein/der da ligt in mit=
ten an der Lützelau/daran ein Kreuz ist.

Von demselbigen Stein/bis oben an
die Lützelau an den Schwirzen/ der auch
ein Kreuz hat.

Und von demselben Schwirzen / ge=
gen der Brugg hinauf bis wider zu ei=
nem anderen Schwirzen.

Weiters gegen der Brugg hinauf
aber zu einem Schwirzen.

Von demselben Schwirzen weiters
hinauf bis an den Leuenstein/daran auch
ein Kreuz ist.

Und dañ von dem Leuenstein follends
hinauf bis an den Schwirzen/der nebent

der Rünnin / an der Rapperschweiler
Bruggen staht / und der auch ein Kreuz
hat.

Dise hievor beschriebene Steine /
Schwirzen und Stangen/seind alle im
See/in und under dem Wasser/ welche
man bey kleinem Wasser deutlichen sehen mag.

Und seind diese Marchen vereiniget
und erneueret worden A. 1549. und hernach auch A. 1563.

See-Vögt des underen See. Der under Zürich-See wird bevogtet
von zweyen Herren des Kleinen Raths
der Statt Zürich / die wechslen jährlich
in der Regierung um / werden See-
Vögte genennet / haben zustraffen biß
an die Statt Rapperschweil / und was
hiehar der obgesetzten Marchen begriffen.

Was des Sees hal- ben ihr Amt. Was für Schläg-Händel in den
Schiffen / oder auf dem Eyß geschehen/
auch was sonsten für verbottne Fehler
fürgehen/komet alles für die See-Vögt:
Desgleichen / wann die Fischer über die
verbottne Zeit fischen / sonderlich so es in
dem Leich geschihet / werden sie von denselbigen gebüßt und abgestrafft ; Ha-

ben einen eignen Auffeher / der sie aus-
spehet / wird See-Knecht genennet.

In dem Oberen See hat es Drey
See-Vögte / namlich einen von Rapperschweil / einen von Lachen / und einen von
Schmericken / die haben zustraffen / was
auf demselbigen Theil des Sees wider
Verbott gehandlet wird / wechßlen jährlich in der Regierung um / und komet alle
Drey Jahre an einen. Was aber in dem
Pfeffikomer-Winkel fürgehet / hat
das Closter Einsidlen ab-
zustraffen.

Drey See-
Vögte in
dem Obe-
ren See.

Der Dritte Theil:
Begreiffet
Eine kürzlich-abgefassete
Beschreibung/
Aller Orten/
Die zu beiden Seithen nächst um
den Zürich-See gelegen / was daselbsten sonderliches zusehen / auch was
sich der Enden merckwürdi-
ges zugetragen/
u. a. m.

Eingang.

Eingang:

Nunmehr komme Ich auch zur
Beschreibung der jenigen Orthen und Enden/ welche zu rings
um den Zürich-See herum gelegen:
auch was daselbst sonderliches zubeobachten : wie nicht weniger was sich diser
Enden merckwürdiges begeben und zugetragen: Darzu veranlaasete mich das
vielfaltig Reisen um disen wolgelegnen
See herum.

So

So bald man auf der rechten seithen des Sees hinauß für die Statt-Porten kommet / ist eine Mülli / welche allein die Freyheit hat die grössesten Schiff-Laden zusagen / deßen sie Authentische Brieffe und Sigel hat : diese Gegne wird genennt **Stadelhofen.** Unweit darvon ist eine Kirche / welche / zusamt beygelegnen Häuseren zum **Creutz** genennet wird / weilen daselbst ein steiner'n Creutz (deren es etliche um die Statt hat) aufgerichtet stehet : da zubeobachten / daß / was für Handtwercks-Leuth / aussert solchen Creutzen wohnen / selbige nicht befügt / in die Statt zu arbeiten; und wann die Meister in der Statt einen antreffen / der Arbeit in die Statt gemachet hat / haben sie macht ihme die Wahr oder Arbeit hinweg zunemmen / und wird darzu von dem Handtwerck annach streng abgestraffet.

A. 1611. ist diese Kirche samt dem Kirchhoff von Grund auf neu gebauen worden; und ist dises darbey denckwürdig / daß die meisten Werckleuth / so daran gearbeitet / die ersten gewesen / so darinnen begraben worden / under welchen Mr. Rudolff Klotter der Werck-

(Randnotiz: Mülli zu Stadelhofen. Zum Creutz.)

meister der letst gewesen. Ob der Kirchen-
Thür ist folgende Inscription zusehen.

S. S.

ISTHOC. QUOD CONDITUM
HEIC VIDES. VIATOR. POLY-
ANDRIUM ÆDI COHÆRENS.
DEO PRÆDIRA LVE PA-
TRIAM AFFLIGENTE.
EX DECRETO SENATUS
POPULIQ. TIG. COSS. JO. RO-
DOLPHO RHONIO ET LEON-
HARDO HOLZHALBIO PA-
TRIÆ PATRIB.
SUMPTU PUBL. A FUNDA-
MENTIS NOVUM FECIT.
JOH. HEINR. HOLZHALBIUS
ARCHIOECONOMUS ET LABA-
ROPHORUS AN. SER. M.DC.XI.
AT TU QVI LEGIS HOC MOR-
TIS MEMOR. OMNIB. HORIS.
SANCTE DISCE MORI ET
LABEM SEPELIRE MALIGNAM.
IN CHRISTO TANDEM LÆ-
TO QUO CORDE RESURGAS.

Seefeld.

    Nicht weit von dannen / gegen dem
See / liget das köstlich und schön See-
Feld / dessen Besitzere / so alle Gärtner/
grossen Nutzen darvon bezeuhen/ in dem

sie

sie alles / wegen nähe der Statt / und
Komlichkeit des Sees / in gutem Preiß
anbringen können.

Daselbsten ist eines Stein-Wurffs
weit in dem See zusehen eine steinerne
Stud oder Saul / (so von Nicolao den
Namen hat /) uñ gemeinlich die Clauß-
Stud genennet wird.   *Clauß-Stud.*

A. 1600. war ein so kalter Winter /
daß der Zürich-See auf 10. Wuchen
lang / bis in die Statt hinein /gar hart
überfrohren : man hatte an der Faßnacht / bey der so genanten Claus-Stud
auf dem See und Eyß ein grosses Faß-   *Faßnacht-feuer.*
nacht-Feuer gemacht / und ward guter
Muth darbey gehalten.

Zu eusserst an disem Feld ist ein Pro-   *Horn.*
montorium, das Horn genennet / ein
grosser Platz / da man viel Sand auf-
wirffet / welches von den Maureren under den Kalch zu dem bauen gebraucht
wird. Darauf haben die Seefelder /
Riespacher / und Flürstäger ihre Ziehl-
statt.

Vor altem ist ein Weiber-Kloster   *Alt Oeten-bach.*
daselbst gestanden / Oetenbach ge-
nennet /welches aber in dem alten Zürich-
Krieg zerschleiffet / und in die Statt an

das Orth verſetzet worden/wo noch heut zu tag zum Oetenbach genennet wird/ ligt in der kleinen Statt hinder der Schipfe.

Rieſpach.

Ohnfehrn von dannen iſt der Rieſpach/eine groſſe / jedoch zerſtreute Gemeind: aus derſelbigen hat ſich in vorgehendem Seculo ein junger Knab/namens **Wilhelm Dugginer** in Franzöſiſche Kriegsdienſte begeben /allwo er durch ſein wol verhalten alſo gefürderet worden/daß er die Gwardi-Fenderich/ hernach die Gwardi-Leutenant / und endlich die Gwardi-Obriſter ſtell erlanget hat/wie aus dem Fenſter-Schilt bey einem ſeiner Verwandten annoch zuſehen/mit diſer Underſchrift :

Wilhelm Dugginer.

Hr. Wilhelm Dugginer/Ritter/ des Raths zu Solothurn/ Kön: Maj. zu Frankreich Truckſeß und Obriſter über ſeiner Maj.Kriegsgwardi der Eidtgnoſſen. A. 1588.

Schneggenweiden.

Hier / und anderer an dem See gelegnen Orthen hat es viel Schneggenweiden/da dann gegen dem Winter / (wann die Schneggen mit einem weiſſen harten Deckel wol verſchloſſen)

viel

viel 100. Legelen und Fäßlein mit
Schneggen angefüllt in Italien ver-
schickt werden/ deren sie sich dann in der
Fasten zur Speise bedienen. Es begiebt
sich oft/wañ die Säumer über den Got-
hart kommen und der warme Mittag-
wind (bey uns die Föhn genañt) wehet/
daß die Schneggen sich wegen verspür-
ter wärme widerum aus ihren Häuseren
lassen/und weilen sie alsdann in den Legelen und fäßlinen wegen des Jasts nicht
mehr raums gnug finden/zersprengen sie
dieselbigen/und gehen zu unnutz : dardurch dann die Schneggenhändler öfters zu grossem verlurst und schaden
kommen.

Ob diser Gemeind ist vor altem auf
der höhe ein schönes Schloß gestanden/
so den Biberlin von Zürich gehört/ und
noch heutiges Tags die **Biberlins-**
Burg genennet wird/ist alles mit Holz
überwachsen / und hat auf der seithen
gegen dem See ein schönes Räb - gewächs / so die **Burghalden** genennet
wird / woselbsten ein guter Wein wachset. Biberlins-
burg.

Ein wenig besser hinaufwerts seind
etliche Häuser/zum Flüstäg genennet. Flüstäg.

Bis

Bis hiehar iſt alles Kirch-genöſſig zu
dem Groſſen Münſter / und werden in
der Statt die Ehen eingeſegnet / auch
die Kinder getaufft; die Todten aber werden bey der Kirchen zum Kreuz beſtattet.

**Trauben-
berg.**

Von dannen kommet man zu dem
Traubenberg/ allwo Herr Statthalter Eſcher/ein ſchönes Landgut/in-
ſonderheit von Räb-gewächſen/hat.

Zollicken.

Gleich darob/auf der höhe/liget das
Dorf und die Kirche Zollicken/gehört
an das Stangen-gericht zu Zürich/ hat
zwey Obervögte/ſo alle Jahr umwechs-
len ; war vor zeiten der Mülleren von
Zürich zuſtändig/ und hat ſolches Herr
Gottfried Müller/ Ritter/ A. 1358. am
Donſtag vor S. Agneſen-Tag der
Statt Zürich/ ſamt Stadelhofen und
Trichtenhauſen/mit Leuth/ Gut und al-
ler Zugehörd verkauffet.

**Kommet an
Zürich.**

**Hat ein
herrliches
Gemeind-
werck.**

Dieſes Dorf iſt groß/ aber ſehr zer-
ſtreuet/ hat ein treffenliches Gemeind-
werck/und können abGemeind-Obs ein
Jahr in das ander gerechnet/in die hundert Thaler erlöſen: Ein jeder neuerGe-
meinds-genoß und neuer Haußhalter
iſt ſchuldig und verbunden einen Baum

**Nutzliche
Ordnung
allda.**

auf

auf dieser Allmend zupflanzen. Dieses Dorf hat an Bauholz keinen mangel/ und hat ins gemein gute Güter / von Wein-und Wieß-wachs / danahen underschiedenliche Personen aus der Statt ihre Landgüter daselbst haben.

Hat gut Bauholz und gute Güter.

Der Pfarzer hat seine wohnung in der Statt / und haltet alle Donstag bey dem Grossen Münster die Frühpredig.

Pfarzhaus under Statt.

Eines Büchsenschutzes weit von dem Traubenberg/dem See nach hinauf/hat das Ritterhaus Bubikon ein Lehē/in dem **Gugger** genennet/daselbst werden durch einen Graben/darinn ein Bächlein von dem Berg herunder fliesset/die Gemeinden Zollicken und Kußnacht/gescheiden; ist einer guten stundwegs ob der Statt.

Gugger.

Von dannen kommet man in einer halben stund durch Goldbach/Chuosen/ Wamenspach/ (allwo Herr Burgermeister Hirzel ein schönes Schloß oder Lusthaus/mit einem hohen Saal / und groß gewelbten Keller/hat/) gen Kußnacht.

Goldbach.
Chuosen.
Wamenspach.

Kußnacht ist ein grosses Dorf/und weitläuffige Pfarz/ gehöret auch an das Stangen-gericht gen Zürich. Hatte vor

Kußnacht.

zeiten

zeiten eigene Edelleuth gehabt/und lebte
A. 1089. Herr Eckhard von Küßnacht/
A. 1257. Herr Rudolf von Küßnacht
Ritter.A.1295.Herr Nett von Küßnacht.

Wulp oder Wurp. Ob dem Dorf in dem Holz / wann
man naher Guldinen gehet/sihet man/
wo das schöne und veste Schloß Wurp/
oder Wulp gestanden/so die von Balp
von den Freyherzen von Regensperg zu
Lehen besessen / welches A. 1268. von den
Züricheren / mit hilff Graf Rudolffen
von Habspurg belegeret/eingenommen/
und in den grund zerstöhret worden.

Balp oder Balm. Das Burgstahl Balm oder Balp
liget zwüschen Küßnacht und Wurp/ist
vor viel zeiten abgegangen. A.1314.war
es noch bewohnet von Llitolt Freyherzen
von Regensperg/laut eines alten Briefs/
an dessen Einsigel folgende Umschrift:
✠.S. LVTOLDI. IVNIORIS.DNI.
DE. REGENSPERG.

Kommet an Zürich. Nach zerstöhrung der Vestung Wurp/
haben die Müller von Zürich die Vog-
tey und Herzlichkeit zu Küßnacht / von
dem Reich zu Lehen empfangen/ welche
Herr Gottfried Müller/Ritter von Zü-
rich/A. 1396. der Statt Zürich verkauf-
te / wird noch heut zu tag von zweyen

Herzen

Herren des Kleinen Raths geregieret/ die jährlich einanderen pflegen abzuwechslen.

Darnach hat sich bey der Pfarr-Kirchen zu Küßnacht erhebt ein **Johanniter Hauß** und Convent, deſſen Commenthur und Johanſer-Bruder worden A. 1396. der Statt Zürich ewige Burger. Zur zeit der Reformation iſt dieſes Convent wiederum abgegangen/ und war der letſt Commenthur/ Herr Conrad Schmid/ ein trefflich gelehrter Mann/ der erſte Pfarzer dieſer Gemeind.

Johanniter-hauß.

Jeziger zeit wird zu allen ſechs Jahren ein Amtmañ auß dem groſſen Rath dahin geſezt/ welcher den Zehenden und andere Geſell einnemmen/ und ordenliche Rechnung darvon ableggen muß. Man kan auß dem Amthaus in die Kirche kommen/ und iſt mit einer hohen und weitläuffigen Maur umgeben.

Amtmañ daſelbſt.

Der Pfarzer hat ſeine Wohnung weit von der Kirchen/ zunächſt bey dem See.

Pfarzhaus.

Es hat dieſe Gemeind zunächſt bey dem Amthaus eine ſchöne und wolbeſtellte Metzg/ dariñen man wochentlich

Metzg.

viel Vieh schlachtet/ das Fleisch wird ihnen/wie in der Statt / bey dem Eid-beschetzet/ und was finig ist/hinweg gekennet: Es gehet auch sauber darinn zu/ wegen des schönen darbey stehenden steinernen Bruñens / und grossen vorbey fliessenden Bachs / welcher zu denen zeiten/da die Waldwasser angehen/ öfters sehr grossen schaden verursachet: An disem Bach hat es daselbst auch zwey treffenliche Müllen.

Weilen diese Gemeinde an einem lustbaren/von Acker/ Obs/ Wein / und Wies-wachs fruchtbaren/ und wegen des Sees gar kômlichem Gelände liget/ haben viel Burger aus der Statt ihre Landgüter und Lusthäuser daselbst/ wie auch um den ganzen See herum.

Nach einer starken viertheil stund/ kommet man durch Heßlibach / gen Ehrlibach/welches ein klein Dorf ist/ und in die Pfarr Küßnacht gehörig/ hat eine eigne Kirche/und ist ein Pfarzer von Küßnacht verbunden / wochentlich einmahl daselbsten zupredigen : hat eine besondere Vogtey und Gericht/ vor Jahren den Graffen/ Rudolff/ Johañ/ und Gottfrieden von Habspurg zuständig/

(Marginalien:) Müllen. Lustbarkeit. Heßlibach. Ehrlibach.

so nochmahls an die von Toggenburg
kommen ; selbige haben A. 1400. den
15. Novembris, die Herzen von Zürich
von Graf Donat von Toggenburg erkauft.

Es hat in diesem Dorff einen treffenlichen Weinwachs / insonderheit hat
Herz Heinrich Kitt bey dem Elsasser zu
Zürich/ein herzliches Landgut daselbst/
füraus aber einen schönen Räbberg von
ohngefahr 10. oder 11. Jucharten / an
welchem der beste rothe Wein (so um
den Zürichsee ist) wachst.

Ob diesem Dorff am Berg stuhn-
be vor zeiten das schön und vest Burgstahl Tachsberg/darvon nichts mehr
überig als das Wapen.

A. 1445. den 6.Weinmonat/mach-
ten die von Schweiz/Underwalden/Zug
und Glarus einen anschlag zu Ehrlibach die Trauben abzuschneiden/ wurden aber von den Züricheren/so hiervon
beyzeiten nachricht bekommen / meistentheils wehrlos überfallen/und ohne noth
geflüchtiget : grieffen gleichwolen bald
wiederum zur Wehr/und gaben den Züricheren so viel zuschaffen/ daß der Sieg
eine lange zeit zweifelhaftig angestanden/

biß Herz Hans von Rechberg mit seiner
Reuterey daher kommen/die Eidtgnoſſen ihren Schiffen zugejagt / da ihren
viel ertrunken. Die Eidtgenoſſen haben
in dieſem Treffen / ohne die ertrunknen
170: die Züricher aber 28.Männer verlohren: Das Orth allwo die Schlacht
in der That beſchehen/wird geneñt Im
Geeren.

Schipfe.   Zunächſt darbey iſt die Hindere und
Vordere Schipfe/ allwo die Pfarzen
Küßnacht und Herzliberg von einanderen ſcheiden. Allda haben die Herzen
Werdmüller ſchöne Luſthäuſer / und
komt man von dannen in einer viertheil
ſtund gen Herzliberg.

Herzliberg.   Herzliberg/ iſt ein ſchönes / jedoch
zerſtreutes Dorf / gehöret auch noch an
das Stangengericht gen Zürich/ und in
die Obervogtey Küßnacht / iſt durch einen Kauff/ um 350.Rheiniſche Gulden/
von Graf Donat von Toggenburg/ A.
1400.den 15. Novembris,an die Statt
komen. Auch wurde die Gemeinde von
einem Helffer von Küßnacht aus verſe-
hen/biß ſie A. 1631. zu einer beſonderen
und eignen Pfarz gemachet worden/

und

und ware Herr Wilhelm Simler der
erſt Pfarzer ſo daſelbſt wohnete.

A. 1686. iſt die alte Kirche geſchliſſen/
hingegen eine ſchöne/ neue und weitere
Kirche./ von den Gemeindsgnoſſen mit
groſſem Fleiß/ und vieler Mühe/ von
Grund aufgebauen/ und A. 1688. vol-
lendet worden: darvon hat Herr Hans
Conrad Ryff/Pfarzer zu Bubiken/alles
in Verſen/ was jeder dahin verehret/wie
viel Frontage ein jeder verzichtet/ auch
was für Perſonen an derſelben gearbei-
tet/ und wie viel der gantze Bau gekoſtet/
ordenlich verfaſſet/ welche in dem Knopf
des Thurns zu ewigem Angedencken/
aufbehalten werden.

An dem Orth/ da jetzund die Kirche ſtehet/ iſt vor altem ein Burgſtahl
geſtanden/ Roßbach genennet/ welches
den Edlen von Hettlingen zugehört:
Wurde aber vor altem eingenommen/
verbrennet/ und in Grund zerſtöhret/
weilen einer von Hettlingen aus diſem
Schloß den Züricheren ſehr viel Schaden zugefüget; dieſen aber haben ſie auf
dem See/ als er wollen fiſchen/ gefan-
gen/uñ hernach ſein Schloß umgekehret.

Allernächſt bey diſer Kirchen iſt ein

*Neue Kir-
che daſelbſt.*

Roßbach.

*Eingenom-
men und
zerſtöhret.*

*Stein-
bruch.*

schöner und grosser Steinbruch / der zu
derselben Erbauung sehr dienstlich gewesen / so auch zu Einladung der Steinen
sehr bequem ist/deßwegen viel Steine auß
selbigem in die Statt verführet werden.

Meyer von Herzliberg.

Es hatte vor Zeiten dise Gemeind
auch eigene Edelleuth gehabt / deren
Burgstahl auf dem Reyn/ wo man von
der Schipfe hinaufgehet / so die grossen
Wasser/den Weg dem See nach zuge-
hen/verwehren. Dises haben bewohnet
die Meyer / genant von Herzliberg/ alte
Züricher/waren zur Zeit der Mordnacht
nach in leben. Das Burgstahl ist von
sich selbst zergangen: man sihet nach/wo
die Gräben durchgegangen.

**Wirtshäu-
ser.**

Dise Gemeinde hat nächst dem See
zwey gute Wirtshäuser/in denen/weilen
bis dahin vast halber weg gen Richten-
schweil/ die Bilgeri/ so gen ' oder von
Einsidlen reisen/ pflegen einzukehren.

Wetzweil.

Die von Wetzweil / so vor altem
einen Burgstahl gehabt / welches aber
vergangen/ seind auch gen Herzliberg
Kirchgenößig/haben zwahren eine eigene
Kirche/in welcher der Pfarrer von Herzliberg alle Sonntag und Mittwochen
zupredigen verpflichtet / daselbst werden

auch

auch ihre Ehen eingesegnet/und die Kinder getaufft / die Todten aber werden zu
Herzliberg begraben.

Von Herzliberg komet man in einer
starken halben stund/über den Roßbach/
für eine Oehltrotten vorbey / die das erst
Haus / so in die Gemeinde Meilan ge-
höret/durch **Bünishofen**/(welches vor
zeiten einen eignen Burgstahl gehabt/)
in das **Meiler-Feld**/ allwo mein Ge-
liebter Vatter/ gleich ob dem Haus zum
Christophel / ein Landtgut hat / darbey
ein Haus / welches / wie wolen es nicht
schön/ jedoch komlich. Dises Orth ward
vor altem **Auf dem Romenscheur**
genennet / und wachset daselbst under
den guten weissen Weinen nicht der
minste/den unterschiedenliche gute Frün-
de mit mir zum öfteren versucht haben. Es ist in diser Gegend offtmah-
len lustig zusehen / wie auf dem See/
die Schiffe in vollem Lauff zu einer Zeit
gegen und neben einander vorbey seglen ;
wann aber die einte Parthey ein wenig
das obsich/ die andere aber nidsich bis zu
dem Roßbach komet/ müssen alsdann
beide Theile wegen starcken Gegenwinds
die Segel widerum abhin lassen : von

(Marginalien:) Bünisho-
fen.

Meilers
Feld.

Auf dem
Romen-
scheur
guter weis-
ser Wein.

dannen durch Schwaabach Horn/
Seehalden gen Meylan.

Meylan.

Meylan / ist ein schönes Dorf/
und grosse Kirchhörj/hatte erstlich zweyerley Herrschafft gehabt : Eins theils das
Stift und Probstey zu Zürich : anders
theils die Edelleuth / so auf dem Burg-
Von Friedt-
berg Edel-
leuth.
stahl Friedtberg gewohnet/ und danahen die von Friedtberg genennet wordē/
welcher Wappen dañ die Gemeind Meylan angenommen / und nach heut zu tag
behaltet : dises Burgstahls Rudera,
sind annoch eine Viertel Stund wegs/
Bergs halben / ob under Meylan / auf
einem Tobel zusehen.

Kommet
an Zürich.
Nach Abgang dieser Edelleuthen /
haben solche Rechtung die Müller von
Zürich besessen: Endtlich ist es von denen
von Ebersperg Heurathsweise an die
von Hettlingen kommen.

A. 1410. hatte Frau Verena von
Ebersperg / Herren Heinrich von Hettlingen Gemahlin/ dise Vogtey/ samt aller zugehörde der Statt Zürich um 1000.
Rheinischer Gulden verpfändet. Vierzehen Jahr darnach/hat auch das Stifft
und Probstey zu Zürich/ihre zu Meylan
habende Gerechtigkeit / in hochen und

nie-

niederen Gerichten / der Statt um 300.
Rheinischer Gulden übergeben. Wird
jetzund von zweyen Herzen des kleinen
Raths geregieret : Sie haben auch ein
eigen Gericht.

Hat ein eigen Gericht.

. Dise Gemeinde hat eine schöne und
grosse Kirche ; nächst derselben hat der
Pfarzer seine Behausung.

Kirche und Pfarzhaus.

Ich halte darvor daß um den gantzen Zürich-See herum / in keiner Pfarz
mehrere Weinräben zufinden als aber
in diser / und wachset daselbst der Edleste
und beste weisse Wein / (so vast einen
Gust haben solle/wie der Ungarische Tokayer Wein / lauth eines Ungarischen
Herzen selbs eigner Bekañtnuß) und
auch dise Tugend an sich hat / daß man
ihne zehen / bis zwentzig und mehr Jahr
lang behalten kan : wird deßwegen von
Frömbden und Einheimischen hefftig
begehret / und um eine grosse Summa
Gelts bezahlet.

Grosser und guter Weinwachs.

Auch hat es hier zwey schöne Müllenen / und zwey gute Wirths-Häuser:
Dise Gegend wird Under = Meylan
genennet / und kommet man alsdann durch Hofstetten gen Ober-

Müllenen und Wirtshäuser.

Hofstetten.

Meilan/ allwo vor zeiten/ eine Maur von dem See hinauf gegen dem Berg für eine Landtwehre gebauen gewesen/ welche Herzog Albrecht von Oesterreich/ zugenennet der Lahme/ A. 1354. den 14. Augstmonat/ als Er von Rapperschweil für Zürich zeuhen wollen/ eroberet/ und zerstöhret/ auch 50. Männer von den Landtleuthen daselbst erschlagen.

Es hat daselbst auch eine schöne Zieger-reibe/ darinnen man guten Schab-zieger machet.

Zunächst darbey ist Dolliken/ welches das letst Orth in der Gemeind Meylan ist/ und komet man alsdann in einer viertheil Stund gen Uetiken.

Uetiken/ ist ein Dorf von mittelmässiger grösse/ gehöret in die Herrschaft Wädenschweil/ und ware vor disem Kirchgenössig gen Meylan: A. 1682. aber hat man daselbst ein lustiges Pfarrhaus/ und an statt der Alten Capellen/ eine schöne neue Kirche erbauen/ under welcher/ am See der Lang Baum liget/ allwo Herr Haubtman Hans Heinrich Lochman ein schönes Lusthaus und Landtgut hat/ deme und seinem Mañs-Stamen die Collatur diser neue

Pfrund/

Pfrund/wegen anſehenlicher Beyſteuer/
bis auf ihr abſterben überlaſſen / und iſt
zum erſten Pfarrer dahin geſetzt worden/
Herr Felix Goßweiler. Von diſem
Orth kómt man in einer ringen halben
ſtund durch **Weyeren** gen Menne=
dorf.

Mennedorf iſt ein groſſes Dorf /
gehörte vor altem den Gäßleren/ſo Her=
ren zu Grüningen geweſen : ſolches ha=
ben Herr Hertzmañ und Wilhelm die
Gäßleren A.1405. der Statt Zürich um
400. Gulden verkauft : wird jetziger zeit
von zweyen Hertzen des Kleinen Raths
geregieret.

Die Kirche ſo unlängſt von neuem
erbauen/und erweiteret worden/liget auf
einem erhabnen Orth / vaſt eine halbe
viertheil ſtund von dem See entlegen.

Mennedorf wird getheilet in das O-
ber= und Under=Dorf: das Ober iſt auf
der Höhe / bey der Kirchen / das Under
zunächſt neben dem See / allwo ein
Wirtshaus zum Hirtzen genennet : an
demſelbigen hanget ein groſſer Wirbel
von dem Ruckgrath eines Wallfiſches/
welchen einer von Rapperſchweil alſo
gantz/ (verſtehe pur das Sceleton, oder

Beingerüst/) in dise Land gebracht: Er ware so groß/daß ein junges Kind durch sein Aug schliefen könte.

In dieser Gemeinde hat es einen treffenlichen Obs-wachs / sonderlich eine gattung Biren / die man Mennedörffer nennet/aus welchen gutes Birenhonig gemachet wird.

Von dannen kommet man über den Seurenbach / durch Rambolstein/ zu dem Lattenberg/allwo ein gewüsser Eschenfarber Leim anzutreffen/so zu den Pfister-Oefen sehr gut/und deßwegen in die weite an underschiedenliche Orth verführet wird. Ein wenig oberhalb/ dem See nach/liget Oeticken.

Oeticken/ ist ein schöner Marcktflecken / gehöret in die Pfarr und Vogtey Stäfa: Daselbst hat es ein schönes Kornhaus / darbey eine treffenliche Schiffstellung ist. Man bachet hier sehr viel und gutes Brot / das vast die ganze Statt Rapperschweil/und andere nächst darbey gelegne Oerther/darmit versehen werden/ und ist deßwegen um den ganzen See herum/ kein Gemeinde/ darinnen mehrere Becken anzutreffen seyen/ als an disem Orth.

Alt-

Allhier wird alle Donstag ein Korn-
und Wochenmarkt/auch Jährlich zwey
Jahrmärkte gehalten / deren der einte
auf Donstag nach Oculi, der andere auf
Donstag nach St. Othmar fallet.

Ob diesem Flecken an dem Berg li-
get das Dörflein **Ulingen**/jetz **Uliken**
geneñet/ daselbst ist vor altem ein Burgstahl gestanden. In einer halbviertheil
stund kommet man von Oetiken gen
Stäfa.

Stäfa ist ein grosses Dorf/ gehörete
vor zeiten under die Herzschaft Grünin-
gen/solches aber haben A.1418. die Herren Hermañ und Wilhelm die Gäßle-
ren/samt Statt und Schloß Grünin-
gen/ Humbrechtiken / und Münch-Al-
torf mit Leuthen und Güteren / Hochen
und Niederen Gerichten/ und allen anderen Gerechtigkeiten/um 8000. Rheinischer Gulden der Statt Zürich verpfändet : Wird jetzund von zweyen
Obervögten aus dem Kleinen Rath geregieret. Es hat ein Fürstlich Stift zu
Einsidlen in diser Kirchhöre/ auch etwas sonderbarer Rechtung.

Die Kirche / welche A. 1689. (weilen
die alte zu klein gewesen/) von grund auf

neu

Wochen-Korn-und Jahr-Marckt.

Ulingen.

Stäfa/kommet an Zürich.

Neue Kirche.

neu und gröſſer gebauen worden/ ſtehet ein wenig von dem See auf einer Höhe/ und zu nächſt darbey das Pfarzhaus.

Viel Wein. Es wachſet hier vil Wein/ hat auch/ wie zu Mänedorf/ ſehr vil Räblauben/ ſo meiſtentheils mit groſſen runden Kürbſen behenket ſeind. Auch hat es allhier einen ſchönen Korn-und Obs-wachs.

Korn-und Obswachs.

Rohrwies. Eine halbe viertheil ſtund ob diſem Dorf liget die Rohrwies/ allwo nur ein Haus/ ſo ein Fahr/ welches alles/ was in das Schloß Pfeffiken wil und gehöret/ über See führen mus. Eine halbe viertheil ſtund von dannen liget Uriken.

Uriken. Uriken/ iſt ein klein Dörflein/ gehöret in die Pfarz und Obervogtey Stäfa: Allda hatten vor zeiten gewohnet die Edlen von Uriken/ von dem Cloſter Einſidlen belehnet. Das Burgſtahl iſt vergangen/ und ſeind die drey letſten diſes Geſchlechts an dem Morgarten erſchlagen/ hernach mit Schilt und Helm näher Einſidlen gebracht/ und daſelbſten begraben worden. Von dannen kommet man/ ſo man in dem Lander durchgehet/ in einer ſtarken halben ſtund gen Schirmenſee.

Edle von Uriken.

Die letſten diſes Geſchlechts erſchlagen.

Lander.

Schirmensee/ist ein mittelmässiges Dorf/hatte vor zeiten ein Burgstahl und eigne Edelleuth gehabt/ist in der Vogtey Grüningen/und Pfarz Humbrechtifen/ so ennert dem Berg gelegen; hat eine gute Schifflände/auch noch etwas Weins/ aber mehr Korn=Obs=und Wieswachs: man macht allhie auch guten Schabziger. Eine viertheil stund darob liget Feldbach.

Feldbach/ist ein kleines/ und in dem Zürichgebieth / das letst an dem See ge=legene Dörflein / gehöret in die Pfarz Humbrechtifen/ und Vogtey der Herz=schaft Grüningen. Es hat allhier eine herzliche Mülle und schöne Häuser/auch wolhabende Leuth : Deßgleichen einen schönen Feldbau und Wies wachs/aber wenig Weins. Von dañen komet man gen Gubelstein/ so der erst Orth aus=sert dem Zürich=Gebiet ist / und zu dem Hof Rapperschweil dienet.

Als A.1689. den 19. 29. Febr. Mr. Jacob Reiffj/der Küfer von Rapper=schweil / hier auf einem Acker das Fun=dament zu einer Scheur legen wollen/ hat er einen irden=Topf heraus gegra=ben/dariñ über die 1900.stucke schöner/

theils

theils kupferne / theils übersilberte / alter
Römischer Münzen gewesen/ welche zusamen XII. Pfunde am Gewicht waren;
ohnlang darnach hat er widerum in die
1700. stucke hervorgegraben ; darunder
seind aus den Römischen Keiseren gewesen von Valeriano, Gallieno, und seiner Gemahlin Salonina, Claudio, Aur:
Tranquillo, Aureliano, und seiner Gemahlin Severina, Tacito, Probo : und
aus den XXX. Tirañen/ die inzwüschen
geregiert haben/ von Victorino, Tetri-
co, Vatter und Sohn/ Postumo, dem
ältern und jüngern/ und Mario : welche
alle bey XXIV. Jahren geregiert : und
weilen under dem Röm. Keiser Probo
dise Lande verherget wordē/ wie aus Zo-
simo sich erscheinet / so ist es wahrschein-
lich/ daß sie damahls von einem Römischen Soldaten/ der bey lebzeiten disen
Keiseren gedienet/ seyen dahin vergraben
worden. Von Gubelstein komt man
gen Kemprathen.

Kemprathen/ ist ein kleines Dörf-
lein/ Römischer Religion / die Gerichte
seind dem Hof Rapperschweil einverlei-
bet/ ist gen Jona Kirchgenössig. Dises
Dörflein hat den meistentheil Feldbau

und

(margin) Kempra-
then.

und Wieswachs / liget in einem Busen des Zürichsees / der Kemprather-Winkel genennet. Eine stund von disem Orth beyseits liget Bubikon.

Bubikon/ ein Johañiterhaus im Zürichgebiet / von Graf Diethelm von Toggenburg gestiftet / A. 1205. da er auch/ samt vielem Adel begraben liget: starbe A. 1207. Das Haus hat einen Statthalter/der ein Burger von Zürich ist: von dar kommet man obsich in einer starken halben stund gen Rüthi.

Rüthi/ware vor zeiten ein Closter Præmonstratenser-Ordens / in dem Zürich-gebiet/ an der Jona gelegen/dahin jezund alle sechs Jahr ein Amtmañ gesetzet wird aus dem Grossen Rath. Solches ist A. 1208. von Lüthold / Freyherren von Regensperg/ und damahligem Herzen zu Grüningen gestiftet worden; auch haben die Grafen von Toggenburg diser Abtey viel und grosse Gutthaten bewiesen.

Hier ist der meist theil des Adels begraben/so A. 1387.zu Näfels umkommen/ welchen Abt Pilgerj/ geborner von Wagenberg/ zwenzig Monat nach der Schlacht hat ausgraben / und dahin

führen.

Marginalia:
- Kemprather-Winkel.
- Bubikon.
- Statthalter daselbst.
- Rüthi/ein Closter.
- Stifter.
- Viel Adel daselbst begraben.

führen laſſen. Es iſt auch hier beſtattet
worden Graf Friedrich von Toggen-
burg/der letſt/Herz zu Utznach/ Meyen-
feld im Pretigöuw/und auf Davôs/ꝛc.
welcher A. 1436. den letſten Aprel zu
Feldkirch geſtorben. So iſt/ auſſert ob-
gedachten/ ſehr viel Adels allhier begra-
ben/als die von Thierſtein/von Raron/
von Batzenberg/von Clingenberg / von
Kempten/ von Hinweil/von Hofſtetten/
von Wolffenſperg/ꝛc. Ein wenig ober-
halb Kemprathen iſt die Statt und
Schloß Rapperſchweil.

Rapper-
ſchweil.

Stifter.

Zuvor En-
dingen ge-
nennet.

Rapperſchweil/zu Latein Raper-
ſuilla, Ruperti villa, iſt eine ſchöne/und
von Natur wol beveſtnete Statt / auf
einem Hügel / wie eine Halb-Inſul an
einem Horn des Zürich-Sees gelegen/
iſt von einem jungen Grafen von Alten
Rapperſchweil gebauen worden / und
hat ſolches Neu-Rapperſchweil genennet. Vor Erbauung der Statt wurde
dieſes Orth Endingen genennet.

Von dem Urſprung der Statt/und
der Grafen von Rapperſchweil / weißt
man keine gewüſſe Jahrzahl ; doch ſollen ſie zu den zeiten Keiſers Othonis I.

ſchon

schon gegrunet und geregieret haben.
Dise Grafen wurden erstlich genennet
Herzen zu Wandelburg und zu Rap-
perschweil.

A. 1227. Regierte Graf Rudolf von
Rapperschweil/hatte Statt und Schloß
Rapperschweil von dem Abt von St.
Gallen zu Lehen: Als er aber ohne Mäñ-
liche Leibs-Erben starbe/jedoch seine Ge-
mahelin schwanger hinder sich verliesse/
wolte der Abt von St. Gallen/ (dessen
name Berchtold von Falkenstein / ab
dem Schwarzwald/gewesen/) solches Lehen mit Gewalt zu seinen handen niem-
men : die Gräfin aber bate einständig/
daß Er warte bis sie genesen/dessen wolte der Abt nicht erwarten / schickte seinen
Haubtmañ /Graf Wolfram von Ve-
ringen/mit grossem Volk in die Marck/
das Land einzunemmen/die Gräfin hingegen erwehlete zu ihrem Haubtmañ
den Freyherzen von Fatz / darzu waren
die Landleuth von Schweitz und Gla-
rus/der verlassenen Gräfin aus nachbar-
lichem mitleiden / sehr behulfen / und
schlugen die Aebtischen / daß sie wieder
aus der Marck fliehen müßten. Darnach gebahre die Gräfin einen jungen
Sohn/ damit was der Krieg aus. Di-

ser

schweil nach
seines Vat-
ters tod ge-
bohren n.

ser junge Graf ward auch Rudolf ge-
neñet/und ware der letste des Geschlechts
von Rapperschweil. (Seine Muter/Fr.
Elsbetha von Rapperschweil/Wittib/
eine geborne von Homburg/hatte A.
1291. mit Zürich eine Bündtnus auf
drey Jahr lang aufgerichtet.) Er ver-
liesse zwey Töchteren/deren die einte Elsbetha geneñet / so Graf Rudolfen von
Habspurg vermählet ward / die andere
aber wurde vermählet Graf Wernher'n
dem Elteren vom Homburg. Dise beide theileten mit einanderen Graf Rudolfs Land/und ward dem von Hab-

Rapper-
schweil an
die Grafen
von Hab-
spurg.

spurg Neu-Rapperschweil / dem von
Homburg aber die Marck und Alten-
Rapperschweil. Als nun der jung Graf
Wernherz von Homburg ohne Leibs
Erben abgestorben / ist das ganz Land
wiederum zusamen kommen / an Graf
Hans von Habspurg/welcher solche den
Aebten von St. Gallen / Reichenau/
Einsidlen/und Pfäffers frey zuhanden
stellete/mit bitt/solches fürohin den Für-
sten von Oesterreich zuverleihen / von
welchen Er es hernach wieder zu Lehen
empfangen hatte.

Graf Hans
macht mit
Zürich ein
Burgrecht.

Diser Graf Hans von Habspurg hat
A. 1334. mit der Statt Zürich ein Burg-

recht

recht gemachet / hielte es aber übel/ und
ward A. 1337. von den Züricheren vor
Grynau erschlagen.

A.1350. an St. Matthias abend / ist
Graf Hans von Habspurg der ander/
Herz zu Rapperschweil/ (als er mit den
Banditen die Statt Zürich bey nächtlicher weil überfallen / und den Neuen
Rath / samt der Burgerschaft nieder-
machen wollen/) gefangen worden: inzwüschen ward Statt und Schloß Rapperschweil von den Züricheren eroberet
und besezt. Als aber die Grafen von
Habspurg mit Zürich keinen Frieden annemmen wolten / und die Züricher ihres
Besatzes sich besorgen müßten / beschick-
ten sie die ihrigen zuruk / und wurde
Statt und Schloß von ihnen verbren-
net/und in den Grund zerstöhret.

A. 1353. hat Graf Hans von Habspurg (nachdeme Er zu Zürich seiner
drey-jährigen Gefangenschaft entlassen worden/) die Statt Rapperschweil/
wider alles versprechen/ dem Herzog Albrechten von Oesterzeich/ dem Lahmen/
übergeben/ ist hiemit überal Oesterzei-
chisch worden.

A.1382. den 20. Decemb. haben etliche Eidgenossen sich understanden/die

Wird übel gehalten.

Rapper-schweil ein-genommen und ver-brennet.

Rapper-schweil an Oesterreich.

List wider selbige er-wehret.

O ij　Statt

Statt an einem Wochenmarkt liftig-
lich einzunemmen: difem Anfchlag aber
ward vorkommen und erwehret.

Halt fich
wol zu Nä-
fels.
A.1388. den 9.Aprel haben die Rap-
perfchweiler in dienften Herzog Lüpolden des III. in der Schlacht zu Näfels
viel redlicher Burger verlohren.

Von Eid-
gnoffen be-
legeret.
Gleich nach difer Schlacht / den 18.
Aprel ift fie von Gemeinen Eidgenoffen
belägeret / den 1.Mey beftürmet / aber
nicht eroberet worden.

Verbindet
fich mit Zü-
rich.
A.1442. Hat fie fich mit bewilligung
und aus geheiß Keifers Fridrichen des
III. und Herzog Albrechten von Oefter-
reich mit der Statt Zürich verbunden/
und hielte fich den ganzen Krieg aus gar
wol an der Statt Zürich.

Wird ver-
geblich bele-
geret von
Eidgnoffen.
A. 1443. Haben die Eidgnoffen ge-
meinlich/ (die Züricher ausgenommen/)
Rapperfchweil im Julio belägeret / innert acht Tagen über die 300. Canon-
fchütz darein gethan / müßten aber doch
ungefchafter fach wiederum abziehen.

Bär ein
Floß.
A. 1445. Als die von Schweiz ofter-
mahlen auf einen ftarken und groffen
Floß/ (der Bär genennet/) welcher in
die 600. Mañ ertragen mochte / für die
Statt komen/ ihnen dardurch die Pro-
viant-Zufuhr von Zürich aus zuverhin-

deren/

beren/ haben die Rapperſchweller ſelbigen einsmahls durch einen kunſtlichen/
in dem Waſſer verborgnen eiſernen
Haggen / bis gegen der Statt gezogen:
und wann das Seil wegen ſtrengen zeu-
hens auf der Mauren nicht verbrunnen/
und zerſprungen were/ hetten ſie ſelbigen
gar an das Land gebracht/und alſo alles
nidermachen können : hernach aber haben ſie ſich nicht mehr ſo nach zur Statt
gelaſſen.

> Wurde durch Liſt nächſt an die Statt gebracht.

A. 1457. Waren die Burger der
Statt uneins under einander/dann etliche Oeſterreichiſch / etliche aber Eidge-
nöſſiſch geſinnet : darauf haben A.1458.
die vier Länder/Uri/Schweiz/Underwal-
den/und Glarus diſe Statt eingenommen.

> Wird von den vier Länderen eingenommen.

A. 1656. Iſt ſie zu anfang des Jahrs
von den Züricheren in die zehen Wochen
lang belegeret worden. Nachdem aber
die unpartheyiſchen Orth einen Still-
ſtand der Wafen gemachet / und der
Friedens-ſchluß darauf erfolget / haben
die Züricher die Belägerung aufgehebt/
und ſeind nach Haus gezogen.

> Wird belegeret aber bald gemittelet.

Die Statt Rapperſchweil/ſo Römi-
ſcher Religion / iſt jeziger zeit ſchön gebauen : liget theils auf der ebne / theils

> Gelegenheit.

auf der Höhe / der meiste theil aber ist Haldacht.

Hof Rapperschweil.

Die Statt hat auch ein /ihro zugehöriges Ländlein/ darüber sie herrschet/ und ins gemein der Hof von Rapperschweil genennet wird/ darmit stehet sie in dem Gewalt und Schutz der vier Länder/ Uri/ Schweitz/ Underwalden/ und Glarus / doch mit etwas vorbehaltung ihrer alten Bräuchen und Statt-Freyheiten.

Regiment.

Ihr Oberster ist ein Schultheiß/der wird jährlich durch die gemeine Burgerschafft erwehlet / demnach hat sie auch Räth und Gericht / auch ein eigen verschrieben Recht / darvon niemand appellieren mag.

Mit allerley Lebensmitteln und in anderweg wol versehen.

Diese Statt hat gar eine schöne Gelegenheit / und ist eine rechte Schmaltzgrub / dann daselbsten ein grosser überfluß von allerley Lebens-Mittlen / deren der Mensch vonnöthen/ zufinden ist : Fische/ hat man wegen des Sees in grosser menge / auch der Bach Jonen mittheilet gute Krebs : das Fleisch ist/ wegen der anstossenden Alpen sehr wolfeil: das Geflügel ist wegen vieler umligender Höffen um einen geringen preiß zubekommen : an

Hoch-

Hoch-gewild / und Feder-Wildpret hat
es keinen mangel / weilen sie solches aus
den benachbarten Schweizer-und Glar-
nerischen - Hohen Schneegebirgen gar
komlich haben kan. So ist diese Statt
auch mit herzlich-und gutem Wein versehen / indeme sie selbigen aus dem benachbarten Zürichgebieth / aus Pünd-
ten/ ja gar aus dem Veltlein / meistentheils auf dem Wasser / in wolfeilem
Gelt hinzuführen können : In Sum-
ma/ wer ein wenig Mittel hat / kan sich
hier treffenlich wol durchbringen.

Allhier hat es ein vestes/ jedoch auf alte Manier gebauenes Schloß / liget auf
einer Höhe / wird der Hof genennet / darinnen wohnet in Kriegs-gefahren ein
Commendant von Schweiz.

Schloß.

Nächst bey disem Schloß ist die Pfarr-
Kirche / hat zwey grosse Thürne: in derselbigen hat es eine schöne Orgel/zu welcher man durch zwey Schneggen/ (deren
jeder von einer Tannen ist/) gehet.

Kirche.

Um die Kirche hat es schöne Grab-
steine vieler Edlen/ als der Greblen/der
Blaarer von Wartensee/der Göldlinen
von Tieffenau/deren von Ulm/der Thu-
mysen und anderer : welches alles Züricher Geschlechter seind.

*Viel Grab-
steine da-
selbsten.*

Das Capuciner = Closter liget an ei=
nem lustigen Orth / hat einen schönen
Garten. Aus disem Closter kommet
man durch eine sehr lange/mit steinenen
Blatten besezte Stegen/über sich auf ei=
nen mit Linden besetzten Platz / allwo
das lustige Schützenhaus stehet.

Das Rathhaus / so von aussen mit
Figuren bemahlet / stehet an einem schö=
nen und weiten Platz: In demselbigen
werdē etliche Gebeiner von einem Wall=
fisch / so ein Burger diser Statt dahin
gebracht/aufbehalten.

Es solle diese Statt ein wolbesteltes
Zeughaus haben/wird aber wenig Per=
sonen gezeiget. Auch hat sie underschie=
denliche schöne und kühle Springbrün=
nen. Es seind auch etliche Clöster / die
allhier ihre Häuser haben/als Einsidlen/
Pfäffers/Rüthj und Bubikon.

Sie ist mit einem treffenlichen See=
port versehen / so überall mit der Statt=
Maur eingeschlossen / daß kein Wind
den Schiffen schaden thun kan : bey der
Einfahrt ist ein Thurn / hat ein hohes
Gewölb mit einem Schutzgatter : auch
wird diese Einfahrt zu nacht mit einem
Grendel beschlossen/daß niemand weder
aus=noch einfahren kan.

Merk=

Merkwürdig bey dieſer Statt / iſt die Rapper-ſchweiler Brugg. überaus lange Brugg / ſo über den ganzen Zürich-See / bis an das Dörflein Hurden gehet / ſie iſt 1850. Schritte lang: die Laden darauf ſeind nicht angenaglet / hat auch keine Lehnen / damit / wann der Wind / (wie oft geſchihet /) ſtark gehet / er nicht die ganze Brugg hinweg reiſſe ; auf dieſe weiſe fället er nur etliche Läden hinweg. Die ſich zu ſolchen Zeiten darauf befindenden Perſonen / pflegen den langen Weg über die Laden zuligen / bis daß man ihnen mit Schiffen zuhilff kommet. Das Waſſer unter dieſer ganzen Brugg iſt nicht tieff / ſo daß man auf eine zeit in mitten der Bruggen / einen Graben und Schiffweg hat machen müſſen / damit man Winters-zeit / wann das Waſſer klein / mit den geladnen Schiffen hindurch fahren köñe. Dieſe Brugg iſt A. 1358. aus befelch Erzherzog Alberti von Oeſterzeich angefangen / und etliche Jahr hernach von ſeinen zweyen Söhnen Rudolpho dem IV. und Leopoldo dem III. follendet worden. Dieſe Brugg und dünne des Waſſers aber iſt die underſcheidung des Oberen und Underen Zürich-Sees.

Es hat dieſe Statt auſſert den ge- Markt.

wohn-

wohnlichen Wochen-Markten / so alle
Mitwochen gehalten werden / auch nach
jährlich sechs Jahr-Markte / deren ieder
nur einen Tag währet/ und fallet der erste auf Mittwochen vor Liechtmeß/der 2.
auf Ostermittwochen/der 3.auf Pfingst-
mittwochen/ der 4. auf Mittwochen vor
Bartholomei/der 5.auf Mittwochen vor
Dionysi / der 6. auf Mittwochen vor
Thomæ Tag. Eine viertheil stund ob
Napperschweil ligt Bußkilch.

Bußkilch.   Bußkilch/ist eine uralte Pfarz / neben dem See/an dem Fluß Jonen gele-
gen / daselbsten solle (nach sag des Land-
volks) vor zeiten gestanden seyn ein Heid-
nischer Tempel/welcher/nachdem er von
der Heidnischen Abgötterej gesäuberet/
und zu einer Christenlichen Pfarz-Kirche geordnet worden / Bußkilch genennet wurde/ das ist/ eine Kirche der Buß
und Besserung : Dieses aber ist nur eine
muthmassung/ aus alter sag des Volks.
S.Gall pre-
digte da-
selbst.   Es wird geschrieben/daß S.Gall in dieser Gegend das Evangelium geprediget/
und wo er Heidnische Abgötterey ange-
troffen/ habe er ihre Opfer und Bilder
in den See versenket: auch seye von derselben Säulen eine von Stein gehauen

Anno

A. 14. ..gefunden /und zu Bußkilch ob Rapperschweil auf die Kirchenmaur zu einer Gedechtnus gestellet worden. Eine halbe viertheil stund beyseits liget Jona.

Jona/ ein kleines Dörflein samt der Pfarzkirchen/hat seinen namen von dem vorbey fliessenden Fluß Jonen. Dise Pfarz und Dorf/ samt dem Dörflein Kempraten/hatte Carolus Crassus Römischer Keiser A.883. mit aller Herzlichkeit und Zugehörd an das Closter Reichenau vergaabet. In einer starken halben Stund kommet man durch Langrüthj/ ein klein Dörflein/ S. Dionysi, allwo ein Kirch stehet gen

Wurmspach/ ist ein ansehenlich und wol erbauen Frauen Closter/ mit einem schönen in den See hinaus gebauenem Garten. Solches hat Graf Rudolff von Rapperschweil A. 1259. aus dem zuvor daselbst gestandenen Schloß erbauen / und etliche Güter und Gefälle dahin vergaabet. Um dises Closter ist ein schönes Geländ / aber meistentheils Viehzucht und Holtz / hat auch sonsten ein reichliches Einkommen / ist Cistercienser oder Bernharder-Ordens / ist under der Visitation Herzen Prelaten

(Randnoten:)
Jona.
Wird an die Reichenau vergaabet.
Langrüthj. S. Dionysi.
Wurmspach/ ein Frauen Closter.

von Wettingen. Die fürnemſte Conventualin wird Aebtißin genennet/ und hat den gantzen Gewalt.

Eingenom-
men und
wider ver-
laſſen.

A. 1656. iſt diſes Cloſter / von einer auß dem Züricheriſchen Läger außgeſchikten Parthey in beſitz genommen/ nach dem Frieden aber wiederum übergeben worden. Ob Wurmſpach ligen zwey Bollingen.

Under und
Ober Bol-
lingen.

Bollingen / diſes Namens ſeind zwey/ das einte wird genennet/ das Under-Bollingen / das andere aber das Obere: in dem Underen ſtehet die Pfarzkirche/deſſen Pfarzer aus der Statt Rapperſchweil. Ober-Bollingen hingegen / ſo eine ſtund Fuß-wegs von obgedachtem Cloſter Wurmſpach gelegen / allwo ein Cappelj / iſt daß letſt Orth / in dem Hof Rapperſchweil: vor altem ſolle allda ein

Probſtey.
S. Mein-
rad.

Probſtey (in die Reichenauw gehörig/) geſtanden ſeyn/ in deren S. Meinrad etliche Zeit Profeſſor geweſen/welcher hernach den Einſidel Stand an ſich genommen / und ſieben Jahr lang auf dem vorüberligenden Berg Etzel in der Einſamkeit gelebet: entlichen hat er ſich in die daſelbſt herum gelegne Wildnus des Finſteren Walds begeben/allwo er von zweyen

Mörderen mit Brüglen bey seiner Zell zu tod geschlagen/welche durch seine zwey Rappen verrathen/ und zu Zürich geräderet worden. Daselbsten ist jetzunder zu sehen die schöne und Fürstliche Abtey zu den Einsidlen genennet / welche deßwegen in ihrem Waapen zwey Rappen führet/ und das loblich Orth Schweitz darüber die Castvogtey hat.

Fürstliche Abtey Einsidlen.

Nach deme aber das Closter zu Bollingen in den abgang kommen/hat Graf Rudolff von Rapperschweil selbiges A. 1259. widerum erneueret/und etliche Closter-Frauen / Praemonstratenser-Ordens darein gesetzet / dessen Einkommen folgender Zeit dem Closter Wurmspach zugeeignet worden. Jetzund aber ist nicht das geringste mehr von gedachtem Closter zu sehen. Drey viertheil stund ob Ober Bollingen liget Schmeriken.

Closter Bollingen zu einem Frauen-Closter gemachet.

Ist abgegangen.

Schmeriken / ist ein schönes und grosses Dorff / hat eine schöne Kirche/ und herrliche Häuser / liget auf der rechten Seithen / zu oberst an dem Oberen Zürich-See/ in der Vogtey Utznach: wird alle zwei Jahr wechselweis von den zwei loblichen Orthen Schweitz und Glarus / durch einen Landvogt geregie-

Schmeriken.

ret/

Gelegen-heit.

ret/ so auch alle/ in dem gantzen Land be-
gangene Fehler abstraffet. Dieses Dorf
liget an einem gantz somerigen Gelände/
ist doch zimlich mit Holz umgeben/wach-
set aber nächst um das Dorff/was zu des
Menschen Leben erforderet wird / und
wann sie sich ein wenig auf das Wein-
pflantzen legten / wurden sie so guten
Wein bekommen/als an einem anderen
Orth des Zürich-Sees immer seyn mag.
Nicht weit von Schmeriken ist vor zeiten auf einem Tobel gestanden das schön
und vest Schloß Utznaberg.

Utznaberg/
ein Raub-
nest.

Utznaberg/ist ein recht böses Raub-
Hauß gewesen/ den Grafen von Toggenburg zustehndig/ welches (weilen sie
des Freyherzen von Regensperg-Helffere/
und deren von Zürich Feinde waren/
auch ihnen daraus grosser Schaden be-
schehen/) Graf Rudolff von Habspurg.

Von den
Züricheren
belegeret.

A. 1266. samt den Züricheren belägeret:
Als sie aber Jahr und Tag mit grossem
Kosten darvor lagen/ und endlich abzeu-
hen wolten / da wurffen die Toggenbur-
ger in dem Schloß lebendige Fische über
die mauren hinaus; Als Graf Rudolf
dieses gesehen / sprache Er: Jetz ist das
Schloß gewunnen; Dann daraus ver-

merkte

merkte Er / daß sie einen heimlichen aus-
und eingang hatten / fienge deswegen an
die Landleuthe zufragen / und in dem
wilden Tobel zusuchen : endlich fande er
einen Schwein-Hirten / der sagte / daß er
öffters hette gesehen Leuth in das wild
Tobel gehen / welches Er Ihme auch gezeiget : darinnen fande der Graf einen
heimlichen Eingang / durch welchen
Er mit seinem Volk in das Schloß
kommen / und wurden alle die / so darinnen waren / nieder gemachet / das
Schloß geplünderet / und in den grund
verbrennet / den 9. Aprel A. 1267. Nächst
unden an dem Fuß des Bergs liget Utznach.

Utznach / ist ein Stättlein / samt einem Schloß / in der alten Grafschaft Utznach / under der Regierung der zwey loblichen Orthen / Schweiz und Glarus ;
haben jedoch ihre sonderbaren Freyheiten / auch einen eignen Rath.

Daselbsten ist zusehen das Anthonier-
Haus / allwo die Grafen von Toggenburg ihre Begräbnus hatten.

Alle Samstag wird allhier ein Wochenmarkt / und auf Anthoni-Tag ein
Jahrmarkt gehalten.

*Eingenom-
men und
verbrennet.*

Utznach.

*Anthonier-
haus.*

Markt.

Dise

Under den
Grafen von
Toggen-
burg.

Dise Herrschaft Utznach ist in der
Grafen von Toggenburg gewalt geblieben / bis auf Graf Friedrich den Letsten.
Nach dessen absterben / haben seine Er-
ben/ samt ihren Stätten/Land und Leuthen A. 1437. sich mit den Länderen
Schweiz und Glarus in ein Landtrecht
eingelassen/und A.1438. haben sie/obge-
dachten Länderen die Herzschaft Utznach
um 1000. Gulden verpfändet / daraus
dann viel unraths entstanden/und ware
der rechte Zundel zu dem Tödtlichen alten Zürich-Krieg.

Utznach
wird
Schweiz
und Glarus
verpfändet.

A.1445. Ward Utznach/ samt selbiger Revier von dem Marggraf von Röt-
telen und den Züricheren verbrennet. A.
1493. ist es wiederum verbrunnen.

Wird ver-
brennet.

A. 1505. Haben die Einwohner zu
Utznach die Steine von dem zerstöhrten
Schloß Utznaberg genommen / und die
Pfarzkirche / under dem Stättlein / an
der Straassen/daraus erbauen.

Kirche vor
der Statt
erbauen.

Grad vor Utznach über liget zu oberst
des Oberen Zürich-Sees/allwo die Lindt
in den See fliesset / eine halbe viertheil
stund von dem See/auf der lingen seiten
der Lindt / das alt Schloß Grynau/
bey welchem stehet ein alter starker Thurn

Grynau.

und veste/ etwan den Grafen von Rapperschweil und Habspurg zugehörig: die
beherzschete A.1337. Graf Hans von Hab-
spurg/ Hr. zu Rapperschweil/ welcher die
vertriebnen Banditen der Statt Zürich
in schutz name/ und in Rapperschweil ent-
hielte zum grösten nachtheil und schaden
der Statt Zürich/ da er gleichwolen ihr
verburgerter ware.

Um diese zeit stuhnde Graf Diethelm
von Toggenburg (der die veste Grynau
angesprochen/) mit Graf Hansen auch
in streitigkeit/ zuge von deßwegen in disem 1337. Jahr mit den Züricheren für
Grynau: Als aber Graf Hans dessen
bey zeiten verständiget worden/ hat Er
bey der Veste einen hinderhalt in den
Buchberg verborgen/ und die Züricher/
nachdeme sie kaum recht angelendet/ un-
versehenlich überfallen/ geschlagen/ und
wiederum flüchtig in die Schiffe/ auf den
See getrieben/ den Graf von Toggenburg gefangen/ und eilends naher Rapperschweil verschikt.

Die Züricher ganz erzörnet/ in den
Schiffen auf dem See schwebende/ ver-
einigeten sich disen Schaden zurechen/
fuhren selbigen tags wieder an das Land/
überfielen die Habspurgischen/ welche in

Schlacht zu
Grynau.

Under An-
griff.

P   allein

allem plünderen der erſchlagnen begrieſ-
ſen / und ward Graf Hans perſönlich/
und bey 250. Soldaten erleget / fünf Panner ſamt groſſer Beuth eroberet / der Ve-
ſtung Grynau aber / mit ſtürmen nichts
angewunnen.

Zu raach deſſen / haben die Burger
von Rapperſchweil / den / bei ihnen gefangen ſitzenden Grafen von Toggenburg/
in ſtuk zerhauen.

A. 1436. den 24. Decemb. iſt ſie von
den Schweitzeren und Glarneren eingenommen worden.

Jetzund iſt allda ein namhafter Zohl
und Wirtshaus / Herren Statthalter
Betſcharten von Schweitz / ſamt den
Niederen Gerichten / zugehörig: die Ho-
hen Gerichte aber ſeind einem Löblichen
Orth Schweitz zuſtändig.

Alle Kauffmañs-Güter / ſo von Zürich naher Chur / oder von Chur naher
Zürich auf dem Waſſer geführet werden / werden hierdurch geführt. Dieſes
Haus iſt auf die Lind gebauen / daß man
mit den Schiffen darunder fahren kan /
iſt ſehr komlich wañ es regnet : Es gehet
auch eine breite Brugge mitten durch
das Haus über die Lind / daß man mit geladnen Wägen darüber fahren kan.

Man

Marginalia:

Todt/Gra-
fen von Tog-
genburg.

Eingenom-
men.

Zohl da-
ſelbſt.

Namhafter
Paß da-
ſelbſt.

Man ist allhier mit Geliger/ Speise und Tranck bey dem besten versehen/ und hat der Schloßvogt (so den Zohl einnimmet und wirtet) allezeit in einem Gehalter einen schönen Vorrath der edlesten Fischen/ sonderlich grosser Ilanken.

Gute Wirtung.

Um dieses Schloß sind vast allein Rieder/ deren ein Theil zu gewüssen Höfen im Zürich-Gebieth gehören : Diese Ströwe oder Riedgraß/ samlen die in dem Zürich-gebieth/ (denen es zustehet/) alle Jahr selbs/ und nemmen Speise und Trank mit sich/ und führen es hinweg.

Viel Rieder daselbst herum.

Zu nächst bey Grynau fanget an der schön und Holzreich Berg/ Buchberg genennet/ ist vast überall mit Buchbäumen besetzet ; aus demselbigen wird die Statt Zürich zimlich beholzet. Diser Berg ist der Herzen von Schweiz/ und erstrecket sich auf der lingen seithen dem Oberen Zürich-See noch vast in die zwey stunde/ und kommet man alsbann in einer viertheil stund gen Lachen.

Buchberg.

Lachen/ zu Latein Ad lacum, ist ein schöner und grosser Flecken/ das Haubt der Landschaft/ die Mark genennet/ (Ad Fines, oder Ad Terminos,) weilen sie der alten Helvetier Mark/ gegen Chur-

Lachen.

wahlen gewesen / stosset an die Lind / ist
Costanzer Bischtums / da vorüber der
Rhætier Landmark / das Gaster / (Ca-
stra Rhætica) genennet / Churer Bischtums / auch an die Lind stosset.

Pfarrkirche. Diser Flecken hat eine schöne Pfarr-
Kirche / mit einem dicken Thurn / welcher
sich um etwas gesenket zuhaben scheinet.
Es hat hier auch herrliche Häuser / wie
auch wolhabende Einwohnere.

Grosser Paß. Weilen aber dises Orth ein grosser
Paß in Pündten und Italien / finden sich
daselbst viel Wirtshäuser / welche auch
von denen so gen Pfäffers ins Bad reisen / grossen nutzen bezeuhen / indem sie
ihre Pferde von Lachen bis gen Wesen
in hohem Preis anbringen können. Sie
haben den Brauch / daß sie under einander um die Pferde würfflen / und den das
loos triffet / bringt sein Pferd / (deren sie
allhier viel erhalten) ab der Weid / und
machet den reisenden darmit beritten:
Es ist aber einem reisenden sehr beschwer-
lich / daß / wann Er schon ein gutes Pferd
weißt / solches zubrauchen nicht befügt ist /
sonder sich deßjenigen / so ihme durch das
Loos zugefallen / behelffen mus.

Schiffstel- Es hat allhier eine treffenliche Schiff-
lung. stellung / darbey die Sust / oder Kauff-

haus /

haus/ allwo man die Kaufmañswahren   Kauffhaus.
ausladet. Darinnen hat es ein Gemach/
in welchem etliche Feldſtüklein / und an- Zeughaus.
dere Kriegsrüſtung zuſehen. Auch hat
es hier underſchiedliche ſchöne Spring,   Brünnen.
oder Röhr-Brünnen.

　　Diſer Flecken hat auch ſeine ſonder-   Regiment.
baren Freyheiten/ indem ſie ihren eignen
Amman/Statthalter/und Rath(ſo un-
geſehrd in 20.Perſonen beſtehet/) haben
die Frejheit zurichten bis auf das Blut/
allein müſſen ſie ein lobl. Ort Schweiz zu
erſt darum erſuchē/weilen es in der Mark
die Hochheit hat. Was aber den höchſten Gewalt betriffet/da hat der Land-
Seckelmeiſter von Schweiz (der ſeinen
eignen Mann zu Lachen hat / den man
Trager nennet / ſo ihme alles anzeigen
mus/) als Vogt der ganzen Mark/ darüber zuurtheilen.

　　A.1415. hat Keiſer Sigmund/ auf   Wochen-
werbung deren von Schweiz/ denen von   und Jahr-
Lachen einen Wochenmarkt/ſo alle Zin-   markte.
ſtag gehalten wird / vergünſtiget. Auch
haben ſie zwey Jahrmarkte / deren der
erſt/auf den 6.Weinmonats / der ander
aber/auf den Zinſtag vor Martinſtag/
Neuen Kalenders/fallet.

　　Das Volk allhier erhaltet ſich mei-   Viehzucht.

stentheils mit der Vieh-zucht / machen
sehr viel Anken/Käß/und Schabzieger.

Es fließt durch disen Flecken ein Bach/
Spreitenbach genañt / der oft so groß/
ungestüm uñ wütend wird/daß dardurch
der ganz Flecken in gröster gefahr stehet.

Zu nächst ob dem Flecken/gegen Mit-
tag/ ist eine schöne grosse Matten/ allwo
unter einer Linden/ die Lands-gemeinde
gehalten wird: Man siehet daselbst die
dicken Säulen / darauf die Läden / daß
man sitzen könne / geleget/ und in einem
darbey gelegnen Haus / darmit sie vor
dem regen beschirmet/aufbehalten werdẽ.

Das Gelände hierum ist sehr Berg-
achtig / und hat einen schönen Obs-und
Wies-wachs. Man pflanzet auch sehr
viel Ziegerkraut/ (Lotus sativa) darmit
man den Schab-zieger anmachet.

A.1408. haben die Appenzeller / in
dem Krieg wider Herzog Friedrich von
Oesterreich/ die Mark eingenoñen / und
solche/ (nachdem sie ihnen gehuldiget/)
denen von Schweiz / wegen geleisteter
Hilff/freywillig geschenket.

Ein viertheil stund von Lachen/gegen
Niedergang / stehet auf einem gehen/spi-
zigen und felsachtigen Hügel eine Kirche-
erbauen/ zu S. Johann genennet/ da-

hin

Bach da-
selbst.

Lands-ge-
meind.

Obs und
Wies-
wachs.

Marck an
Schweiz.

S. Johañ.

hin alle Jahr gewüsse Wahlfahrten geschehen. Eine halbe stund under Lachen
liget Altendorf.

Altendorf / ist ein zimlich groß
Dorf / hat schöne Häuser / ist in der Mark
gelegen / hat eine alte Pfarz / danahen sie
zum Alten Dorf genennet wird. Die
Kirche ist ein wenig von dem Wasser
entlegen / darbey ein gewölbter Bogen /
allwo die Herzen von Schweiz / von allem Vieh / so daselbst vorbey geführet
wird / den Zohl aufnemmen.

Eine halbe stund under diesem Dorf /
ist ob einem Dörflein / im Thal genesiet /
(allwo in Vogt Johannes Steiners
Scheur ein grosser Stok Emb / so A.
1540. in dem so genañten heissen Sommer gesamlet worden / gezeiget wird /) vor
zeiten auf einem Hügel gestanden das
Schloß / Alt-Rapperschweil / welches
einest ein vestes und verzühmtes Haus gewesen / den Grafen von Rapperschweil
zustehndig. Als aber Graf Hans von
Habspurg der Jünger A.1350. die Statt
Zürich nächtlicher weile mit den Banditen / den 23. Hornung überfallen wollen / und darob gefangen ward / seind die
Züricher mit ihren verbündeten von
Schaffhausen / S. Gallen und Costanz /

in dem Herbst in die Mark gezogen/alles durch Feur und Schwert verherget/ das Schloß Alten-Rapperschweil/ nach einer sechs tägigen Belägerung eroberet/ undergraben/ und in grund verbrennet.

Wird verstöhret.

Eine ringe halbe stund under disem Alten-Rapperschweil/ist ein langer Isthmus, Horn/oder enges Land/ gehet mitten in den See hinaus/ bis an die Rapperschweiler Brugg/darauf ist ein Dörflein/ nächst bey der Bruggen/ genennet Hurden.

Isthmus.

Hurden/hat seinen Namen von den vielen/ daselbst in dem See geflochtnen Fachen und Zäunen: (welche gegend/ vor Erbauung der Brugg/ den Namen gehabt bey den Hürden.) Daselbst stehet ein Kirchlein und etliche Häuser/ ist das erst Orth der Landschaft/ so man In Höfen nennet; die Hohen Gerichte seind denen von Schweiz zustehndig/ und wird von einem jeweiligen Landts-Seckelmeister regieret/ wie auch die übrigen Orth/ als da seind/ Pfeffiken/ Freyenbach/Wolrau/rc so disen Höfen einverleibet/ die Niederen Gerichte aber sind zustehndig dem Schloß Pfeffiken/auffert Wolrau.

Hurden.

A. 1443. haben die Oesterreicher / so in Rapperschweil lagen / das Dörflein Hurden mit Feur angestekt / und gänzlich eingeäscheret. In einer stund komet man von Hurden gen Pfeffiken.

Wird verbrennet.

Pfeffiken / Schloß und Dorf liget auf der linken seiten des Zürich-Sees in einem Winkel hatte vor zeiten / samt Wolrau / 2c. an die Statt Zürich gehöret / welches aber nach dem alten Zürich-Krieg denen von Schweiz im Frieden überlassen worden. Die Niederen Gerichte seind des Closters Einsidlen.

Pfeffiken.

Dises Dorf ward vor altem zum Spycher genesiet / weilen die Fürstliche Abtey Einsidlen allhier einen Spycher gehabt / darinnen man allerley ab dem Zürich-See einkommende Früchte / aufbehalten.

Vor altem zum Spycher genesiet.

Bey Keiser Friedrichs des II. zeiten / hat Abt Anshelm von Schwanden / alldort ein herrliches und vestes Schloß gebauen / hat einen sehr dicken und breiten Thurn / auch herrliche Gemächer / sonderlich gegen dem See / einen schönen Saal / daraus ein schöner Prospect und Aussicht in das Zürich-gebiet / und gegen Rapperschweil ist : deßgleichen einen

Schloß Pfeffiken erbauen.

sehr grossen Keller / mit schönen und
grossen Fassen beleget. Außwendig ist
es mit einem breiten und tieffen Was-
sergraben/ (der stets mit Fischen/die doch
nicht wol geschmakt / angefüllet/) umgeben : haben aber underschiedenliche
Weyer / darinnen sie die Fische / (so
durch den Sommer gefangen worden/)
aufbehalten/welche dann zur zeit der Fa-
sten/und anderen Fast-tagen / durch gewüsse Fischtrager gen Einsidlen/in das
Closter verschikt werden.

Statthal-
ter daselbst.

    In disem Schloß haltet sich auf ein
Statthalter / so ein Conventual des
Closters Einsidlen ist/hat viel zuverwal-
ten ; Er strafet / was die Niederen Gerichte betrift ; Er erhaltet viel Gesinde/
nimet alle Früchte/so aus dem Amthaus
von Zürich/und anderstwohar geschicket
werden / ein/ welche Er in der Schloß-
mülli lasset mahlen / und alsdañ nach
und nach auf Saum-Rossen in das Closter Einsidlen verfertiget. Zu Herbstzeit
kommen viel Conventuales hiehar/ihre
Recreationes und Ergetzlichkeiten zuhaben / oftmahls auch Ihr Fürstl. Gn.
selbsten/und spiehlen zun zeiten die Studenten ein schönes Lust-Feur-werk.

Das Dorf
hat ein ei-
gen Gericht.

    Das Dorf ist weitläuffig/ hat ein ei-

gen Gericht / ſchlechte Häuſer / liget an
dem Fuß des Hohen-und Holz-reichen
Bergs Etzel. Gegen dem Berg / und
gegen Zürich hat es ein ſchön und frucht-
bares Gelände / gegen Rapperſchweil
aber hat es Rieder / deren ein theil zu gewüſſen Höfen in dem Zürichgebiet dient.

Das Volk allhier ernehret ſich/ theils
mit der Viehzucht / theils mit dem Feld-
bau/der meiſt theil aber mit Fiſchen/ und
in des Schloſſes dienſten. Grad vor
Pfeffikon über / eine viertheil ſtund von
Land/liget in dem Zürich-See die Inſul
Uffnau. Ernehrung des Volks.

Uffnau/iſt eine luſtige und ſchöne
Inſul/haltet ohngefehrd eine halbe ſtund
in dem Umkreis / iſt fruchtbar/ wachſet
Wein und Korn darauf/auch hat es daſelbſten eine gute Weide für das Viehe. Uffnau.

Dieſe Inſul/ſamt Pfäffiken/und dem
Winkel des Zürich-Sees / der Pfeffi-
kommer Winkel genennet / hat Keiſer
Otto der I. an das Cloſter Einſidlen vergaabet / welches daſelbſt ein Haus und
Lehenmañ hat. Die Lehenleuth haben
im Sommer den brauch/ daß wann ſie
wollen einen külen Trunk haben / ſo fül-
len ſie einen groſſen Krug mit Waſſer Kommet an das Cloſter Einſidlen.

oder

ober Wein / vermachen ihn oben wol /
henken dañ selbigen an einem langen seil
in den See / der nächst der Insul an einem Orth sehr tieff / lassen ihne eine halbe stund in der tiefe hangen / wann sie ihne dann hinauf zeuhen / ist der Wein darinnen so kalt / daß man denselbigen vor
Kälte schier nicht trinken kan.

Unkömmlich-keit auf die-ser Insul.

Das unkömlichst das diese Lehenleuth
haben / ist / wann der See der enden überfrohren / (wie es dann oft geschihet /) und
in dem Frühling anfanget zuschmilzen /
sie wie gefangne seind / indem niemand
zu ihnen / und sie zu niemandem kommen
können / weilen sie sich über das Eyß zu-
gehen nicht mehr getrauen / müssen sich
deßwegen mit Speiß und Trank wol
versehen.

Auf dieser Insul seind zwey Kirchen /
in der einen werden / in einem von stein
erhöchten Grab aufbehalten die Gebeine

S. Adel-reich.

S. Adelreichs / so ein Sohn Burk-
hards des Ersten / Herzogen in Schwaben / und Regulindæ / auch Conventual
und Custor zu Einsidlen / gewesen.

Ulrich von Hutten.

In der anderen liget begraben / Herr
Ulrich von Hutten / ein Fränkischer
Ritter / Doctor und gekrönter Poet / starb

ju

zu ende des Augstmonats. A.1523. hatte sich bey dem Pfarzer auf diser Insul
wegen gewüsser Krankheit lassen arznen.

Eine viertheil Stund ob dieser Insul / liget in mitten des Sees nach eine
kleinere Insul / wird **Lützelau** genennet;
stehet kein Haus darauf; ist der St. Rapperschweil / welche zu gewüssen Zeiten ihr
Vieh darauf weiden lasset. Eine viertheil
Stund under Pfäfficken liget Freyenbach.

Freyenbach ist ein kleines dörflein /
aber große Pfarz / hat eine schöne / bey
wenig Jahren widerum gantz Neu-er-
bauete Kirchen und Pfarzhaus. Allhier
hat es / wie auch zu Pfäffiken und Wolrau in dem Zürich-Krieg underschiedenliche Scharmützel gegeben.

Nechst bey Freyenbach / beiseiths fanget an ein felßachtes Berglein / ganz mit
Reben besetzet / erstrecket sich vast bis gen
Wolrau: die Sonne bescheinet es den ganzen tag / und kan also zureden / kein anderer / als Mittag Wind / die Föhn genennet / dahin kommen. Es wachset an disem
Berglein der beste und stärkste Wein /
der alle an dem Zürichsee wachsende
Weine übertrifft.

In mitten des Räbbergs / ist ein dörf-

lützelau.

Freyenbach.

Räbberg-lein.

Herzlicher Wein.

Wylen.

lein /

In der Leutschen.

lein / Wylen geneñet / hat eine Capellen /
ist der Pfarz Freyenbach einverleibt.
Hiehar dises dörfleins hat das Schloß
Pfäffiken ein Herzliches Stuk Räben /
in der **Leutschen** geneñet / diesen Wein
neñen sie Leutschen-Wein / der gibet
dem besten Burgundischen Wein nichts
nach; ja / wañ der Jahrgang gut / dörffte
er ihne nach wol an sterke übertreffen.
Grad unden an diesem Berg liget eine
halbe stunde von Freyenbach / das dorff
Wolrau.

Leutschen-Wein.

Wolrau.

Wolrau / ist eine eigne Pfarz / hate
vor zeiten eigne Edelleuth / besonders
Herzlichkeit und Gericht gehabt / hat auch
ein treffenlich Wein gewächs / so dem
Weiler- und Leutschen Wein wenig nach-
gibet: dieses Dorf hat auch einen schönen Obs-wachs / und Vieh-zucht. Eine
viertheil Stund / zu nächst under Wolrau / an dem See / und eine ringe Stund
von Freyenbach / liget Bäch.

Wein und Obswachs.

Bäch.

Bäch / ist ein klein Dörflein / in der
Pfarz Freyenbach / hat meistentheils
Wießwachs / daß köstlichst aber / so die-
ses Dörflein hat / ist der herzlich und
kostlich **Steinbruch** / so nächst bey dem
See gelegen: es werden allda gebrochen

Stein-bruch.

die harteſten blaulachten Steine/in was
form man ſie begehret / ſind daurhafft in
das Wetter / und werden Jährlich ſehr
viel Ládenen über See in die Statt Zürich geführet / die man zu Oberkeitlichen
und Privat-Gebáuen zubrauchen pfleget.
Eine Ládj traget ohngefehrt 200. Centner : die gar groſſen Steine werden hier
gar komlich mit einem Stein-Rad oder
Kranich/in die Schiffe hinein und zu Zürich mit einem dergleichen Rad widerum
außgeladen. Dieſen Steinbruch haben
die Herzen der Statt Zürich/von einem
Loblichen Ort Schweiz/um eine gewüſſe
Suma Gelts erkauffet. *An Zürich erkaufft.*

Allhier ſcheidet bey dem Müllibach
das Schweizer-von dem Zürich-gebiet/
und liget eine viertheil ſtund under die-
ſem Dörflein Richtenſchweil. *Scheidung Zürich-und Schweizer-Gebiets.*

Richtenſchweil/iſt ein groſſes Dorf/
das áuſſerſte in dem Zürich-gebiet / auf
der Lingen ſeithen des Sees gelegen/ hat
etliche Wirtshäuſer/ welche/ wegen viele
der Bilgeren/ ſo naher-und von Einſidlen reiſen / auch hier in die Schiffe/ und
aus denſelbigen ſteigen / viel Gaſtung
haben. Es hat allhier/und in der gan-
zen Herzſchaft Wädenſchweil ein jeder *Richten-ſchweil.*

die Freyheit bey der Maaß den Wein
zuverkauffen.

Burgstahl.

Dieses Dorf ligt in der Herꝛschaft
Wädenschweil / hatte vor zeiten eigene
Edelleuth gehabt; Das alte Bürglein/
oder Weyerhäuslein / ist wieder ein wenig erneueret / und wird jezunder von einem Landman bewohnet. Hat eine eigne

Kirche.

Kirche/und wohnet der Pfarꝛer in dem
Dorf/welcher auch alle Soñtag und in
der Wochen das Dörflein Hütten/

Hütten.

(so eine stund von hier auf dem Berg li-
get/) versehen mus.

**Wein und
Obswachs.**

Es wachset hier ein guter Wein/ aber
nicht in grosser menge/ und bezeuhet dises Dorf einen grossen nuzen von der
Viehzucht und Obswachs/wie auch von
den stehten Fuhren naher Einsidlen zu
Wasser und zu Land. Es liget auch
zwüschen Bäch und Richtenschweil in
dem See ein kleines Insulein/ Schö-

**Schönen-
weerd.**

nenweerd genennet/ etliche vermeinend/
daß vor altem ein Schlößlein darauf gestanden / es hat ein gute Fischweid daselbst. Eine viertheil stund von Richten-
schweil/ liget an dem See Müllenen.

Müllenen.

Müllenen; allhier ist die kostlichste
und beste Mülli/ so weit und breit zufin.

den/

den/ dañ/ wann alle Waſſer zu Winterszeit überfrohren/ oder Somerszeit
von Hitz aufgetrochnet/hat ſie einen überfluß an Waſſer/ und bezeuhet danahen
der Beſitzer groſſen nutzen/in dem Er al-
lezeit/ wann andere Müllenen beſtehen/
fortmahlen kan. Von dannen kommet
man in drey viertheil ſtund durch Gieſ-
ſen/ Rotenhaus/ Luft gen Wädenſchweil.

Wädenſchweil/iſt ein Schloß/und
groſſer Marktflecken / hatte vor zeiten
Freyherzen dieſes Namens erhalten/ deren einer/namlich Herr Walther von
Wädenſchweil / Año 1223. der Erſt
Schultheiß loblicher Statt Bern geweſen. Nach alter ſag/ſollen die Herzen
von Ringgenberg allda geherzſchet ha-
ben/ wie dann die Gemeinde Wädenſchweil dieſer Herzen Wappen annoch
führet/ namlich/ einen gelben Ringgen/
auf drey grünen Bergen/in einem rothen
Feld.

Dieſe Herzſchaft iſt mit der zeit er-
kaufet worden an S.Johañſer Ritter-
Orden/da iſt erſtlich Bruder Heerte-
gen von Rechberg / deſſelbigen Ordens Meiſter/ und Comenthur zu Wä-

Marginal notes: Wäden-
ſchweil. Freyherren. Von Ringgenberg. S.Johañ-
ſerhaus.

Q den-

denſchweil/A. 1342. den 24. Febr. ſamt
ſeinen Ritterbrüderen daſelbſt zu imer-
wehrendem Burger der Statt Zürich
aufgenommen worden.

Halten ſich wol an Zürich.

A. 1351. Haben die von Wäden-
ſchweil/ Richtenſchweil/ Wolrau und
Pfäffiken / einer Statt Zürich treue
Dienſte und Beyſtand geleiſtet/ in dem
Streit zu Tättweil bey Baden/ wider
die Oeſterzeicher.

Streit bey Wäden-ſchweil.

A. 1388. Haben die Oeſterzeichiſchen
aus Rapperſchweil mit vielen Schiffen/
die von Pfäffikon/ Freyenbach/ Wol-
rau/ (weilen ſie damahls den Eidtgnoſſen zugethan waren/) überfallen/ geblün-
deret/ und verbrennet. Als ſie aber hinab in die Herꝛſchaft Wädenſchweil kom-
men/ und ein gleiches thun wolten/ haben
die Landtleuthe ſelbige angegriffen/ 16.
erſtochen/ die übrigen ſeind flüchtig auf
den See/ in die Schiffe entrunnen/ und
weilen ſie etliche derſelbigen überladen/
ſeind ihren viel ertrunken. Von den
Landtleuthen ſeind mehr nicht umkom-
men als acht Mäñer.

Komet an Zürich.

A. 1549. den 1. Augſtmonats/ ward
dieſe Herꝛſchaft/ von Herꝛen Geörg
Schilling von Canſtatt/ Oberſten

Meiſter

Meister S. Johans-Ordens in Oberen
Teutschen Landen an die Statt Zürich
verkauft/ namlich das Schloß/ samt der
Herzschaft / Hohen und Niederen Ge-
richten/ Zinsen/ Renten/ Gülten/ Güte-
ren/ 2c. Ja/ aller der Gerechtigkeit/ so Er
und der Orden / zu Wädenschweil /
Richtenschweil und zu Ueticken / gehabt
haben/ um 20000. Gulden / die ihnen
also bar bezahlt worden.

　　Dieser Kauf/ ward von denen von　*Der Kauf*
Schweiz geschwellet ; doch beschahe den　*wird gerich-*
18. Augstmonat A. 1550. ein spruch zu　*tet.*
Einsiblen/ und ward der Statt Zürich
zugesprochen ; jedoch daß das Schloß
deren von Schweiz offen Haus seyn
solle.

　　Dieses Schloß/ dessen Mauren man　*Neues*
nach heut zu tag siehet/ haben die Herzen　*Schloß all-*
von Zürich lassen abgehen / und an des-　*da erbauen.*
selbigen statt/ von besserer komlichkeit we-
gen/ ein Neues/ ohngefehrd eines Büch-
schutzes weit von dem Flecken / und dem
See/ aufbauen lassen/ under Jr. Hans
Bernhard von Chaam / dem Ersten　*Landvogtey.*
Vogt daselbsten / und wohnet jezunder
in dem selbigen ein regierender Landvogt/
so des Grossen Raths/ und alle sechs
Jahr abgeenderet wird.

Unruhen daselbst.

A. 1467. 1523. 1646. haben sich in der Herrschaft Wädenschweil grosse Unruhen und Schwirzigkeiten erzeiget/ welche aber bald mit Recht und hohem ernst wiederum gestillet worden.

Jahrmarkt.

Dieser Flecken liget zunächst dem See/ daselbsten werden jährlich zwey Markte gehalten / deren der erst auf den ersten Donstag im Aprellen / der ander aber auf den ersten Donstag nach S. Gallen tag gehalten wird.

Kirche und Gemeinde.

Die Kirche / zu einer solchen grossen Gemeinde/ ist nicht gar gross/ dann selbige sich bis zu oberst in den Berg erstreket/ auch viel Höfe begreifet den Dörferen gleich : Ein jeweiliger Pfarzer aber hat seine Wohnung nächst bey der Kirchen.

Viehzucht und Senten.

Diese Gemeinde hat eine trefenliche Viehzucht / und deßwegen viel Senten/ bezeuhet danahen grossen nutzen/ dañ sie allen Anken / auch die guten gesaltznen Käse / so man daselbsten machet/ und ins gemein Wädenschweiler Käse genenet

Wädenschweiler Käse.

werden / in hohem preis anbringen können.

Korn und Weinwachs.

Es wachset hier auch viel Korn und Obs/ aber wenig Wein/ doch ist ein theil so gut als der Wolrauer. Von dañen

komet

komet man in drey viertheil stund durch
Seeforen/(allwo man die Leuth/so von
Einsidlen/ oder anderstwo harkommen/
über den See gen Meilan führet/)
Schären/in die Auw.

Seeforen.

Auw/Augia, ist ein herrlicher Sitz/
von Herren General Johañ Rudolf Werdmüller/in diesen stand ge-
bracht/ dann es vor wenig Jahren eine
wüste Einöde gewesen/ ligt in der Pfarz
Wädenschweil. Das Haus ist überal
auf eine Frömde Manier gebauen/ hat
einen schönen Garten/ deßgleichen einen
Rebberg und Baumgarten. Das lu-
stigste aber ist/ der nächst darbey gelegne
Weyer/ zeucht sich eine viertheil stund in
die Länge/ist sehr Fischreich/auch können
die Fische aus dem Zürich-See darein/
aber nicht wider heraus kommen. Daselbst ist auch eine herrliche Gelegenheit in
dem Winter den Enten aufzupassen.

Auw/ein
lustiger
Sitz.

Neben disem Weyer liget an dem See
ein lustiger Wald/ vast überal mit Ei-
chen besetzet/ zeucht sich dem See nach eine starke viertheil stund in die Länge/ ist
wie eine Pen-Insul/ vast gänzlich mit
Wasser umgeben.

Wald da-
selbst.

Eine halbe viertheil stund under der

Meilsbach.

Auw ist der Meilibach/daselbst scheidet
die Herrschaft Wädenschweil von der
Obervogtey Horgen/ und kommet man
alsdann in einer viertheil stund gen
Käpfnach.

Käpfnach. Käpfnach/ist ein kleines Dörflein/
daß in der Pfarr und Obervogtey Hor-
gen gelegen / daselbst hat es eine schöne

**Schiffhüt-
ten.** Schiffhütten / darinnen von mancherlei
gattungen der Schiffen gemachet werden: In der Ziegelhütten daselbst bren-

**Ziegelhüt-
ten.** net man sehr viel gevierte Ziegelsteine /so
dem Feur treffenlichen widerstand thun/
werden ins gemein zu den Caminen gebraucht.

Vitriol. Man grabet allhier Vitriol oder Ku-
pferwasser-Erden/und wird aus selbiger
ein grüner Vitriol gekochet/so dem Ungarischen Vitriol an Kräften nichts
nachlasset : Wann diese Erde ein wenig zeit an dem Luft liget / erzeiget sie die
weisse Kupferwasser-Blum.

**Steinkoh-
len.** Man hat auch vor etlichen Jahren der
enden sehr viel Steinkohlen gegraben /
weilen aber jezunder das Holz wolfeiler
zubekommen/ist das Graben underlassen
worden : Diese Kohlen seind im fahl
der noth ein guter Vorrath / und geben

eine

eine gröſſere Hitz von ſich als andere
Kohlen / danahen die Schmide und
Schloſſer in dem ſchweiſſen gute ſorg
haben müſſen : Sie werden auch an
ſtatt des Holtzes zum Kochen und ein-
heitzen gebraucht : Weilen ſie aber wegen des Schwefels einen groſſen geſtank
verurſachen / ſeind viel Leuth / die ſolche
anfänglich/bis ſie derſelbigen gewohnet/
nicht wol erdulden mögen. In anderhalb viertheil ſtund kommet man von
Käpfnach durch den Hirſacher gen
Horgen.

Horgen/iſt ein groſſer Marktflecken/
hat ſchöne Häuſer/auch eine anſehenliche
Kirchen / welche bey wenig Jahren ver-
gröſſeret worden / die zunächſt bey des
Pfarzers Haus ſtehet.

Es hat hier den ſchönſté Seeport und
Schiffſtellung am ganzen Zürich-See/
ſo gleich einem Meerhafen/darbey iſt die
Suſt/oder Kauffhaus/allwo die Kauff-
mañs wahren/ſo von oder gen Zug kom-
men/ aufbehalten werden/hat einen eignen darzu beſtelten Mañ / der Suſtmei-
ſter genennet wird/ſo demſelben abwarten / und ſorg haben/ auch ordenliche
Rechnung darvon ablegen mus / hat

Hirſacher.

Horgen.

Seeport.

*Suſt da-
ſelbſt.*

deßwegen seine Behausung in der Sust.

Jährlich werden allhier zwey Markte gehalten / deren der erst / auf den ersten Donstag im Merzen/der ander aber auf den ersten Donstag im Winterm. fallet.

Diser Flecken ward vor zeiten samt Maschwanden und Rüschliken/von der Herrschaft von Eschenbach/ dem Schloß Schnabelberg einverleibet / ist aber nach vertilgung der Herzen von Eschenbach/ an die von Hallweil kommen. Und hatten A. 1406. gedachte drei Orth/ Herr Rudolf/ Herr Walther/ und Herr Thüring von Hallweil/ wie auch Herr German von Grünenberg/andere setzen/Hr. Johañes Grimm von Grünenberg / Ritter/der Statt Zürich um eine gewüsse Summa Gelts zukauffen gegeben.

Jeziger zeit wird dise Obervogtey regieret durch zwey Herzen des Kleinen Raths / gleich anderen Inneren Vogteyen.

Diser Flecken hat ein eigen Gericht/ und führet der Statthalter den Stab/ deme acht Richter zugegeben / sitzen des Jahrs neun mahl/ richten um lauffende Schulden. Ihnen wohnet auch bey der Undervogt / hat aber nichts darzu zureden / sonder mus nur auf die Scheltun-

gen

gen und andere ,fachen achtung geben/
und hernach folches den Herzen Obervögten anzeigen.

A. 1440. Haben die Eidgnoffen Horgen eingenommen/ und A.1443. haben
fie diefen Flecken/ famt Tallweil/ Kilch-
berg/Rüfchliken 2c. mit Feur angeftecket
und verbrennet.

Eine ftarke viertheil ftund ob diefem
Flecken auf der höhe/hat Herz Statthalter Andreas Meyer/ einen fchö-
nen Hofe/ Im Arnj genennet/darauf
hat Er in die dreiffig Kühe / ohne die
Pferde/Rinder und anders Galf-Vieh:
Auch hat er auf einem Bühel einen herzlichen Pallaft/ ganz von fteinen erbauen/
darinnen ein gewölbter / fehr tieff in
Felfen gehauener Keller/welcher mit fchö-
nen groffen Faffen beleget ift ; deßgleichen feind zubefichtigen die fchönē Saal/
die von koftlicher Schreiner arbeit ver-
täfeleten Stuben / und die darinnen fte-
hende fchöne Oefen / fo von zierlicher
Winterthurer arbeit. Diefer Pallaft ift
an ftatt eines Zauns oder Hags mit einem Wahl / gleich einer Fortification
umgeben/an welchem auch ein artliches
Rebberglein gepflanzet ift ; innert dem

Eingenom-
men und
verbrennet.

Arnj.

Q v   Wahl!

Wahl seind schöne Gärten / auch entspringet darinnen ein sehr kühler und gesunder Brunnen.

Schöner Prospect.

Allhier ist der schönst Prospect, so um den ganzen Zürich-See zufinden / indem man daselbsten Zürich / Regensperg / Rapperschweil rc. zierlich übersehen kan.

Schwanegg.

Eine viertheil stund von Horgen gegen Niedergang / solle vor zeiten auf einem Bühel ein altes Schloß / Schwanegg genennet / gestanden seyn. Es scheinet / daß die Gemeind Horgen / weilen sie in ihrem Wappen einen Schwanen führet / solches Zeichen von disem Burgstahl har habe.

Heylenbach.
Rohr.
Oberzieden.
Tischenloo.

In einer stund kommet man durch Heylenbach / Rohr / Oberzieden / allwo auch eine Schiffhütten / Tischenloo / gen Talkweil.

Tallwyl.

Tallwyl / ist ein zerstreutes Dorf / die Kirche zusamt etlichen Häuseren / liget eine halbe viertheil stund von dem See / auf der Höhe / nächst derselben hat der Pfarrer seine Wohnung : da haben vor zeiten die Grafen von Habspurg etwas Rechtung gehabt.

Solte allda ein Kloster gebauen werden.

An diesem Orth / hat Graf Cuno von Rheinfelden understanden das Closter

zu

zuſtiften / ſo hernach zu Murj gebauen worden. Rapoto aber/ Graf von Altenburg / und der erſt Graf von Habſpurg; enderte dieſen Platz/und lieſſe das Cloſter A. 1027. zu Murj anfangen.

Die Lehenſchaft und Rechtung der Kirchen zu Tallweil / hat Herz Berchtold von Schnabelburg / ſamt anderen Rechtungen von den Grafen von Habſpurg zu Lehen gehabt / und hat ſie A. 1256. Graf Rudolf und Gottfried von Habſpurg wider übergeben/die gaben es hernach dem Cloſter Wettingen.

Lehenſchaft endlich an Wettingen.

Die Herzlichkeit/Vogtey undGericht fiehlen mit der Zeit an Herzen Niclaus von Babenheim/Ritter und Burger zu Colmar / welcher ſolche A. 1385.den 13. Jenner Andreas Seilern / einem Burger zu Zürich verkauffet/ſelbiger aber gibet ſie gleich darauf den 3. Febr. der Statt Zürich um 100.Gulden.

Herzlichkeit daſelbſt an Zürich.

Diſere Vogtey iſt bis A. 1437. von ſonderbaren Obervögten geregieret worden / hernach ward ſie um ihrer kleinfüge wegen/und anderen urſachen halben/ zu der Vogtey Horgen geordnet.

Etwaſt eine eigne Obervogtey.

Dieſes Dorf hatte einen Burgſtahl/ und eigne Edelleuth diſes Namens gehabt/ deren einer/ namlich Steffan von

Hatte einen eignen Adel.

Tall-

Tallweil A. 1379. zu Zürich Burger worden. Die Burg ist gebrochen/ und das
Geschlecht vergangen.

Fruchtbar. Um dieses Dorf hat es schöne und
fruchtbare Güter/ hat von deßwegen einen schönen Obs- Korn- und Wein-
wachs. In einer halben stund kommet

Marbach. man durch Marbach/ Ludreticken/
Ludreticken. (allwo Hr. Hans Rudolf Schwar-
Hans Ru-
dolf schwar-
zenbach. zenbach/ Pfarzer bey dem Frau-Münster zu Zürich) / welcher underschiebliche
Bücher ausgehen lassen/ geboren worden) gen Rüschliken.

Rüschliken Rüschliken/ ist ein zimlich grosses
Dorf/ gehöret in die Pfarz Kilchberg/
und Obervogtey Horgen/ hat ein eigen
Kirchlein/ welches ein Herz von Kilchberg wochentlich versehen mus/ und darvon seine besoldung hat.

Nydelbad. Eine starke viertheil stund ob Rüschli-
ken/ Bergshalb/ ist vor zeiten ein Bad
gewesen/ das Nydelbad genañt/ welches sehr genuzet worden/ hatte einen eignen Bader/ der es seinen Badgästen ge-
wärmet/ jezund aber ist es abgegangen.
Es wird zwahren dieses Wasser/ (welches einen starken Schwebel-geschmak
hat) von underschiedenlichen Personen/

die

die es in ihre Häuser tragen laſſen / nach
heutigs tags zum Baden gebraucht :
Die Quelle iſt in Seckelmeiſter Hans
Heinrich Rellſtabs zu Kilchberg Güteren / und wird die Gegend von dieſem
Waſſer zum Schwebel-brunnen
genennet. Von dieſem Bad hat Herꝛ
Doctor Conrad Geßner folgendes
geſchrieben :

Balneum, quod aliqui à lactis cre-
ma nominant, das Nydelbad / paulò
ſupra pagum, cui nomen à Templo
in monte ſito, (Kilchberg) oritur ex
puteo quodam in ſylva uliginoſa ef-
foſſo. Aqua ſulphur olet, ſatis fœti-
da, & quà fluit, rubiginem quandam
relinquit. Hoc aliquandiu intermiſ-
ſum, nuper autem à ruſticis ejus loci
accolis frequentari cœpit, tanquam
adverſus ſcabiem & febres utile : an
verè ſulphur contineat , incertus
ſum : pleræque enim aquæ locis uli-
ginoſis ortæ præſertim in puteis ſi-
milem odorem ſulphureum & fœ-
tentem reddunt.

Von Rüſchliken kommet man in einer halben ſtund durch Schoren / gen
Bendliкon / ein kleines Dörflein / hat

Schoren.
Bendliкon

viel Obs-und Wein-wachs / ob demselbigen liget auf der höhe / eine viertheil
stund von dem See/Kilchberg.

Kilchberg/ ist ein zerstreutes Dorf/
und grosse Pfarz / die underste auf der
lingen seithen des Zürich-Sees/ daselbsten wohnet der Pfarzer/ wie auch des
Capitels Helffer/dene ein jeder Pfarzer/
in dem ganzen Capitel des Zürich-Sees/
so es die eilende Noth erforderet/für ihne
zupredigen/anstellen kan.

Nicht weit von dem Pfarzhaus stehet
die Kirche/so A.1666. wiederum erneueret worden : in selbiger seind zusehen in
den Fensteren schöne Eidgnössische Wa-
pen/von A. 1507.

Dieses Gelände/ ist zum Obs-Korn-
Wein-wachs sehr wol gelegen/ und bezeuhet darvon einen grossen Nutzen.

Diese Gerichtsherzlichkeit/so damahls
die Vogtey Erdbrunst geneñet ward/
gehörte vor altem den Freyherzen von
Eschenbach/ zu Schnabelberg/solche hat
A. 1304. Herz Walther Freyherz von
Eschenbach/ samt seinem/auf dem Berg
Albis gelegnen Schloß Manegg/Her-
ren Rüdger Manneß/Rittern und Burgern der Statt Zürich verkauft/darnach

ist

ist sie an die Statt Zürich kommen/ und zur Vogtey Horgen geordnet worden.

Entlich an Zürich.

Von Bendlikon/ gehet man in einer halben stunde / durch den **Mönchhof**/ **Horn** / **Erdbrunst** / (allwo etliche Häuser stehen/) von welchen/ (weilen die Pfarr und Gericht Kilchberg bey demselbigen Bach scheideten/) diese Herrlichkeit die Vogtey Erdbrunst genennet worden/gen Wollishofen.

Mönchhof. Horn. Erdbrunst.

Wollishofen/ist ein Dorf/ dessen halbe theil gen S. Peter in die Statt Zürich / der ander halbe theil aber gen Kilchberg Kirchgenössig; ist ein sonderbahre Vogtey/ darein alles/ bis zu der Statt gehörig; ware vor zeiten ein sitz und Herrlichkeit alter Burgeren von Zürich dieses Namens: Marquard und Diethelm/Edelknechte von Wollishofen/ lebten A. 1293. und darnach: Diese waren meistentheils des Raths der Statt Zürich: Von ihnen ist es kommen an Johannes Ebishart / Burgern zu Zürich/der hatte diese Vogtey/mit klein und grossem Gericht/ wie Er selbige von dem Römischen Reich zu Lehen hatte/zu kaufen gegeben Johann. Stuckj dem Elteren/Burgern zu Zürich/ um 110. Rhei-

Wollishofen.

Von Wollishofen Edelknecht.

Komt an die Stuckj.

nischer

nischer Gulden/ den 5. Wintermonat
1395.

Hernach/ ist sie von gemeldeten Stu-
kinen Kaufsweis kommen an die Statt
Zürich / und wird jeziger zeit von zweyen
Obervögten / so des Kleinen Raths/
gleich anderen Inneren Obervogteyen
geregieret.

In dieser Vogtey hat es einen schönen
Obs-Korn-und Weinwachs: auch weilen sie nach bey der Statt / und alles auf
dem See dahin leichtlich kan geführet
werden/seind sehr viel Burgerliche Landgüter darinn anzutreffen. Das unkom-
lichste und schlechteste aber ist/daß in dieser Vogtey wenig gutes Brunnenwas-
ser/ aussert den Sodbrünnen zufinden.
Von Wollishofen kommet man in einer halben stund in Engj.

In der Engj ist das berühmt
Wirtshaus zum Sternen genennet/all-
wo viel Frömde/ so sich verspärhen/über-
nachten : Auch gibet es viel Burger/die
theils zu Land dahin spazieren / theils
aber zu Wasser dahin fahren / und ihre
Recreationes und belustigungen daselbst haben/weilen es dem See zu nächst
gelegen.

Von

Von diesem Wirtshaus kommet man in einer Viertheil Stund / bey den Drey Königen / (allwo zun Zeiten / da eine Statt und Landschafft Zürich nach Päbstisch gewesen / eine Capell zu Ehren derselbigen gestanden / und ware An. 1489. Pfleger derselbigen Hans Widmer /) über das Ried / bey den Bleiken hindurch zu dem Selnau.

Selnau / ist von etlichen genennet worden Silnau / weilen die Sil daselbst vorbey fliesset : von anderen aber Selnau / als eine Seelen-Au / oder Selige Au : Ware vor zeiten ein Frauen Closter / Cistercienser - oder Bernharder-Ordens / dessen Stiffter jederzeit die Edlen von Wasserstorff gehalten worden : Die Fürnemste Conventualin ward Aebtissin genennt / und ware under der aufsicht / des Herzen Prelaten von Wettingen.

Dieses Closter / ist in dem Alten Zürich-Krieg von den Eidgenossen zerstöhret / hernach wieder erbauen / und zur Zeit der Reformation ein Lazareth daraus gemachet worden / in welchem mancherlej Frömbde beherberget werden : insonderheit hat man in den Teut-

(Randnotizen:) Bey den dreyen Königen. Capell daselbst.

Die Bleiken.

Selnau / eist ein Frauen Closter.

Stiffter.

Zerstöhret und wieder erbauen.

Ein Lazareth / und Herberg der Frembden.

schen Kriegen A. 1634. und 35. die vertriebnen Schwaben / so Haufen weis
naher Zürich komen / ohne Underscheid
der Religion / daselbsten aufgenommen
und erhalten: Jetziger Zeit / bey den grau-
samen Frantzösischen Verfolgungen /
werden viel arme vertriebne Frantzosen
und Piemonteser darinn underhalten.

Forst.

Weilen der Horgerberg / bey dem
Forst / (welcher ein schöner / holtzreicher
Wald / der Oberkeit zuständig / aus deme man sich reichlich beholtzen kan /) sich
nach und nach gegen der Statt verlieh-
ret / und der Berg Albis / obwolen die
Sil darzwüschen laufet / doch mit demselbigen bis an die Statt / solcher maas-
sen in den Zürich-See spiehlet / daß einer
vermeinen solte / es were nur ein Berg /
und wolte geraden Wegs / von dem See
bis zu oberst desselbigen gehen : habe ich
deswegen nicht underlassen können / von
demselben / weilen vil merkwürdige Sachen darauf vorgegangen / auch etwas
Meldung zu thun.

Beschrei-
bung des
Albisberg.

Der Albisberg / vor altem Alwis
genennt / luth eines uralten geschriebnen
Anniversarii, und von Raperto Thu-
ricensi Albisus benamset / erstreket sich

auf

auf der linken Seithen der Sil nach/von
dem Dorf Albis-Rieden/ so eine stund
under der Statt Zürich liget / bis weit
über den Schnabelberg / haltet ohnge=
fehrd fünf Stund in die länge / ist zim=
lich wild / doch überall mit Holtz und
Wieswachs bedeket/an theil Orthen sehr
gähe / und sonderlich gegen Zürich un=
wegsam. Vor Zeiten sind etliche nam=
haffte Schlösser auf demselbigen gestan=
den / als folget:

Der Schnabelberg/ ist vor altem
gewesen eine namhaffte Vestung / hatte
eigne Freyherzen dieses Namens gehabt/
und lebte A. 1165. Herz Ernfried von
Schnabelberg. Nach deren Absterben
ist es kommen an die Freyherzen von
Eschenbach/so Stiffter des Closters zu
Cappel gewesen. Diese Vestung ist ne=
ben Tallweil auf dem Berg Albis zu
oberst auf einem hohen spitzigen Berg
gestanden / derselbigen war einverleibet/
Cappel / Maschwanden / Horgen /
Rüeschlikon/ Kilchberg / Adlischweil/
Manegg.

Als aber A. 1308. Herz Walther/
Freyherz von Eschenbach und Herz zu
Schnabelberg / sich mit anderen Herzen

Marginalia:
- Schnabelberg.
- Kommet an die von Eschenbach.
- Eingenommen und verstöhret.

im Todschlag des Keisers Albrechten zu
Windisch vertiefet / ward diese Vestung
A.1309. aus Befelch der Fr. Agnes/ Kö-
nigin und Wittib von Ungaren / wie
auch Hertzog Lüpolden des Ersten / so
beide K. Albrechts Kinder / zu Raach
ihres Vatters tod/ mit hilf des Abts von
S. Gallen / von Graf Burkhard von
Hochenburg/ Graf Imer von Straßburg / und Herzen Heinrich von Grief-
senberg/ Frey / mit Macht belägeret :
weilen aber die Besatzung darinnen sich
lang widersetzte/ und redlich wehrete/
ward sie nach langem mit grosser mühe
und kosten undergraben/ gefellet/ und
was bey leben geblieben/ ohne alle Er-
bernide mit dem Schwert vertilget.

Silwald
und Sil-
feld komet
zu Zürich.

Und weilen in diesem Krieg die von
Zürich Hilf und Fürschub gethan/ ward
ihnen / von gemelten Keiser Albrechts
Kinderen der Silwald/ und das an der
Statt Zürich ligende Silfeld geschen-
ket/ welches dann zwey herrliche Kleinod
der Statt Zürich sind.

Freyberg
wird ein
Schmeß-
birt.

Gedachter Herz Walther / denne zuvor der Schnabelberg / Statt und
Schloß Maschwanden/ das gantz Frey-
amt/ Baar / samt dem Zugerberg / bis

an

an die Statt Zug/ Item Rüffegg/ Me-
rischwanden / samt der Vogtey Eschen-
bach/und an dem Zürich-See von Horgen herab alles bis zu der Statt zubiente/
ist durch die durecht - und verfolgung der
Kinderen K. Albechts in solche armut
gerathen/ das er sich in dem Wirten-
bergerland in die 35. Jahr als ein Schaf-
hirt unbekanter weise aufgehalten/ hat
erst in seinem Todtbeht geoffenbaret wer
er seye/und ward ehrlich bestattet.

Um das Jahr 1559. hatte man auf
diesem Berg Silber gegraben : weilen
es aber die Kösten nicht möchte ertragen/
wurde mit fernerem graben nachgelas-
sen : Man findet nach hin und wider
Thaler/ so von diesem Silber gepräget
worden.

Silber ge-
graben auf
dem Schna-
belberg.

Vor wenig Jahren haben gewüsse
Herzen gedachte Silber-Minen widerum suchen wollen / und deswegen schon
weit in den Berg hinein gegraben ; weilen sie aber nichts angetroffen / das die
Unkösten bezahlen möchte/ist dises Berg-
Werck wiederum in abgang kommen.

Nicht weit von dem Orth / da das
Schloß gestanden/ ist eine Hochwacht
aufgerichtet/bey welcher man in die drey-

Hochwacht.

zehen Hochwachten Züricher = Gebieths sehen kan.

Silwald. Neben diesem Berg/an der Sil fanget an der **Silwald**/ der erstreket sich weit/ obsich und in die breite; dariñ halten sich viel Reehe auf; ist aber gebannet/ und ohne Bewilligung der Oberkeit/ ist bey hoher Straafe niemand darinnen zu jagen erlaubt;

Forster. hat einen eignen Forster oder Ban=wart/ der befugt ist/ alle Jaghünde so dahin kommen/ zu erschiessen; auch muß er alle/so wider Verbott/ darinn jagen / anzeigen.

Kommliche Holtzflö-ßung. Man kan das Holz aus diesem walb kommlich in der Sil/wie auch ander Holtz/ weit hinder Einsidlen hinfür / bis in die Statt hinein flötzen / darzu hat der Silherr seine eigenen Bediente/die das Holtz leiten müssen.

Ursprung der Sil. Dieser Fluß entspringet zwey Stund hinder Einsidlen/ in dem Silthal/allwo das Closter Einsidlen drey schöne Senten hat / und verbirget sich daselbst mehr als eine viertheil stund under den Steinen/daß man kein Wasser sicht/kommet dann under denselbigen ganz kalt wiederum herfür.

Ergiesset sich in die Lindmat. Nächst under der Statt ergiesset sich die Sil in die Lindmat. Eine starke viertheil stund wegs von

dem

dem Schnabelberg / liget das berühmt Albis Wirtshaus / vor der zeit zur Buchen genañt / stehet vast allein zu oberst des Bergs Albis / aussert einem Baurenhaus. Es ist hier ein sehr starker Paß: Wer über den Gotthart in Italien wil / wie auch von Zürich gen Lucern / Urj / Schweiz / Underwalden / und Zug / 2c. reiset hier durch: man ist daselbsten treffenlich mit Speis / Trank / und guter Herberg versehen: Sonderlich findet man allhier durch den ganzen Sommer die edelsten Krebse / die einer wünschen mag / auch Fische so viel man begehret / der meiste theil aber seind Hecht und Reehling / welche der Wirt aus einem / nächst darbey gelegnen Fischreichen Seelein / der Türler-See genennet / haben kan.

Albis-Wirtshaus.

Eine halbe stund wegs ungefehrd von dar / ist auch an dem Albis gelegen das alt und zerstört Schlößlein Buchenegg.

Buchenegg.

Von bannen kommet man in einer ringen halben stund auf Balderen: Dieses Schloß / (welches zu nächst ob dem Dörflein Adlischweil / so vor zeiten auch einen Burgstahl und Adel dieses

Adlischweil.

Balderen.

Hatte Grafen dieses Geschlechts.

Ein Königlicher Siß.

Mit list eingenommen und zerstöhret.

mens gehabt/) ist vor altem eine von den
schönsten/ und berühmtesten Vestungen
gewesen: Hatte eigne Grafen dieses Geschlechts gehabt; wie dann in dem uralten Jahrzeitbuch der Abtey zum Frau-
Münster zu Zürich/eines Grafen/ Chu-
no von Balderen genañt/ gedacht
wird. In demselbigen solle König Ludwig von Ost-Franckreich/ so das Frau-
Münster zu Zürich erbauen/ gewohnet
haben: Hernach ist es an die Freyherren von Regensperg kommen/ welches/
weilen sie der Züricheren Feinde waren/
A. 1268. von den Züricheren/und ihrem
Haubtmann mit folgendem List eingenommen worden. Sie namen dreissig
guter und wolgerüsteter Pferden/satzten
sich auf jederes zwey Männer/ liessen selbige auf aller höhe des Bergs dem Graht
nach gegen dem Schloß reithen: Nächst
bey dem Schloß hatte es ein gestäude
und kleines Töbelein/dardurch sie reiten
mußten/ dariñen stiegen dreissig von den
Pferden ab/ und verschlugen sich in dem
gestäude/die anderen dreissig aber ritten
neben dem Schloß vorbey: Als aber die
in dem Schloß dieses ersehen/ fiehlen sie
ohn alle sorg hinaus/vermeinten eine sol-

che anzahl leichtlich zuübergwältigen/ sie
aber thaten dergleichen als ob sie fliehen
wolten/loketen also die Schloßleuth ent-
zwerch hinder den Berg; indessen bra-
chen die verborgene dreissig Männer her-
für/ eilten dem Schloß zu/ namen die
Brugg und den Vorhof ein; als die übrigen im Schloß solches ersahen/ gaben
sie den ihrigen das Wortzeichen/ eilten
derhalben wieder dem Schloß zu; als sie
aber sahen daß die verborgnen Züricher
ihnen vorkomen/ und die anderen dreissig so die Flucht gleichten/ ihnen wieder
nachgeeilet/haben sie sich in die Flucht begeben: Also behaubteten die Züricher
das Schloß / behielten dasselbig etliche
Tag lang/zündeten es hernach an / und
zerstöhrten es in den grund hinein.

Gleich under Balderen/in mitten des **Manegg.**
Bergs Albis/liget auf einem Vorgebür-
ge gegen dem Zürich-See Manegg:
Dises ist gar ein alter Platz gewesen/wa-
re schon zu der Römeren zeiten in wesen/
welches man aus den alten Römischen
Müntzen/so bey anderhalb hundert Jahren in dem alten gemäur allda gefunden
worden/abnemmen kan.

Dieses Schloß hat einist geheissen **Vor altem
ward es ge-**

Monegg / hatte einen eignen Adel und
Wappen gehabt/ist darnach an die Frei-
herren von Eschenbach kommen. Hier-
zu dienete die Vogtey Kilchberg über
das Dorf / welche man dazumahln die
Vogtey Erdbrunst genennet hat.
Solche Vogtey mit samt dem Schloß
Mannegg hat A. 1304. Herr Walther
von Eschenbach verkauft / Herren Rüdger Mannessen/Ritter und Burger Zürich. Hiervon haben dieselben den Tittel erhollet/die Mannessen von Manneg/
derohalben auch dieses Schloß fürohin
nicht mehr Monegg sondern Mannegg genennet ward.

Diese Vestung ist bey zwey hundert
Jahren nach in Tach gewesen: Ein armer thorachter Mensch name seine wohnung darinn/kame täglich in die Statt/
und liesse sich bey dem Adel und Burgerschaft für einen Edelmañ verehren/ und
auf den Stuben herum zu Gast halten.
Einsmahls zugen etliche lustige Edelleuth und Burger von Zürich an der
Eschen-Mittwochen hinaus für Man-
negg/ mit geberden / als wolten sie dem
torrachten Edellmann das Schloß stür-
men / satzten ihne mit Feuer so viel/ daß

der

der Schimpf zum ernst geriethe/und das
verfallene Haus verbranne. Man sihet
noch jez ein grosses stuck von der verfal-
lenen Maure.

Es haben schon etliche unterstanden
allhier einen verborgnen Schatz zusu-
chen/denen es aber mißlungen/und wird
deßwegen fabuliert/ daß sich daselbsten
aufhalte eine sehr grosse Schlang/so denselben verwahre ; ist hiemit gläublich/
daß der leidig Satan sich dergleichen be-
gierigen Gelt-Narzen in solcher ab-
scheuhlicher gestalt erzeigen könne/ und
also ansehen lasse. In einer halben stund
kommet man auf das höchste Albis/all-
wo vor zeiten ein altes Schloß gestan-
den/Uetliberg genennet.

Fürwitzige Schatzgra-ber.

Uetliberg/ war einest under allen
Vestungen die verzühmteste; war Hrn.
Ulrichs Freyherzen von Regen-
sperg/ der thate daraus den Züricheren
sehr grossen übertrang.

Uetliberg.

A. 1268. im Herbstmonat/ ist dieses
sonst unüberwindlich Schloß mit folgendem list eingenommen worden. Der
Freyherz von Regensperg ritte gemeinlich mit zwölf weissen Pferden/ und so
viel weissen Jaghünden auf die Jagd/

Mit list ein-genommen und zerstöh-ret.

auch

auch er selbs samt seinen Bedienten waren weiß bekleidet : Auf solche manier
rüstete sich auch in geheim Graf Rudolf von Habspurg / der Züricheren Haubtmann / und als er vernomen/
daß der Freyherr ausgeritten were / hat
er zwölf Züricher auf gleiche Form auß-
gerüstet / dem Schloß zueilen / und eine
Troupen zu Roß und Fuß ihnen zum
Schein nachjagen lassen / welche dann/
von denen im Schloß / so vermeint/ es
were ihr Herr mit seinen Jägeren / ohne
bedenken eingelassen / und als sie ihre
nachjagende Mitgesellen erwartet / von
ihnen alle so in dem Schloß gewesen/ni-
dergemacht / das Schloß in Brand ge-
stecket und zerstöhret worden.

Hochwacht
daselbß.

Jeziger zeit ist an diesem Orth/in
Kriegsgefahren/der Statt Zürich fürnemste Hochwacht/ in deme man daselbsten nur allein in dem Zürich-Gebieth in
die fünfzehen andere Hochwachten sehen
kan.

Rare Kräu-
ter allda.

Von diser Vestung hat der Berg Albis an dem Orth / wo das Schloß gestanden den Namen Uetliberg/Golda-
stus nent ihn Jütliberga ; ist sehr geh
und stozig : Man findet daselbst viel ra-

re/

re / und zu der Artznei sehr dienstliche
Kräuter: deßgleichen an einem gewüs=
sen Orth Fuchsrohte Erde / die Hafner
nennen selbige Hubert/brauchen sie an
statt rother Farbe zu verglestung der Ge=
schirzen.

Gleich under dem Uetliberg/ vornen
an dem Eggen des Bergs / gegen der
Statt Zürich/ist auf einem Grath oder
Vorbühel gelegen / das Schlößlein
Friesenberg/hatte besondere Edelleuth
und Wappen gehabt / so samt dem
Burgstahl abgegangen: jetziger zeit ist ein
Hof daselbst/dem Spital gehörig. Von
dar kommet man in einer halben stund
gen Wiediken.

Wiediken/ ist ein grosses Dorf /
hatte vor zeiten den Schwenden gehöret.
Solche Vogtey hatte Herz Johannes
Schwend/ Burger zu Zürich/ den 29.
Wintermonat 1491. dem Burgermei=
ster / Räth und Burger daselbsten ver=
kauft um 300.Gulden/ mit aller Herz=
lichkeit/ Gerichten/ Bännen/ Vogtgar=
ben/ Huneren/ Tagwen/ und aller Züge=
hörde nützit ausgenommen ; Wird je=
zund von zweyen Obervögten gleich an=
deren Iñeren Vogteyen beherrschet. Es

Hubert eine gattung ro=ther Erden.

Friesenberg.

Wiediken.

Kommet an Zürich.

hat

hat auch seine eigne Gericht/und ist in die
Pfarr S. Peter Kirchgenössig / hat die
Freyheit/wie schon gemeldet / neben an-
deren Kirchgenossen daselbst einen Pfar-
rer/Helffer/Kirchenpfleger/Sigrist/und
Todtengräber zuerwehlen.

Merkliche grosse Eich.

A. 1609. Ist in der Gemeind zu Wiediken Holze/eine Eich von ungläublicher
Grösse/gefället worden/laut nachfolgen-
den in der Canzley der Statt Zürich geschriebnen Scheins:

Schein deß-wegen von der Canzlei.

„   Zu wüssen seye hiemit/daß auf heut
„ zu End bemelten Datums / in der
„ Statt Zürich Canzley erschienen ist
„ Hans Heinrich Münch/ Undervogt
„ zu Wiediken/samt Georg Wirzen von
„ Horgen ; und hat Er Münch ange-
„ zeigt / wie daß er vor etwas Tagen/
„ Jhme Wirzen einen verbütschierten
„ Zedel / von seiner eignen Hand ge-
„ schrieben/zugestellt/des Inhalts: Daß
„ A. 1609. in der Gemeinde Wiediken
„ Holz/ im Gänzilo genant/ein Eich ge-
„ standen / welche under Nün Puren
„ ausgetheilt/und deren jederem darvon
„ zu seinem theil worden seye/mit nam-
„ men/ neun klafter Schyter/ ein klafter
„ Faß-Holz/ und ein Fuder stecken/und
„ seyen diß derselben nün Puren Nam-

men:

„ men : Namlich/ Hans Jacob Weßel/
„ Undervogt/ Gorius zur Linden/ Ja-
„ cob Trüeb/ Joßt Wäber/ Heinrich
„ Meyer/ Hans Heinrich Weßel/ Hans
„ zur Linden / Thoman Salenbach /
„ und Er Undervogt Münch. Und über
„ diß habe Isaac Buman der Ferwer
„ allhie von obgemelter Eich auch noch
„ empfangen dreyzehen Juder Holz/ wie
„ sie mit fünf Rossen zuführen gsyn/ wel-
„ ches alles in Summa einhundert und
„ zwölf Juder gebracht/ und seyge die di-
„ cke dieser Eich / da sy noch gstanden/
„ gsyn fünf Klafter/ wie die ein gmeiner
„ Mann tassen mögen. Wyl aber ob-
„ gedachtem synem Zedel/ daß er von syn/
„ München eigner Hand naher komme/
„ nicht völliger Glauben gegeben werden
„ wöllen : So bezüge und bestetige Er
„ obstehndes nochmaln als ein rechte
„ Wahrheit/ mit bitt / hierumb glaub-
„ würdigen Schyn zumachen. Wann
„ nun Er/ Undervogt Münch sölches
„ vorgemelter massen bekent : So ist
„ dessen zu gezügknus hierüber gegen-
„ würtige Schrift auf begehren verfer-
„ tiget worden. Beschehen Freytags den
„ 23. tag Aprellens/ im 1619. Jahr.

Canzley der Statt Zürich.

In

S.Jacob/ ein Pfruud=haus.

In einer viertheil Stund/komet man von Wiediken zu St. Jacob an der Sil / allernechst an der Statt/ allwo ein Pfrundhaus/darinnen eine gewüsse An= zahl / Alter / Armer und übel mögender Burgeren underhalten werden ; Haben eine eigene Kirche / Ihr Pfarzer woh= net in der Statt / auf dem Frau=Mün= ster=Hoff/ bey St. Jacob.

Pfleger da= selbst.

Dieses Pfrundhaus hat einen eignen Pfleger /ist des Kleinen Raths / deme li= get ob / zu desselben Einkommen und ge= bäuen gute sorg zuhaben / auch so etwañ Streitigkeit zwüschen den Pfründeren entstehet / selbige (neben dem Herzen Pfarzer) wiederum mit einanderen zu= vergleichen.

Streit da= selbß.

An. 1443. ist daselbst in dem Alten Zürich=Krieg zwüschen den Züricheren und übrigen Eidtgnossen ein hefftiger Streit gewesen/ in welchem insonderheit Herr Burgermeister Hans Rü= dolf Stüßi / Ritter/ sich als ein ta= pferer Verfechter der Statt Zürich mit seiner Streit=Ax auf der Silbrugg/ (die Er ganz allein inngehalten) sehr wol verhalten/ bis Er endtlich von unden auf mit einem Spieß durchstochen worden.

Auf

Auf der rechten Seithen der Lindmat/ eine starke viertheil Stund under der Statt / nach deme man durch die undere Straaß/ den Bekenhoff (allwo vor Zeiten die Edlen von Bekenhoffen Ihr Burgstahl gehabt) komet/ liget ein anders Pfrundhaus/ zu S. Mauritzen/ ins gemein die **Spannweid** genennet/ darinnen werden die Sonder-Siechen erhalten/ haben eine eigne Kirche und Pfarrer/ so in der Statt bey dem Häring wohnet. In dem Chor dieser Kirchen ist folgende Inscription an der Wand zusehen :

Bekenhoff.

S. Mauritzen oder Spannweid/ ein Siechenhaus.

ANNIVERSARIVM STEPHANI
MEYER CANONICI ABBACIÆ
OMNI ANGARIA PAGATVR
SICVTI LIBRO VITÆ CLARE
HABETVR.　1496.

Dem Pfleger/ so auch des Kleinen Raths liget gleiche Obsicht ob/ wie deme zu S. Jacob : Daselbst werden auch armen kranknen Leuthen/ von dem auf dem Ried entspringenden köstlichen Brunen/ Baden-Curen gehalten.

Pfleger daselbst.

Ein starker Büchsenschuß ob diesem Pfrundhaus ist ein rechtes Badhaus/ ins gemein das **Rösli-Bad** genennet/

Röslibad.

S　da-

darinnen viel Burger aus der Statt/zu
baden pflegen / iſt koſtlich für mancherlej
Anligen. Beſihe Hr. Doct. Joh. Jacob Wagners Helvetiám Curio-
ſam, *Sect. III. art.* 9: *p.*190. Von dannen
kom̄et man durch die Obere Straaß/
Vogelgſang / auf den Geißberg /
allwo bey Kriegs-Gefahren eine Hoch-
wacht/ Ob der Letzj genennet / gehalten wird ; Vor altem iſt ein Warth-
thurn daſelbſt geſtanden / welcher der
Kratten geneñet/ und A. 1443. in dem
alten Zürich-Krieg von den Eidtgnoſſen verbreñt/und zerſchleift worden: Unfehrn darvon ligt vaſt zu oberſt des Zü-
richbergs / das ſchön und wolgelegen
Luſthaus oder Schlößlein vor altem
s'Haus am Berg / jetzund aber der
Sulenberg genennet/welches anfänglich von Herren Anthonj Clauſeren
des Raths A. 1513. gebauen/und hernach
von Herren Oberſten Johannes
Guler/von Wynck/Rittern/(ſo A.
1619. Burger worden / und eine ſchöne
Chronik von den drejen Pundtē in Truk
ausgehen laſſen.) Herr Obriſt Hans

Kratten.

Sulenberg.

Jacob Rahnen/ und Hrn. Haubtmañ Johannes Rahnen bewohnet
und in gegenwürtigen ansehenlichen
Stand und Lustbarkeit gebracht worden: jezund ist es Hrn. Rathsherꝛen
Joh. Jacob Escher zustendig.

A. 1549. den 4. Julij ist dieses Lust- **Wird ver-**
haus / aus muthwilliger anzündung ei- **brehit.**
nes jungen Knaben verbrunnen/welcher
hernach wegen dieser und anderer mis-
handlung zu Schweiz verbrennt worden.

Nicht weit von diesem Schlößlein ist **Clösterlin.**
vor altem auf dem Zürichberg ein Clo-
ster gestanden / zu S. Martin genen-
net/ welches Geistliche Chorherꝛen Augustiner Regel bewohnet habe/ und wird
dieses Orth noch jeziger zeit zu dem Clö-
sterlein genennet ; unfehrn darvon ist eine Hochwacht / welche / die auf dem Zürichberg / genennet wird. Von dannen
kommet man den Berg hinab gen Flunteren.

Zu Flunteren ist vor zeiten/ in der **Flunteren.**
Spitaler-Wiesen / ein Burgstahl der
Herꝛen dieses Geschlechts gestanden/wa-
re eine besonderbare Herꝛlichkeit/ und ist
vor langer zeit an das Gstift zum Grossen Münster vergaabet worden : bis hie-

har ist alles in die Statt in die Kirche zu
den Predigeren genañt/ Pfarrgenössig/
und der Obervogtey/ die vier Wachten
genennet/ einverleibet: von dannen kommet man gen Hottingen.

Hottingen.

Zu Hottingen/ hatten vor zeiten
die Edlen von Hottingen/ (so alte Burger der Statt Zürich/ und des Regi-
ments gewesen/) ihr Burgstahl gehabt;
ist eine grosse Gemeinde/ in die Statt zum
Grossen Münster Kirchgenössig/ und in
obgedachter Obervogtey der vier Wachten gelegen.

Clus.

In einer ringen stund von dannen
kommet man durch die Clus/ (allwo A.
1383. am Zinstag vor Bartholomæi
das Erste Landt-Gricht gehalten worden) Kapf/ gen Wytiken.

Wytiken.

Wytiken/ hatte vor diesem eigne
Edelleuthe dieses Geschlechts gehabt ;
Das Dörflein samt der Kirchen ligt zu
oberst auf dem Berg gegen Aufgang: ist
ein Filial, und wohnet der Pfarrer in der
Statt/ welcher alle Soñtag/ und Winterszeit auch alle Zinstag dahin gehen/
und solches mit predigen versehen mus.
A. 1612. den 23. Decemb. ist der Kirchenthurn allhier von einem Sturm-

wind

wind hinunder geworfen worden : Danahen in den grossen Knopf dieses jezi-
gen Thürnleins folgends Programma
gelegt worden :

S. S.

ISTHOC. QVOD VIDES. TVR-
RIS FASTIGIVM. ÆDI SVPE-
REMINENS

QVVM SÆVO DEIECISSET IM-
PETV DIRA TVRBINIS TEM-
PESTAS

D. XXIII. DEC. AN. M.DC.XII.

EX DECRETO COLLEGI MA-
IORIS. FELICIS ET REGVLÆ
TEMPLI.

PRÆPOSITO HENRICO LAVA-
TERO, MEDICINÆ DO-
CTORE.

SVMPTV PVBLICO NOVVM
F. F.

CASPAR WASERVS. PRO TEM-
PORE ÆDILIS ET PROFES-
SOR THEOLOGIÆ.

ANNO PROXIME INSEQVENT.
M. DC·XIII. MENSE IVNIO.

In einer halben stund kommet man
von diesem Orth den Berg ab durch die
Eierbrecht gen Hirslanden.

Hirslanden / iſt eine ſchöne Ge-
meind/hat ein verühmtes Wirtshaus/
darinn ſich die Burger Somerszeit zum
öfteren erluſtigen : Es hat hier eine ſchöne Mülle / auch liget daſelbſt / zwüſchen
dem Hofacher und der Wynegg am
Müllebach die Hammerſchmitte/ darinnen groſſe Läſte Kupfer geſchmidet wer-
den/iſt den Mr. Tauwenſteinen zugehörig / und ein wenig drunden ſtehet eine
Traatſchmitte Hrn. Seckelmeiſter
Hans Jacob Heidegger zuſtändig.
Dieſe Gemeind iſt zum Groſſen Münſter in die Statt Kirchgenöſſig/und ſamt
Wytiken in der Obervogtey Zolliken gelegen. Von dar komet man in einer
viertheil ſtund durch Signauw / und
Stadelhofen wiederum in die Statt
Zürich.

Um die revier diſes Sees gibet es auch
dem Geſtade nach / mancherley Reigel/
Storke/Rohrdumel/bey uns Lorzind ge-
nennet/weilen ſie/wie ein Rind lüjen und
brülen/ſo ſehr weit gehöret wird/ deßgleichen Enten-ſtöſſel / ſo die Enten aus
dem See hinweg tragen und freſſen :
Item mancherley koſtliche / groſſe und
kleine Waſſerſchnepfe / Uberſchnabel/

Hirslan-den.

Mancherlej Vögel um den See.

Heer-

Herschnepfe/ Wasser-Amslen / Eisvö-
gel/ Wasserwinsele / Weisse und Gelbe
Wasserstelzen / Gyfitzen/ deren es ein
grosse menge gibet in der Lützelau/ und
gut zuessen seind. Sie pflegen daselbsten
die jungen in Gernlein an höhe Bäume zuhenken/ welche dann von den al-
ten/bis sie zeitig/gespiesen werden.

Man sihet auch dem See nach/den ganzen tag/ mit einem verdrießlichen Ge-
schrey/ hin und wider fliegen eine grosse
menge Hollbruder/und vielerlej Meben
oder Gyritzen/ fressen sehr viel Fische/
werden nicht zur speise gebrauchet/weilen
sie allzu sehr fischelen.

Es gibet auch auf den hohen und niederen Bergen/so um diesen See gelegen/
mancherlej köstliche / grosse und kleine
Vögel/als Trapgänse/ sonst Ackertrap-
pen genennet / seind sehr groß/wägen
über 15.Pfunde/werden mithin zu Wä-
denschweil/zu Horgen/und in dem Sil-
feld geschossen. A. 1686. seind zu Küß-
nacht/zwüschen dem Pfarrhaus und der
Gerwe/ vier bey einanderen angetrofen
worden. So giebet es auch zun zeiten
Urhanen/ und Laubhanen. A. 1689. in
dem Weinmonat/ hatte einer auf dem
Wädenschweilerberg zwey grosse Urha-

Turteltauben. Wilde tauben. Rietschnepffe.

nen geschossen. Turteltauben und sonst Wilde Tauben giebet es eine grosse anzahl. Rietschnepffe findet man in allen Hölzeren/ sonderlich giebet es viel in dem Wädenschweiler=und Horgerberg. Es hatte A. 1688. einer von Wädenschweil an einem tage/ etlich hundert zu Zürich feil getragen.

Zärtliche und köstliche Vögel.

So ist auch aller Orthen dieses Sees kein mangel an Rebhüneren/Wachtlen/ Krametsvöglen/Amslen/Ringamslen/ Trostlen/ Wittenwallen/ Rebwinslen/ Lerchen/ so alle für köstlich gehalten werden.

Gemeine Speisvögel.

Sonsten giebet es noch viel andere Vögel/ die zur Speise gebraucht/ aber nicht so hoch als die vorgehenden gehalten werden/ als Eggenscheren/ Mistler/ Rinderstarzen/Holtzgügel/Grünspecht/ grosse und kleine Schiltspecht/ Tobler/ Maurspecht/Hetzlen/Kirsfinken/Blutfinken/ Buchfinken/ (deren ein Schneeweisser Año 1688. bey dem Schloß zu Pfäffiken sich aufgehalten/ war sehr zahm/) Waldfinken/Grünfinken/Nußbrecher/Spatzen/Wiese Emerizen/Gelb Emerizen/WeißEmerizē/so alle Herbstzeit im Strick häufig gefangen werden.

Weisser Buchfink.

Singvögel hat man so viel einer

Singvögel.

be-

begehret/als Nachtigallen/ Zinßli/ Fä-
demli/ Creuzvögel/ Schwarzköpf/ Di-
stelvögel / Graßmuggen/ Natherzüng-
lein/ (ins gemein Windhälse geneñet/)
Citrinle / Rothbrüstlein/ Haußröthelj/
Zaunschlipferlein / wie auch allerhand
gattungen Meissen/als: Spiegelmeisen/
Blaumeisen/ Kohlmeisen/ Maurmei-
sen / Pfannenstilein oder Schwanz-
meißlein / und Waldmeißlein / auch
Speiren/ Schwalben/ Thurnspeiren/
u. a. m.

Raub-und Fleischfrässige-Vögel Raubvögel
seind um den ganzen See nur gar zu viel/
als: SteinAdler/Gyren/Habich/Moß-
weyen/Falken/Sperwer/Uhu oder Oh- Streit zwischen einem
Uhu und
Adler.
renEule/ (deren einer A.1654.nächst bey
der Statt Zürich/ vast einen halben tag
lang mit einem Adler gestritten/ und seine Klauen solcher gestalten in denselbigen getruket/ daß/ als der Adler tod auf
die Erde gefallen / Er sich nicht mehr daraus loos machen können : Solchen
hatte hernach / Herr Jacob Ziegler
D. Med. eine zeitlang in seinem Haus
erhalten und ernehret.) Steinkäuzlein/ Seuszen
Der Stein-
Käuzlein
ein böser
Vorbott.
(deren sich viel / insonderheit A. 1652.
in dem Geißthurn/ vor dessen zerspren-

S v   gung

gung/mit kläglichem Seuffzen und ächtzen aufgehalten/dardurch under den Leuthen / die von diesen Vöglen nichts ge-
wüßt/als die sich eingebildet/ein ächtzen
armer/ betrübter Leuthen/ oder sonsten
ein Vorbott eines grossen bevorstehen-
den unglüks zuseyn/welches dann auch
den 10. Brachmonat erfolget / als
der Geißthurn zersprungen / ein grosser
Schrecken erwecket worden.) Nacht-
Eulen/Wannenweher/Kleine Fälklein/
Rappen/Krayen/Nebel Krayen/Aeger-
sten/Guggauch/Dornaegersten/Tullen/
Dorn Kretzer/ (so nicht grösser als eine
Lerch/ und doch so grosse / oder noch viel
grössere Vögel als sie seind / angreiffen
und fressen /) diese alle bringen mehr
schaden dann nutzen / werden deßwegen
von den Jägeren heftig verfolget.

Frömde
Vögel böse
Vorbotten.

Zun zeiten giebet es auch gantz Frömde Vögelein / die scharenweise durch unser Land fliegen/als: Böhmerlein/Böh-
mische Hätzlen oder Roller/ Todtenvö-
gelein/Thütscherlein/u.a.m.sind aber gemeinlich keine gute Vorbotten/dañ meistentheils schwere Krankheiten/oder sonsten grosses Ungemach darauf erfolget.

Viel Vögel
gefangen.

A. 1525. Fienge man in dem Zürich-

gebiet

gebieth in die 30. Centner Vögel/ je fünf
für ein pfund gerechnet.

Und/weilen diese Berge aller Orthen
(wo keine Rebberg) so fruchtbar an
Wieswachs/ kan man leichtlich abnemmen / was für eine grosse menge Viehe
daselbsten erzogen werde/weilen nicht allein sehr viel Ochsen und Kälber gen Zürich in die Mezge verkaufet / sonder alle
Jahr bey hunderten weis / Ochsen und
Kühe in Italien getrieben werden. Die
Futerung dieses Viehes ist so treffenlich/
daß die Ochsen der Orthen keinen in der
ganzen Eidgnoßschaft an grösse im we-
nigsten nachgeben. So werden auch in
diesen Bergen sehr viel schöne und köstliche Pferde erzogen / welche von den
Frömden um ein grosses Gelt erkauft
werden. Klein Viehe/ als Geissen und
Schaafe/hat es zwarn auch/aber wenig.

An Hochgewild und anderen köstlichen Thieren haben diese Berge auch
keinen Mangel : Obwolen die Hirschen und Wildenschweine nicht stets
sich allda aufhalten/werden doch zun zeiten daselbst geschossen / und von dem
Landvolk verfolget.

A. 1557. ist bey Ehrlibach ein grosser

Marginalien:
Grosse Vie-
he zucht.

Grosse Och-
sen.

Schöne
Pferde.
Wenig klein
Viehe.

Hochge-
wild.

ge-

gehörnter Hirsche in dem See gefangen worden / als er wollen an das Land setzen.

Anno 1683. Haben sich auf dem Albisberg eine grosse anzahl Wilder Schweinen aufgehalten / darvon seind Eilfe in einem tage gefangen / und in die Statt Zürich gebracht worden.

Was die Reehe belanget / seind selbiger so viel / sonderlich in dem Sillwald / daß man deren haben kan / wann man begehret.

Wölfe / Lüchse / und andere schädliche Thiere gibet es auch / werden aber zu allen zeiten auf das äusserste verfolget.

Hasen giebet es eine grosse menge / und ist vast kein Dorf / darinnen nicht ein Jäger zufinden / der durch das Jahr viel schiesse. Zun zeiten giebet es ganz weisse Hasen / insonderheit wann ein kalter Winter ist.

So giebet es auch die schönsten und grösten Füchse / die weit und breit sehr theur verkauffet / und sonderlich in Polen und Moscau allen anderen Füchsen vorgezogen werden.

Auch giebet es sehr grosse Wilde Kazen / und werden insonderheit auf Bi-

ber-

Marginal notes (left column):

Ein Hirsch in dem See gefangen.

Wilde Schweine.

Reehe.

Schädliche Thiere.

Hasen.

Weisse Hasen.

Grosse Füchse.

Wilde Kazen.

berlins Burg/ jez Burghölzlein genen-
net/mithin derselbigen geschossen. Den
21. Jenner A. 1688. hatte ein achtzehen
Jähriger Knabe zu Volkenschweil eine
Wilde Katze gefangen in seinem Tau-
benhause/ welche Er mit einem stecken
tod geschlagen/ hatte 14. pfunde gewogen.

Eine in ei-
nem Tau-
benhaus ge-
fangen.

Tahmarter/ Steinmarter/ Iltis/
Wiselein/ und Eichhörnlein seind sehr
gemein.

Ander Ge-
wild.

Es werden auch in diesen Bergen hin
und wider viel Dächse herfür gegraben/
deren einer in die 40. pfunde wigt/ seind
sehr fett: ihre fette wird von den Roß-
Arzten theur aufgekauffet.

Dächse.

Gemse und Murmelthierlein/
giebet es zwaren keine/ doch seind zun
zeiten in den Lachnerischen Alpgebirgen
gefangen worden. A. 1533. den 3. Mey
haben die Ehrlibacher/ in ihren Reben
daselbst/ einen Gemsbok gefangen. Auch
hatte den 22. Wintermonat 1684. Hans
Ulrich Schwarzenbach in der Oberen-
straas ein Gems nicht weit von der Statt
geschossen.

Gems.

Es giebet auch viel Igel/ Haselmaüs/
Schärmaüs/ und dergleichen. Ob sie

Zur Speise
unnütze/ und
schädliche
Thiere.

wol

wol schädlich/und unnütz zur speise/ werden doch ihre Bälglein von den Kürßneren zu nutz gezogen.

Jezunder wil Ich auch noch etwas handlen von Gelehrten / Kunstreichen/ und Wolgereißten Leuthen / deren eine grosse menge sich an diesem See / und sonderlich in der Statt Zürich aufgehalten/wie ihre hinderlaßne Schriften bezeugen.

Es ist billich / daß zu vorderist under die gelehrten Leuthe gezellet werde / S. Felix/aus der Thebaischen Legion/welcher um das Jahr Christi 300. zum ersten in diesen Landen/neben Regula und Exuperantio / das Heidentum widerfochten/ hingegen das Evangelium geprediget/und von deßwegen gemarteret worden under dem Römischen Landvogt Decio.

An diesem See haben sich auch etwas zeits aufgehalten S. Gallus/und S. Meinrad / von denen schon meldung geschehen.

Um das Jahr 996. lebte Virandus, Graf zu Wandelburg und Rapperschweil/der dritte Abt zu Einsidlen / ein treffenlich gelehrter Mann und berühm-

Marginal notes:
Von Gelehrten/ Kunstreichen und Wolgereißten Leuthen.

S. Felix.

S. Gallus und S. Meinrad.

Virandus ein gelehrter Graf.

ter

terPoet ;ſtarb im jahr 1027.den 11.Febr.

Arnold von Breſſen / oder de Brixia, lehrete zu Zürich in dem 12. Seculo ſolche ſachen / welche dieſer zeit daſelbſt gut geheiſſen werden.

(Marginalia: Arnold von Breſſen.)

Wernher Flos, Probſt zu Zürich/ hat A. 1243. vor und nach gelebt ; wird genennet ein Caplon des Römiſchen Königs Wilhelms/Grafen in Holland.

(Marginalia: Wernher Flos.)

Conrad von Mure / Chorherr und Cantor der Stift zum Groſſen Münſter / lebte um das Jahr 1273. er ſchriebe underſchiedliche Bücher/war ein guter Poet.

(Marginalia: Conrad von Mure.)

Johannes von Wildegg/ Probſt zu Zürich/lebte A. 1300. vor und nach: Dieſer iſt K.Rudolfs / und König Albrechts Canzler geweſen.

(Marginalia: Johannes von Wildegg.)

Kraffto / Graf zu Toggenburg/ ein herrlicher Mann/auch Probſt zu Zürich/um das Jahr 1312.unter ihme ward die Statt Zürich wegen Keiſers Ludwigen des 4. deme ſie anhengig ware / in Bañ gethan / daraus viel Unheil entſtanden.

(Marginalia: Kraffto Graf zu Toggenburg.)

Johannes Viroduranus ſchreibt/ daß um das Jahr Chriſti 1330.ein Freiherr von Regenſperg / der auf dem

Schloß Balp/am Zürich-See gelegen/ gewohnet/ sehr gelehrt gewesen/ und fleissig gestudiert habe.

Rudolff von Wartensee/ ein gar ernsthaffter Mann / und Probst zu Zürich/hat A. 1346. mit grossem Fleisse/ das Statutenbuch wiederum erneueret/ dann in der Wakerboldischen Brunst das Gestifft grossen Schaden an den Bücheren erlitten hat.

Bruno Brun/ ware A. 1360. Probst des Gestifts zu Zürich/auch Keisers Caroli des 4. Caplon und geheimer Rath.

Heinrich Nydhart/ der Frejen Künsten und Decretorum Doctor, Chorherr zu Zürich/und Costanz / auch Lüthpriester zu Ulm/lebte A. 1440.

Felix Schmid/ oder Faber, von Zürich / Prediger Ordens zu Ulm/ lebte A. 1483. liesse underschiedenliche sachen ausgehen.

Doctor Felix Hemerlin/ oder Malleolus, Chorherr zu Zürich / lebte um das Jahr 1454. liesse underschiedenliche Schriften ausgehen/ deren ein theil ihme grossen Unwillen verursachten.

Peter Nümagen/ Caplon bey

S.

S. Lienhard auſſert der Statt / lebte A.
1483. hat etliche Sachen laſſen ausgehen.

Johannes Mantz / beider Rechten
Doctor / Probſt zu Zürich ſtarb A. 1518.
den 5. Octob.

Herr Felix Frey / Magiſter Artium Pariſienſis, ein gelehrter Herr / ware der letſte Probſt zu Zürich / von 1518.
bis 1555. unter ihme geſchahe die Reformation : er ſtarb den 26. Apr.

Mr. Conrad Hoffmann / Leütprieſter zu Zürich / ein ernſthaffter Herr
wider das Gelt nemmen von frömbden
Fürſten und Herren / lebte nach zur zeit
der Reformation, deren er nicht gar
günſtig geweſen. Starb. A. 1524.

Mr. Huldrich Zwinglj / den 1.
Jenner 1484. zum Wildenhaus in der
Grafſchaft Toggenburg gebohren / ward
Pfarrer zu Glarus / darnach zu Einſidlen / von dannen wurde Er naher Zürich
beruffen / allwo Er bei dem Groſſen
Münſter Pfarrer ware: thate die Erſte
Predig auf den Neuen Jahrstag / A.
1519: zu ſeinen Zeiten geſchahe die Reformation, darzu er ernſtlich geholffen. Er
wurde A. 1531. zu Cappel erſchlagen.

Mr. Heinrich Bullinger von

Johannes Mantz.

Felix Frey

Conrad Hofman.

Huldrich Zwingli.

Heinrich Bullinger.

T   Brem-

Bremgarten folgete auf ihne / ein
sehr gelehrter Herz / welcher das Wercke
der Reformation fleissig fortsetzte / und
seinen höchsten fleiß und Mühe darzu an-
wendete. Seine / so wol Geistliche als
Historische Schrifften/hinderlassen ihme
einen immerwährenden Ruhm.

Hr. Rudolf Walthert / folgete
auf ihne A. 1575. Er ware ein guter Poet
und Hochverrühmt wegen seiner außge-
gangnen Schrifften.

Hr. Ludwig Lavater /welcher
auch schöne Bücher lassen ausgehen/kam
an seine stat A. 1585. Auf Ihne ward zu
einem Pfarzer angenommen

Hr. Rudolff Stumpf / A.1586.
dieser,stuhnde der Gemeinde vor 6. Jahr
lang/ Starb A. 1592. den 29. Ian. Auf
ihne wurde zu einem Pfarzer erwehlet :

Mr. Burkhart Leeman / A.
1592. Er ware auch ein guter Astrono-
mus, und hate ein sonderbahres Trac-
tetlein lassen außgehen / darinnen er ein
Universal Instrumentlein zun Sonen
Uhren beschreibet. Auf ihne folgete

Hr. Hans Jacob Breitinger/
A. 1613. Ein Mann von grosser Wüssenschafft und Ansehen : man liebete Ihn

wegen

Rudolf Walthert.

Ludwig Lavater.

Rudolf Stumpf.

Burkhart Leeman.

HansJacob Breitinger.

wegen seiner Freundtlichkeit / und förchtete Ihne wegen seines ernsts: Es sind zu seinen Zeiten / durch sein Ansehen vil Mißbräuche / abgestellet worden : Er ward A. 1618. auf begehren der Herzen Staden / neben anderen Evangelischen Eidtgnößischen Predigeren auf den Synodum gen Dordrecht geschickt / allwo Er grossen Nutzen geschaffet. Auf Ihne waren Pfarrer nach einanderen / alles / in Lehr und Leben / gewaltige Herzen :

Hr. Hans Jacob Irminger / A. 1645.

Hr. Hans Jacob Ulrich. A. 1649.

Herr Caspar Waser / Anno 1668. Bey diesem Herzen ist wol zubeobachten / daß Er disere Hohe Ehren Stell / und sein Bruder / Herr Hans Heinrich Waser das Burgermeistertum / neben einanderen ein gantzes Jahr loblich und ruhmlich versehen : haben also diese beide Herzen Brudere die zwey höchsten Ehrenstellen (der einte des Geistlichen / der ander aber des Weltlichen Stands) der Statt Zürich zu gleicher Zeit vertretten.

H. Hans Jacob Müller / A. 1677
Hr. Heinrich Erni / A. 1680.

Margin notes:
Hans Jacob Irminger.
Hans Jacob Ulrich.
Caspar Waser.
Hans Jacob Müller.
Heinrich Erni.

Hr.

Hr. Anthoni Klingler. s. s. Th.
D. A. 1688. Welchem Gott die Gnad
verliehen wolle/daß Er seine gelehrte und
Wüssenschafft weiters zu Gottes Ehr/
und Erbauung der Gemeinde anwenden
möge.

Obgleich vil /und meistens Herzen
sind /die den Gradum Doctoratus wol
verdienet / selbigen aber/weilen es allhier
weder gebräuchlich / nach auch nothwendig / nicht annemmen / so sind doch
gewüsse Herzen/ welche auf Hohe Schulen beruffen worden /(allwo keiner / der
nicht Graduierter Doctor ist / angenommen wird /) die solchen gleichsam
gezwungen / angenommen / als da sind
folgende Herzen :

Hr. D. Petrus Martyr , ein gebohrner Florentiner / und sehr gelehrter Mañ
ware erstlich zu Straßburg / hernach zu
Oxford in Engelland/ endlich zu Zürich
Professor Theologiæ. A. 1561. hat Er
neben Hr. Johañ Wilhelm Stückj
dem Colloquio Possiaceno in Franckreich beygewohnet. Er starbe A. 1562.
den 12. Wintermonat/ in dem 63 Jahr
seines Alters : von seiner herzlichen Ge-

lehrte

Anthoni
Klingler.

Doctores
Theologiæ.

Peter Mar-
tyr.

lehrte zeugen seine vilfaltig an den Tag gegebne Schrifften.

H.D.Raphael Eglin/ein gelehrter Hr. und vortrefflicher Poet/Iconius genennet/ war Pædagogus zu dem Frau-Münster/ und Chorherr zu dem Grossen-Münster/ zoge gen Marpurg/und wurde auf der Hohen-Schul allda Professor und Doctor Theologiæ,A. 1605. Als er aber den Gradum Doctoratus erlanget/ hat Er gesprochen: Iam sum Doctor, sed non Doctior :auf welchen reden die Herzen Doctores nicht vil gehalten/ vermeinende dardurch beschimpfet zu sein: Starb zu Marpurg A.1622. den 20. Augstmonat.

Raphael Eglin.

H. Doct. Joh. Heinrich Hottinger / deme in den Orientalischen Sprachen wenig gleich gewesen. Ward A. 1655. von dem damahligen Churfürsten zu Heidelberg / wegen seiner Gelehrte auf die Hohe Schul daselbsten berufen / deren Er mit bestem Lob vorgestanden / und nachdeme Er wiederum heim berufen/mit bestem Dank und vernügen von Jhme entlassen worden. Als Er nun auch dem Vatterland mit grossem Lob gedienet/ist Er A.1667.von den

Joh. Heinrich Hottinger.

Vorstehnderen der Hohen Schul zu
Leiden/ mit solchem ernst und anhalten
dahin begehret worden/ daß Er solches
nicht wol abschlagen können/sonder hat
mit guter verwilligung der Oberkeit solche Stelle angenommen : Da Er aber
vor seiner Reise gewüsser ursachen halben in sein Landgut/Sparenberg genen-
net/zwey stund under der Statt/ auf der
Lindmat/fahren wollen/und das Schiffe an einem Schwirzen / welchen das
Wasser bedecket hatte/ angestossen/ und
umgekehret worden/ist Er den 5.Brach-
monat 1667.samt zweyen Töchteren und
einem Söhnlein / auch Jr.Rittm.
Hans Georg Schneebergern/ mit
grossem bedauren Frömder und Heimi-
scher/ellendiglich und erbärmlich ertrunken. Seine herzliche Schriften aber erhalten ihme eine immerwährende Gedechtnus. Den 7. Junij als man sie bestatte-
te/hat es sehr stark geschneyet/thate an etlichen Orten grossen schaden./ in deme es
die Feldfrüchte solcher gestalten nieder-
getrukt/daß es geschienen/als ob man ein
grosses bloch darüber gewalzet hette.

Joh.Hein-
rich Heideg-
ger.

Hr. D. Joh. Heinrich Heideg-
ger/ ab dessen gelehrten / Geistreichen

vielen

vielen Schriften / und unverdroſſner groſſer Arbeit und Fleiſſe/ſich alle Gelehrten verwunderen. Selbige nach verdienen weitläuffig und mit vielen Worten auszuſtreichen / were vaſt unmöglich/ auch ihme nicht lieb und angenehm/ſintemeilen ſeine Schriften ſelbſten reden: diſmahlen vertrittet Er die eine Stell Profeſſionis Theologicæ; die andere aber wird durch Hrn. Caſpar Wolf/ Verwalter der Stift; mit ſonderbarer Glehrte ruhmlich verſehen.

Hr. D. Johann Georg Füßlin/ hatte ſich zu Heidelberg aufgehalten/ und daſelbſten profitiert ; das eingefallene Kriegsweſen hatte ihne in dem Vatterland behalten; hat unter handen herzliche Sachen / welche er mit der zeit wird an das Tagliecht geben.

Was die Profeſſores und andere Theologos antrift/ ſo ſeind verzühmt/ Mr. Leo Jud / Hr. Theodorus Bibliander, Hr. Conrad Pellican: die Herzen Aberli/ Amanen/ Balber/ Baumler/ Bruner/ Bullinger/ Buloth/ Burkhart/ Engeler/ Erni/ Fäſi/ Frieſen/ Füßli/ Geßner / Haller / Hamberger/ Hofmeiſter/ Holzhalben/ Körner/ Lava-

Caſpar Wolf.

Joh. Georg Füßlin.

Berühmte Profeſſores und Theologi,

ter/ Müller/Otten/Reutlinger/Schäb-
ler / Senn / Simler/ Stutz/ Thoman/
Trüben/ Ulrichen/ Wagner/ Walther/
Waser/ Weissen/ Werdmüller/ Wir-
then oder Hospiniani, Wirtzen/ Wi-
sendanger/ Wolfen/ Wonlich/ Zeller/
Ziegler/Zwingli/und viel andere mehr.

Professores in Griechischer Sprach
Professores in Griechischer Sprach
waren über ein theil obgenanter/ Hr.
Johann Jacob Amman/ welcher
A. 1526. dem Religionsgespräch zu J-
lanz in Pündten beygewohnet. Herz
Rudolf Collinus, Rudolf Collinus am Bühl/von sei-
nemLebenslauf/hat er selbsten folgendes
Tetrastichon aufgesetzt:

Gundelij natus, Studiosus, Restio,
Miles,
Mox Tiguri civis: Deinde Pro-
fessor eram:
Nunc quoque in extremis, qualis
me cunque manet sors,
Sors hæc in manibus stat Deus
alme tuis.

Hr. Ulrich Engeler / Mr. Felix
Spörj / Hr. Caspar Weiß / Hr.
Hans Caspar Schweitzer. Hans Caspar Schweitzer/ der ein
schönes Griechisches Lexicon ausgehen

lassen/

laſſen / und dieſer Sprach alſo erfahren
war/ daß von ihme geſagt worden : Er
rede beſſer Griechiſch / als ein geborner
Griech ſelbſt. Ihme folget in der Profeſſion und Gelehrte nach ſein Sohn/
Hr. Hans Heinrich Schweizer.

H. Gabriel Gerber/ Pfarzer zu Bü-
lach/ Hr. Hans Ulrich Grob/ Pfarrer zu Stein/ Hr. Johannes Wirz/
Profeſſor Theologiæ , Hr. Felix
Weiß/ Poëta laureatus, Pfarrer bey
dem Frau Münſter / Hr. Wilhelm
Simler/ Zuchtherr (welcher ein ſchönes Geſangbuch laſſen ausgehen/) und
Hr. Hans Georg Müller/ Pfarzer
zu Tallwyl und Decanus des Capitels
am Zürich-See / waren ſehr fürtreffen-
liche Poeten.

Hr. Hans Caſpar Suter/ Archi-
diacon zum Gröſſen Münſter / hat den
Zürich-Catechiſmum, mit Erläuterun-
gen und Zeugnuſſen / zu groſſer Erbauung der Jugend/ vermehret/ und wurde
zum erſten mahl getrucket/ A. 1639.

Hr. Johañes Frieß/ hat ein koſtlich groß Dictionarium Latino-Ger-
manicum laſſen ausgehen. Starb A.
1565. den 28. Jan.

Hr.

Hans Hein-
rich Schwei-
zer.
Poeten.

Hans Ca-
ſpar Suter.

Johannes
Frieß.

Hr. Caspar Waser/ ware neben anderen Wüssenschaften / der Hebraischen / Syrischen und Chaldeischen Sprachen gar wol erfahren. Starb A. 1629. den 9. Sept.

H. Johannes Müller / ware treffenlich geübet in den Orientalischen Sprachen. Starb A. 1684. den 26. Decemb.

Jeziger zeit wird die Professio Metaphysica in dem Collegio Publico mit sonderbarer Glehrte versehen durch Herrn Johañ Lavater; die Hebraica durch Herrn Joh. Heinrich Hottinger/des Herrn Doctors sel. Sohn; und die Professio Eloquenciæ durch Herrn Caspar Hofmeister.

In beschreibung der Eidgenössischen Geschichten seind verrühmt/ Hr. Heinrich Brennwald Probst zu Embrach/ Hr. Johannes Stumpf/ Jr. Johannes Krieg zur Sonnen / und Jr. Ulrich Krieg zum Adler/ H. Eberhard Müller/Ritter und Schultheis/ H. Hans Füßli/H. Joh. Rudolf Stumpf / H. Caspar Frej Stattschreiber / Jr. Gerold Edli-

bach/

Marginal notes:

Caspar Waser.

Johannes Müller.

Joh. Lavater.
Joh. Heinrich Hottinger.
Caspar Hofmeister.

Histerici.

bach/ Hr. Caspar Schwerter. Hr.
Josias Simler/ und sein Sohn H.
Rudolf Simler / Med. Doct. Hr.
Hans Heinrich Schweizer / Hr.
Johannes Haller/ H. Hans Ru=
dolf Wirt/ oder Hospinianus, Theo-
logus und Historicus insignis, H. D.
Heinrich Hottinger / und erst neu=
lich/ Hr. Rathsherr Hans Heinrich
Rahn.

Hr. Diethelm Keller/ Pfarrer zu
Mur am Greiffen = See ein guter Poet
und Historicus, hat A. 1558. ein schön
Buch von alten Römischen Münzen
aus dem Lateinen in das Teutsche über=
setzt.

Hr. Hans Heinrich Ott / Professor Historiarum, ware wegen seiner Schriften auslands in so hohem
ansehen / daß sie ihn unter die Gelehrte=
sten Scribenten gezehlet/ starbe A. 1682.
den 26. Mey. Ihme folgete in der Profession nach/ sein Bruder/ H. Hans
Rudolf Ott.

Was die Doctores Medicinæ an-
trift/ so seind hierinn berühmt:

Herꝛ

(Marginalia:)
Diethelm Keller.

Hans Hein-
rich Ott.

Hans Ru-
dolf Ott.
Doctores
der Artz-
nei.

Hr. Conrad Dürſt/ Keiſerlicher Leib-Medicus, und Ritter.

Hr. Conrad Heingartner/Doct. Med. und Caroli VIII. Königs in Frankreich Leibarzet. Lebte A. 1495.

Hr. Eberhard Schleuſinger / Med. Doct. Lebte ungefahr 1470. hat ein Buch von Cometen geſchrieben.

Hr. Rudolf Arzet/Phyſicus, lebte A. 1472.

Hr. Chriſtoph Clauſer/Artium & Med. Doct. ſtudierte zu Krakau in Polen/hernach zu Padua und Ferrara in Jtalien/allwo er A. 1514. den Gradum Doct. empfangen A. 1521. ward er Zwölfer bey der Saffran und Stattarzet/ hat underſchiedenliche ſachen laſſen im Truk ausgehen.

A. 1523. Wohnete in der Jnſul Uffnau Hr. Johannes Schnegg / Pfarzer daſelbſt/der ware wegen der Arzney ſehr verzühmt.

Hr. Conrad Geſſner/ M. D. ein hochgelehrter und arbeitſamer Erforſcher natürlicher Dingen / welcher von vielen Gelehrten Plinius Secundus genennet worden / hatte herzliche Bücher von der Arzney/ und ſonſten auch ein

ſchönes

schönes Vogelbuch / Fisch-Thier- und Schlangen-Buch in Truk lassen ausgehen. Danahen Keiser Ferdinand Ihne mit einem schönen Wappenbrief begaabet/darinen aller Thieren König/als ein Löw / ein Adler/ Delphin und Schlange mit gekrönten Häubteren zusehen: starbe in dem 49. Jahr seines Alters A. 1565. den 13. Dec.

Hr. Caspar Wolff/ M. D. hatte vil köstliche Bücher lassen ausgehen/lebte A. 1566.

Hr. Antonj Schneeberger/ M. Doct. war A. 1570. vor und nach wegen seiner Wüssenschaft zu Krakau in Polen sehr verrühmt/ hat underschiedenliche sachen lassen im Truk ausgehen. Von Ihme hat Hr. Hans Ulrich Grob folgendes aufgesezt:

Dum Sneebergero currebant stamina vitæ

Helvetiæ decus & gloriaGentis erat:

Quin etiam donec Medicinæ fama manebit,

Helvetiæ decus & gloria Gentis erit.

Hr. Georg Keller/D. M. hat A.

1576.

1576. die Schiffahrt gen Straßburg/ deren er auch beigewohnet/beschrieben.

Joh. Jacob Nüscheler.

Hr. Johañ Jacob Nüscheler/ M. D. lebte A. 1583.

A. 1590. waren vor und nach ver-rühmt Herꝛ Doctor Hans Jacob Muralt / Hr. Doct. Thaddeus Dunus/ und Hr. Doct. Johannes Binder.

Hans Ja-cob Muralt. Thaddeus Dunus. Johannes Binder.

Heinrich Lavater.

Hr. Heinrich Lavater/ M.D. und Verwalter A. 1601.

Joh. Jacob Wolff.

Hr. Johann Jacob Wolff/ leb-te A. 1603. ware M.D.

Christof Gyger.

Hr. Christof Gyger/ ein berühm-ter Medicus, lebte A. 1623. ware Profes-sor Physicus und Statartzet.

Hans Jacob Frieß.

Hr. Hans Jacob Frieß/ M.D. und Verwalter A. 1630.

Jacob Zieg-ler.

Hr. Jacob Ziegler/ M. D. hat ein Tractat von dem Tabak/ und einen de Fermenatione oder Jast lassen aus-gehen / er ware Zunftmeister A. 1634. starb A. 1670. den 6. Jun. ætat: 79.

Rudolf Gy-ger.

Hr. Rudolf Gyger/ M.D. ward A. 1637. Professor Physicus, und Ver-walter A. 1656.

Joh. Rudolf Gwerb.

Hr. Johann Rudolf Gwerb/

M.D.

M. D. hat A.1651. einen Kalender laſſen
ausgehen/ in welchem Er bey dem Alten
und Neuen Kalender Zeichen geſetzet:
bej dem Alten die gewohnlichen/ bej den
Neuen aber den Lauf des Monds/durch
die geſtirnte Zeichen/für die jenigen/wel-
che in dem purgieren / ſchrepfen / Ader-
laſſen / der Zeichen gewahren; auch hat
er eine Sphæram Armillarem verzeich-
net/ und in das Kupfer bringen laſſen.

Hr. Carolus Spon/ Med.Doct.
war zu Lyon wegen ſeiner Wüſſenſchaft
in hohem anſehen: A.1684. ſtarb er daſelbſt.

Hr. Jacob Spon/ M. D. obgedachten Herzen Sohn/ſtarb A.1685. zu
Vivis am Genfer-See.

Hr. Hans Heinrich Lavater/
M. D. iſt wegen ſeiner erfahrenheit ſehr
berühmt/ verſiehet diſmahlen die Pro-
feſſionem Phyſicam in Collegio Ca-
rolino.

Zu dieſen unſeren zeiten hat es gewaltige Medicos, die hin und wider in
weit entlegne Orth berüft werden/als die
H. Bürkli/ Heidegger/ Hottinger/
Kitt/ Lavater/ Muralt/ Ott/ Sim-
ler/ Steinfels/ Wagner/ Ziegler.

Carolus Spon.

Jacob Spon.

Hans Hein- rich Lavater.

Verrühmte Medici.

Chi-

Chirurgi.

Chirurgos oder Wundärtzte/ hatte es auch von zeiten zu zeiten wolberühmte und Kunstreiche/ als namlichen :

Jacob Ruef.

Hr. Jacob Ruef/ welchen Hr. Doctor Geßner / Experientissimum namsete/ ware ein Poet/ hat underschiedenliche Comœdien gestellet/ und andere sachen in Truck verfertiget / lebte um das Jahr 1554.

Matthias Hirtzgartner.
Felix Wirtz.

Hr. Matthias Hirtzgartner / lebt A. 1568.

Hr. Felix Wirtz oder Würtz/ ein verzühmter Wundartzet / zoge von Zürich gen Basel / und da dannen gen Straßburg / lebte um das Jahr 1612. Helmontius, *Operum p. m.171.* nennete ihn/ Modernorum Chirurgorum antesignanum.

Jacob Amman.

Hr. Jacob Aman/ ware sehr verrühmt / that eine Reise in das Gelobte Land / und liesse sie in Truck ausgehen. Er starbe A. 1658.

Jacob Hirtzgartner.

Hr. Jacob Hirtzgartner/ ware ein verzühmter Wundartzet/ und trefenlicher Chymicus, starbe A. 1669.

Zu dieser zeit hat es (Gott lob) an wolerfahrnen und Kunstreichen Chirurgis keinen Mangel.

In der Mathematic sind bekant:

Hr. Leonhard Zubler/ welcher ein schön Buch hat lassen ausgehen von dem Feldmessen.

Hr. Heinrich Strübj/ ein trefenlicher Rechenmeister/liesse A.1588. ein schönes Buch von der Rechenkunst / in Teutscher Sprach im Truk ausgehen.

Hr. Philipp Gyger / lebte A. 1619. ware ein vortrefenlicher Rechen-Meister/ wie seine/ durch den Truk/ an das Tagliecht verfertigte Rechenbücher bescheinen.

Hr. Matthias Hirzgartner/ ein vortrefenlicher Mathematicus, ware A.1612. Pfarzer zu Zolliken.

Hr. Philipp Eberhard/ein Erfinder vieler neuer Mathematischer Künsten / lebte Anno 1623. seines alters 60. Jahr.

Hr. Johannes Murer/ Pfarrer zu Rikenbach / und Decanus des Winterthurer Capitels/ ware ein trefenlicher Mathematicus ; starb in dem 86. Jahr seines alters.

Hr. Michael Zingg/ Pfarzer bey S.Jacob/war ein solcher Mathemati-

U   cus

cus und Aſtronomus, dergleichen weit
und breit keiner zuſinden : hatte eine be-
ſondere Saul/ in dem Feld bey Altſtet-
ten aufgerichtet/ worbej Er bemerket den
Lauf der Sternen/und ſehr accurat verzeichnet ; Er ware der Algebræ über
die maſſen wol kündig.

Johañ Ar-
düſer.

Hr. JOHANN Ardüſer/ hat ein
zierliches Buch von den Geometriſchen
Fundamenten Euclidis, Año 1627. in
Truk laſſen ausgehen.

Hans Georg
Werdmül-
ler.

Herr Feldzeugmeiſter Hans
Georg Werdmüller/ hernach des
Rahts. Dieſe beide Herzen ſeind Año
1642. zu Schanzen-Herzen verordnet
worden/ und auf ſie:

Hans Hein-
rich Rahn.

Hr. Hans Heinrich Rahn /
hernach Seckelmeiſter/ware nicht nur in
Mathematiſchen/ ſonderen auch in Me-
chaniſchen Künſten treflich geübet/hatte
in Truk gegeben/ eine Algebram, und
anders mehr. Als er Zeugherz war / hat
er A. 1563. mit groſſer müh und fleis zu
wegen gebracht einen Kauf einer zu
Straßburg/ vor dieſem zu Benſelden/
geſtandnen anſehenlichen Artillerey/wel-
che beſtanden in 12.halben/ 4.viertheil
Carthaunen/ 3.halb ; ein viertheil und 1.

acht-

achtheil Feldschlangen/ 4. kleine Regiment-Stüklein/alles wol beschlagē/samt vielen Lunden/ Kuglen/Granaten / welche im Merzen gedachtes Jahrs glüklich zu Zürich eingebracht worden. Starb A. 1676. den 27. Mey.

Jr. Zeugherr Beat Rudolf Göldli von Tieffenau/ A.1663.

Hr. Hans Rudolf Müller / Stiftschreiber. A. 1679. Diese Herzen haben mit höchstem Ruhm/ grosser mühe und fleisse/dieses grosseWerk der Fortification, sowol um die grosse/ als um die kleineStatt in gegenwirtigenStand gebracht.

Hr. Haubtmañ Hans Ulrich Schmutz/als in dieser Kunst geübter/ ist auch darzu gezogen worden.

Die Obetauffeher dieses Vestunggebdues/als dieser sach wol verständige/ seind dismahln Herr Raths = und Bauherr Hans Heinrich Holtzhalb / und Jr. Rathsherr Hans Wilhelm Blaarer V. W. da dem letzteren das Stättlein Regensperg um etwas zubevestnen/anvertraut worden.

Hr. Johannes Herrliberger /

Beat Rudolf Göldli von Tieffenau.

Hans Rudolf Müller.

Hans Ulrich Schmutz.

Oberauffeher der Fortification.

Hans Heinrich Holtzhalb.

Hans Wilhelm Blaarer. V.W.

Johannes Herrliberger.

Pfarrer bey S. Jacob / ward wegen seiner Wüssenschaft in allen Mathematischen Künsten / sonderlich in Geometria, Geographia und Astronomia, geordnet/ die Jugend in der Mathematic zuunderweisen.

Caspar Schmutz.

Hr. Caspar Schmutz/ Pfarrer auf Regensperg/ware in der Mathematic, sonderlich in der Optic so geübt/ daß seines gleichen weit und breit keiner gewesen. Er hat Perspectiv-Rohr gemachet/ die in fehrne Länder verkauft worden / deren ist eines bis in die 12. Schuhe lang zu Zürich in der Burgerlichen Kunstkammer : Er starb Anno 1686.

Gerold Freitag.

Hr. Zeugherr Gerold Freitag hatte in der Mathematic, und sonderlich in Optischen Künsten schöne Wüssenschaft.

Hans Jacob Hulsiegger.

Hans Jacob Hulsiegger von Meilan / hat die Feldmesserey aus sich selbst / so wol erlehrnet / daß er die Güter abzumessen und in Grund zulegen / sehr viel gebraucht worden/starb A. 1687.

Gute Künstler.

Es haben die Anwohnere dieses Sees auch in anderen Künsten / sonderlich in

der Statt Zürich / keinem Volk nichts
nachgegeben.

Hans Asper / ware ein sehr kunstreicher Mahler / wie man das sihet an den
Löwen auf dem Rathhaus / und an den
12. Himlischen Zeichen an S. Peters
Thurn; starbe A. 1571. den 21. Merz.

Jost Aman / ware ein trefenlicher
und Kunstberühmter Inventor und
Zeichner / wie seine Biblischen Figuren /
und andere Kunstbücher von seiner hand /
den Kunstverstendigen genugsamlich
versicheren; lebte A. 1560. vor und nach /
liesse sich nider zu Nürenberg.

Hr. Gotthard Ringgli / ein sin-
reicher Mahler und Zeichner / starb Año
1635. ætat. 60. Sein Symbolum war:

Durch Misgunst / dem nichts wi-
derfahrt /
Der ehrlich lebt / und auf Gott
hart.
In den Ich mein vertrauen stell /
Man Ringgli es gleich wie man
wöll.

Hr. Samuel Hofman / ein berühmter Mahler hat sich zu Amsterdam

(Marginalia:) Hans Asper. Jost Aman. Gotthart Ringgli. Samuel Hofman.

verehlichet; starb zu Frankfurt am Main/
U. 1649.

H. Hans Rudolf Werdmüller/
Herrn Feldzeugmeisters s. Sohn/ ware
ein treffenlicher Zeichner und berühmter
Mahler/ ist U. 1668. in dem Blust der
Jugend/durch unfahl/ erbärmlich in der
Sil ertrunken.

Die Herzen Fries/Füßlin/Geß-
ner/Gyger/ Meyer/Müscheler/
Rubli/Stadler/Ulrich/Ziegler/ꝛc.
waren alles fürtrefenliche Mahler. Jeziger zeit hat es so herzliche Mahler/ daß
es scheinet/ als ob selbige auf einanderen
eiferen/ und je einer dem anderen es an
kunst und geschiklichkeit wolle vorthun.

Es haben Hr. Joß Murer Anno
1568.und H.Hans ConradGyger/
Amtmañ im Cappeler-Hof U. 1650.
die beyde trefenlich geübte Mathematici
gewesen/ mit sonderbarem fleiß/ auch
grosser mühe und arbeit/herzliche Landtafelen gemachet/ so von Frömden und
Heimschen sehr hoch gehalten werden.
Sonderlich ware der letztere sehr kunstlich in dem amalieren, oder hinder das
Glas mahlen/ daß seiner arbeit an Kö-
nigliche und Fürstliche Höfe begehret/

Margin notes:
Hans Ru-
dolf Werd-
müller.

Gute Mah-
ler.

Joß Murer.
Hans Con-
rad Gyger.

mit

mit groſſem Gelt bezahlet / und in den
Kunſt-Kaineren aufbehalten worden.

Hr. Wagmeiſter HansBern-
hard Holtzhalb ſel. hat eine ſehr Kunſtreiche Laternen gemachet / iſt in gevierte
2. Ellen hoch / und 1. Ellen breit ; halt an
gewicht 68. pfunde / iſt formiert als ein
Thurn ; hat 8. Rondelen / auf deren jeder
3. Metallene Stuke ligen / hiemit an der
Zahl 24. ſind / welche zum ſchieſſen föllig
geladen / und hernach alſo beſtekt werden /
daß / wann eins angezündt / man darvon
gehet ; ſo brennen ſie alle nach einander
dergeſtalten los / als wie eine Schlag-
uhr einen ſchlag nach dem anderen gibt /
alſo auch da ein Schuß auf den anderen
folget / daß alles ſoll Rauch / Feuer und
Dampf wird / ſo daß es / wann bey nacht
daraus geſchoſſen wird / und 5. Liechter
iſtwendig brennen / ſehr Kurzweilig anzuſehen iſt. Uber das / ſo hat es auch um
dieſes Werk 4. Umläufe / auf welchen
viel Soldaten mit ihren Officieré ſich befinden / alles von Zin und vergult. Auf jedem Stuk ſteket 1. Fähnlein / daran der
Lobl. XIII. und dero Zugewandten Orten
Ehren-Schilte gemahlet : auch hat ſie 4.
Pförtlein / ſo gegen einanderen aufge-

Hans Bern-
hart Holtz-
halb.

hen/da bey jederem halben theil der Thüren / ein Helvetier mit gewehrter hand
stehet/und über seinem haubt eine Schilt
hat von den 8.alten Orthen; (dann es
seind 8. halbe Thüren/ und hiemit der 8.
alten Orthen Schilt und Wappen darauf.) Dieses Werk stehet auf vier vergülten Knöpfen / hat unden har einen
schönen Spiegel mit vergülten zierathen/
samt des Inventoris Wappen und
Namen. Sonsten hat dises Werk über
die 2000. gevierte Gläser/ darunter viel
gemahlet sind : auch ist es mit mancherley gegossnen Mansbilderen / Engels-
Köpfen und dergleichen geziehret.

　　Hans Lutherer / Uhrenmacher/
ist ein solcher Künstler gewesen/ deßgleichen man wenig gefunde; Diser hatte A.
1538. gemachet die grosse und köstliche Uhr
bej St. Peter/die nicht nur auf allen vier
seithen des Thurns/durch sehr grosse und
schwere Zeigerstangen / so bej die 30.
Schuhe lang/die Stunden/sonder auch
auf einer sonderbahren Astronomi-
schen Tafel gegen dem Rathhaus / der
Sonnen und des Mondes Lauf / durch
die zwölf Himlischen Zeichen/weiset.

　　Johann Rudolf Stadler/ von

　　　　　　　　　　　Zürich/

Zürich/ ein Uhrenmacher/ ware seiner Uhren halben sehr verrühmt/ hatte in die fünf Jahre lang zu Ispahan in Persien/ selbigem König gearbeitet ; ist vor selbigem verklagt worden/ daß er einen Ehebrecher/(andere haben/einen Dieben) in seinem Hause ermördet/ deßwegen er zum Tod verurtheilet worden / doch mit dem beding / wann Er Christum verlaugne/ er des Königs gnad erlangen solte / und waren ihme darzu in die 300000. Thaler versprochen / welches Er aber nichts geachtet / sonder lieber für Christum sterben/ als dem König zugefallen/ und um zeitlichen Guts willen leben wollen : Ist also A.1636. in gegenwart vieler Christen niedergeseblet / und hernach in der Hollsteinischen Herren Gesandten Hofe/aus bewilligung des Königs/ehrlich begraben worden.

Hr. Doctor Johañ Jacob Schmid/ Chorherz zu Zurzach / beschreibet diese Histori in seinem Theatro veri Doloris, pag. 168. Impreß. 1668. in Latein mit diesen Worten : Rodolphus Stadler Helvetius, A. 1636. annis quinque præviis Persiano Regi, artificiosa Horologia conficienda laborabat, demùm in Metropoli Regia If-

Wurde jämmerlicher weise niedergeseblet.

B v paan,

paan, quòd Furem occidisset, capitis
reus dicitur, perdonandus tamen, &
in Principis gratiam recipiendus, si
Christum negâsset : Ille contemptis
blanditiis Christo mori, quàm Persi-
co Regi vivere maluit : Ergò Capite
minutum, Funus Holsatici Legati,
qui tum ibi fuerant, jn ædes suas,
concedente illud Rege, suscipi-
unt, posterísque diebus, fidum
constantémque Christi Athletham
solenni pompa funerali inter nume-
rosamChristianorum multitudinem
sepeliunt.

Felix und Conrad Bachofen. **Felix** und **Conrad** die **Bacho-**
sen/deren der letster A.1689. gestorben/
waren in kleinen und grossen Uhren sehr
verzühmt/insonderheit mit den perpen-
dicul-Uhren / welche bis auf ein pünct-
lein einzutrefen pflegen.

Johannes Hünj. **Johannes Hünj**/von Kepfnach/
ware ein treffenlicher Uhrenmacher und
sonst guter Künstler.

Alexander Dietschi. **Alexander Dietschj** / der Stein-
metz / ware ein Kunstreicher Bildhauer
in Holtz und Steinwerk.

Johannes Herzliberger. **Johannes Herzliberger** / obgedachten Herzen Pfarzers Sohn/an-

noch

noch ein Junger Mann / iſt in der
Trechslerey / es ſeye von Holz / Bein /
Meſſing / Eiſen / Silber / Gold / ſo ver-
rühmt / daß ſeine arbeit / der Kunſtreichen
Augſpurger Arbeit nichts nachlaſſet :
hat auch eine kunſtreiche Hölzerne Uhr
gemachet / ſo zu allen ſtunden eine Sand-
Uhr umkehret / und underſchiedenliche Figuren repræſentieret / auch zeiget was
in dem Kalender zuſehen.

Felix Weerder / der Goldſchmid / Felix Weer-
der.
ware ein fürtrefenlicher Kunſtgieſſer von
allerhand Piſtolen-rohren von Meſſing /
ſehr zech / dün und zart / wurden gar hoch
gehalten / und an viel Königl. und Fürſtliche Höfe begehret / und um groſſes Gelt
verkauft : Starb A. 1673. in dem 82.
Jahr ſeines Alters.

Anthonj Fries / der Kupferſchmid / Anthonj
Fries.
iſt dieſer unſerer Landen ſehr Kunſtreich
in den Waſſerkünſten.

Was die Herren Füßlinen vor Die Füßlin.
zeiten / und auch jezunder für zierliche
groſſe Gloggen / und Stucke gegoſſen /
und ausgeſchnitten mit allerhand Zie-
raden / das iſt viler Orten bekant.

Die Herren Keller von Zürich / Die Keller.
haben dem König in Frankreich eine un-

gläub-

gläubliche viele grosser Stucken / zu seinem vernügen und ihrem höchsten lob /
gegossen.

Pulferma-
cher.

Es hat auch allhier gute Pulferma-
cher/und hat man jeziger zeit eine Inven-
cion, daß man in kurzer zeit/gar vil Pulfer machen kan/ so es die noth erforderen
solte. Und in Summa / so ich eines jeden
Handwerks Kunstreiche Meister = und
Kunststüker melden wolte/wurde es mir
zu lang fallen / und lasse es / weilen Ich
mich der kürze befleisse / bej diesem be-
wenden.

Sonderba-
re Gaaben
gebohrner
Stummen.

Uber alles aber ist sich zuverwunde-
ren/ daß Männer seind/die von Mutter-
leib an Stum und Tum gewesen/denen
gleichwolen Gott überaus grosse Gnaden erzeiget ; darvon wil ich nur drey
Personen Exempelweise anzeuhen.

Rudolf
Bremj.

Rudolf Bremj / starb A. 1611. seines Alters in dem 30. Jahr / Dieser könte schreiben/mahlen/abconterfethen/war
ein fürbündiger Künstler / könte wol die
Rechenkunst / deßgleichen die Zeit und
Sonnenzeit über die massen wol machen/
wie auch die abmessung der Thürmen höhe und breite / darab sich meniglich verwunderen müßte / und viel Frömde öf-

ters vermeinten/ man äffe und betriege
sie/biß sie es selbsten erfahren.

Er pflegte folgendes in die Stam̃-
bücher zuschreiben:

Dem höchsten Gott zu lob und
ehr/

Der mich ein Stum̃ begabt so
sehr/

Daß ich liß/schreib / Arithmetic
kan/

Auf Geometri auch verstahn/
Astronomi auß Gottes gfallen/

Erhalt mich auch durch flach
mahlen/

Darum/ O Mensch/ an Gott
zag nit/

Der wenig nimt/ und viel dar-
gibt.

Ob mir schon gnommen red und
ghör/

Sey doch dem Höchsten Lob und
Ehr!

Zu diesen unseren Zeiten waren zwey
Brüdere/ deren der einte noch in dem Le-
ben/ der andere aber todt : der Eltere so
dieser stund noch lebet/ heist Heinrich

Zwey Brü-
dere.
Heinrich
Wüst.

Wüst/

Wüſt/iſt ein guter Mahler/kan ſchreiben und rechnen / iſt verehlichet/ hat eine einige Tochter / deren doch nichts an der Rede fehlet.

Hans Ulrich Wüſt.

Der Jüngere/ſo A.1688. geſtorben/ hat Hans Ulrich Wüſt geheiſſen / war ſeines Handtwerks ein guter Zimmermañ/ verſtuhnde darbej trefenlich die Tiſchmacher Arbeit/die Trechslerej/das Bildſchnitzen / und das Schiffmachen : Im Piquet, Hundert und eins/und andern Karten-Spielen / thate es ihm keiner zu.

Hatten guten verſtand.

Dieſe beide Brüdere hatten einen hertzlichen Verſtand / und gienge nichts neues für in der ganzen Statt / ja auch anderwerts an frömden Orten/ daß ſie nicht durch deuten / und zum theil nur von dem Mund und den Gebehrden anvermerken könten : Auch wüßten ſie von den Glaubens Artiklen/durch deutē/ihre Meinungen ſolcher geſtalten zuverſtehen zugeben / daß man kein bedenken gemachet ſie zu dem Tiſche des Herzen zulaſſen.

Wolgereiſte Leuth.

So ſeind auch an dieſem See / und ſonderlich in der Statt Zürich ſehr wol gereißte Perſonen von allen zeiten har geweſen : ja ich glaube nicht / daß ein

Kö

Königreich oder Republic in der Welt
seye/dahin die Züricher nicht auch gekommen. Wann aber einer ihre / theils von
Hand geschriebne / theils/ die von ihnen
in truck ausgegangne Reisbücher liset/
so wird er bald sehen / wie weit sie diese
Erdkugel in allweg durchstrichen haben.

Hr. Peter Füßlj von Zürich / ist
zu Jerusalem bej dem heiligen Grab ge-
wesen/starbe A.1476.

Hr. Heinrich im Werdt/ genant
Ziegler/zoge ohngefehrd A. 1500. gen
Jerusalem / und brachte mit sich das
Ritterzeichen der Hierosolemitanischen
Ritteren / dann er war ein guter Sol-
dat/und in dem Schwabenkrieg A.1499.
Haubtmañ auf Küssenberg.

Hr. Peter Füßlj/ obgedachten
Herzen Sohns-Sohn/thate A.1523. in
dem 41. Jahr seines Alters eine Reise
durch das Gelobte Land.

Jr. Felix Escher von Zürich/rei-
sete bis in das Königreich Perou in A-
merica Meridionali, und als er widerum glüklich vor Amiens in Frankreich
angelanget/starbe er daselbst/A.1597. in
dem 21.Jahr seines Alters.

Mr. Hans Jacob zur Eich /

Marginal notes:
Peter Füß-
lj.

Heinrich im
Werdt gnt.
Ziegler.

Peter Füß-
lj.

Felix E-
scher.

Hans Jacob
zur Eich.

Burger

Burger und Schloſſer zu Zürich/ verzeiſete Año 1654. aus ſeinem Vatterland durch Teutſchland/ Böhmen/ Holland/ Hamburg gen Glükſtatt : von daſelbſten reiſete er den 9. Heumonat 1660. in dienſten der Königlich-Dänemärkiſch-Africaniſchen Compagnie/ in die Landſchaft Fetu, auf der Guineiſchen Goldküſt gelegen / allwo er ſich in die 9. Jahr lang aufgehalten: iſt A. 1669. den 14. Chriſtmonat glüklich wiederum zu Zürich angelanget/ und hat ſeine Reiſe in truk laſſen ausgehen.

Felix. Chriſtian Spörri.

Hr. Felix-Chriſtian Spörj /

Schnitt- und Wund-Artzet von Zürich/ iſt den 28. Wintermonat 1660. von Amſterdam in die Caribes Inſuln / und NeuEngelland verzeiſt. Den 10. Brachmonat 1661. thate er von Amſterdam aus eine Reiſe naher Cadix in Hiſpanien/ gen Alicanta, und in die Inſuln Formenterra und Yvicea. A. 1662. den 20. Augſtmonat/ reiſete er wiederum von Amſterdam aus/ nach Jrrland/ den Caribes-Inſuln/ und NeuEngelland: den 4. Wintermonat 1667. iſt er zu Zürich bej den ſeinigen wieder glüklich angelanget/ hat auch alle drej Reiſen/ auf begeh-

ren guter Freunden in truck verfertigen
laſſen.

A. 1664. Seind mit Herzen Obriſt
Morgan von Ihr Königl. Majeſtät
in Groß-Brittanien/neuerwehltem Gu-
bernatoren über die Inſul Jamaicam,
dahin verreiſet/ Hr. Hans Jacob Zeller und Hr. Heinrich Huſer/ beide
von Zürich/ under dem Titul Königlicher Caplonen; Dieſe zwei Herzen/be-
ſehrten durch ihr eifriges predigen und
frommen Wandel/ eine groſſe menge
der Ungläubigen/zu dem wahren Chriſt-
lichen Glauben/ dardurch ſie Gott ein
wolgefälliges Werk verrichtet/ und ihnen bey den Menſchen einen immerwährenden Ruhm erwecket. A. 1684. ſtarbe
Hr. Heinrich Huſer zu S. Jago de la
Vega, allwo er beide Pfarzen/S. David
und S. Catharina mit höchſter erbau-
wung verſehen. Herr Hans Jacob Zellet aber/ ſo Pfarzer zu S. Andreas/ iſt
dißmahlen noch im Leben.

Hr. Martin Werdmüller /
Wundarzet/iſt um den ganzen Erden-
kreis gereiſet; und als er A. 1686. gen Zürich kommen/ſich etwas wenigs zeits daſelbſt aufgehalten/ iſt er widerum über

Marginal notes: Hans Ja-cob Zeller. Heinrich Huſer.

Marginal note: Martin Werdmül-ler.

W Ve-

Venedig in Perſien verzeiſet/und Anno 1688. zu Gomaron in dem Königreich Ormus geſtorben.

Hr. Chriſtof Werdmüller/ ſein Bruder/ware zu Batavia in Oſt-Indien/ ſtarbe hernach zu Marſeille in Frankreich.

Hr. Melchior Lindinger/ und Hr. Rudolf Ott/ beide Wundartzet/ ſo dißmahlen noch im Leben/ können mundlich erzehlen/ was jener in Grün-land und Spitzbergen/ dieſer aber in Weſt-Indien und anderer Orten mehr geſehen.

Hr. Hans Rudolf Uſterj/ der Mahler/ware 40. Jahr in der Wander-ſchaft/ ſonderlich hielte er ſich lang auf in Morea: kame A. 1689. wieder heim in ſein Vatterland.

Mr. Rudolf Peter/ſeines Handt-werks ein Schneider/brachte underſchie-denliche rare Sachen mit ſich aus In-dien.

Hr. Rudolf Kitt/ bej dem Elſa-ſer/war in America Meridionali zu Maravvyny, Sourenama, Camavvi-ni, Suremaca, Copanama, und Cure-cyni welche von 5. in 6. Graden von der

Linj

Linj abgelegen: selbiges Land solle nichts
rares herfür bringen aussert Zucker und
schönem Holz.

Hr. Caspar Schlatter/aus dem
Bekenhof / Burger zu Zürich/ seiner
Profession ein Goldschmid / hat sich
(nachdem er zuvor theils Teutschland/
Frankreich und Italien durchreiset) im
anfang des Augstmonats im Jahr 1680.
von Genoua auf eine damals sich be-
findende namhafte Holländische Flot-
te von 13. grossen Schiffen begeben /
so durch den Archipelagum naher
Smirna verordnet ware / mit welcher
er auch gegen dem end selbigen Jahrs
glüklich daselbst ankommen / und nachdem er unweit selbigen Orths / das zer-
störte Ephesen besehen / hat er sich mit einiger gelegenheit naher Constantinopel
erhebt/ allwo er eine zimliche zeit / in der
so genañten Statt Galata/da die Christen wohnen/ bey dem einten und andern
Herzen zugebracht/ besonderbar aber bej
dem damals daselbst sich aufhaltenden
Königlich-Polnischen Herzen Gesand-
ten/ (da unter wehrendem verbleiben/
viel merkwürdige Sachen von Jhme gesehen worden/ besonderbar aber der ent-

Caspar
Schlatter.

setzlich

setzlich und ungemein Auszug des grossen Sultan-Muhamets des IV. welcher wider Ehr und Eid / gegen die Christenstenheit und den Römischen Keiser A. 1682. ausgezogen/ laut Briefen an Liebe seinigen von daraus abgegeben/) bis er im Wintermonat selbigen Jahrs mit einer Türkischen Saicha, wider durch den Archipelagum auf Alexandrien und Alkair in Egypten sich begabe / allwo er auch nach vier Monatlicher mühseliger Reise im Horn. 1683. glüklich angelanget/sich mit besehung vieler seltsamer und rarer Dingen aufgehalten/von dannen er sich aber den 17. dito nach Damiata, Japha und Jerusalem begeben / in welchem letzteren Ort er/ nach ausgestandener 13. tägiger Krankheit den 29. Herbstmonat 1683. die Schuld der Natur bezahlt hat / und ward begraben auf dem Berg Sion, in dem daselbst gewohnten Todtengarten der Christen: Sein Grabstett ist mit einem Stein / worauf sein Wappen/ Nam/ und Harkomen/ versehen worden/laut umständigen Berichts/ eines seiner Reisgespanen/ namlich Herren Johann Sebastian Mollstorfs von Rostok aus Mechlenburg/der seiner Profession ein Jubelierer.

Hr.

Hr. Hans Heinrich Lavater / Chirurgus, starbe A. 1685. zu Batavia in Ost-Indien.

Hr. Hans Caspar Rahn / der Goldschmid / starbe in letztgedachtem Jahr zu Bantham in Ost-Indien.

Mr. Johannes Zollinger / der Genserbott / hatte vier Söhne / deren der Eltest Caspar genennet / zu Lisabona in Portugall / Balthasar / zu Ferrare in Italien / Heinrich / zu Preßburg in Ungaren / und Johannes zu Paris in Frankreich gestorben ist.

Von Anderen / die durch Teutschland / Ungaren / Böhmen / Polen / Dänemark / Schweden / Norbwegen / Lapp-Fin-Grün- und Churland / Brandenburg / Preussen / Reussen / Samogitien / Island / Holland / Engel-Schott- und Irland / Hispanien / Castillien / Portugal / Frankreich / Türkey und anderen Orten gereiset / wil ich / weiln es einen ganzen Folianten darzu erforderte / nichts melden.

Mir zweifelt nicht / es seyen auch an dem Ober-See viel Hochgelehrte Männer / von allerlei Faculteten, desgleichen / in allerhand Künsten sehr erfahrne Meister / und weit gereißte Personen gewesen /

Hans Heinrich Lavater.

Hans Caspar Rahn.

Die Zollinger.

als zu Rapperſchweil/Lachen/ ꝛc. Wañ
mir ihre Namen ſolten bekant geweſen
ſeyn / wolte ich / ſelbige allhar zuſetzen/
mich gefreuet haben. Einig iſt mir auß
den Hiſtorien bekant :

Hr. Adam Heer/ von Rapper-
ſchweil/der 37. Abt zu Einſidlen / under
deſſen Regierung Anno 1577.eine leidige
Brunſt entſtanden / welche/ auſſert der
Kirchen den ganzen Flecken Einſidlen
eingeäſcheret/und ſamt dem Kloſter ver-
zehret hat :

Wie auch Hr. Mattheus Zim-
mermann/M. D. Stattſchreiber der
Statt Rapperſchweil / und geweſner
Fürſtl. Pfäferſcher Phyſicus: Dieſer hat
A. 1682. den gebrauch und die würkung
des Bads daſelbſten gar wol und fleiſſig
beſchrieben /durch den Truk mitgetheilt
und an Tag gegeben.

Wer den See/ ſamt der daran ligenden fruchtbaren Landſchaft in dem
Grund beſchauet / und recht betrachtet/
der wird müſſen bekennen/ daß dieſe Gegend einem Irdiſchen Paradyß ſich gleiche ; dann das ganze Land iſt mit den
herꝛlichſten / und geſündeſten Brünnen
verſehen; auch ſeind die Häuſer/Baum-

gärten / Felder / Wälder / Wiesen / und
Rebberg / solcher gestalten under einanderen vermischet / auch mit zahmem und
wildem Viehe und Geflügel / wie nicht
weniger mit Gelehrten / Kunstreichen/
und Wolgereisten Leuthen gezieret / daß
es einem durch Kunst gemachten Garten gleicher siehet / als einer Landschaft:
danahen sich nicht zuverwunderen / daß
ein gewüsser Italiener / der zwaren aus
einem herzlichen Land kommen / aber so
bald er auf dem Berg Albis/des Gelän-
des an dem Zürich-See ansichtig wor-
den/in diese Wort ausgebrochen : Ha !
Qual Paradiso: Sehet doch ! Welch
ein Paradeis ist das. Haben also
wir billich ursach dankbarlich gegenGott
zuerkennen/daß Er uns nicht nur an seinen Gaben nicht vertheilet/sondern uns
auch noch vor anderen Völkeren aus in
ein so herzliches Land gesetzet
hat.

Der Vierte Theil:

Handelt ab

Eine Chronologische und Zeit-
richtige Beschreibung

Vieler

Merckwürdi-

ger Dingen/ so sich mit der Statt
Zürich/ auch mit denen/ dem See
nächst gelegnen Orten/ begeben und zugetragen.

Samt einem Anhange

namhafter Bündnussen
und Heerzügen.

Eingang.

Eingang.
NAchdeme ich nunmehr in
dreien Theilen beschrieben die
Statt Zürich/ den Zürich-See/
und die um den See gelegene Landschaft/
als achte ich nicht unangenehm seyn/

wann

wann ich jezunder in dem vierten und letsten Theil verhandlen werde Chronologischer weise das jenige / was sich gedachter Orten und Enden merkwürdiges begeben und zugetragen : Wie auch namhafte Bündtnussen und Heerzüge der Statt Zürich.

Año 810. Hat Keiser Carolus der Grosse mit seiner ganzen Hofhaltung/ sich eine zeitlang zu Zürich aufgehalten/ in einem vor dem Grossen Münster übergelegenem Haus/ Im Loch genennet.

A. 890. ohngefehrd / solle Keiser Arnolphus, bej Zeiten Salomonis III. Bischoffs zu Costanz / viel zu Zürich gewohnet haben.

A. 936. ohngefehrd / ist Keiser Otto der I. nachdeme Er drej Jahr zuvor in Italia gewesen / mit vielen Herzen Geist=und Weltlichen Stands/ gen Zürich kommen.

Keiser Heinrich III. ist viermahl gen Zürich kommen/ als A. 1048. 1052. 1054. und 1056. hatte er daselbsten seinem Sohn Heinrich/ Bertham/ des Marggrafen Otthen Tochter vermächlet.

A. 1165. Bej den Zeiten Friderici I. hat Herzog Welph aus Bäyeren / zu

Marginalien:
Underschiedenliche Keiser und Fürsten zu Zürich. Carolus Mag. Arnolphus.

Otto I.

Heinrich III.

Herzog Welph haltet ein Thurnier.

W 2 Zürich

Zürich einen Thurnier gehalten/der ritte daselbsten ein mit 480. Pferden.

König Rudolf.

Ohngefehrd A. 1275. Kam König Rudolf gen Zürich/und als ihme geklaget ward / wie das aus dem Schloß Weissenburg/so nicht weit von Schafhausen gelegen/jederman grossen Schaden/beschehe/ hat er solches mit den Zuricheren 7. Wochen belägeret / endlichen aber undergraben und gefellet.

Weissenburg gefellet.

Wolfeile.

A. 1277. Ware ein solcher Uberfluß an allerhand Lebensmitlen / das zu Zürich ein Viertheil Kernen 8. Pfenning/ 1. Viertheil Roggen 5. Pfenning / 1. Viertheil Haber 3. Pfenning/14. Eyer 1.Pfeñing/und 8.Häring auch 1. Pfenning gegolten.

Heuschrecken.

A. 1338. Kame eine grosse menge Heuschrecken in diese Land / die flugen so dik/breit und lang in ihren Ordnungen/ daß sie den Wolken gleich/die heitere des Tags timber machten/ frassen alles Gewächse ab/thaten grossen Schaden/man stürmte und leuthete wider sie die Gloggen hie und in allen Landen. Dieses geschahe in dem Augst-und Herbstmonat: als sie gestorben / haben sie einen greutichen Gestank hindersich gelassen/darvon vielerlei Krankheiten entstanden.

Anno

A. 1348. Kame eine grosse menge **Geisler.**
Volks aus Italia in dises Lande / das
hatte einen Obersten/der liesse ein grosses
Creuz ihme vortragen/ und giengen die
anderen alle in einer Ordnung hernach :
Sie waren bis auf den Gürtel nakend/
und wie ihr Vorgänger sich hielte / also
theten auch die anderen : Diese schlugen
sich alle Tag dreymahl daß sie bluteten/
sie namen nichts als essige Speisen von
den Leuthen / und so bald sie gegen den
Stätten kamen / empfienge man selbige
mit Leuthung aller Gloggen : sie gaben
für/daß sie diese Pænitenz 33.Jahr/als
lang Christus auf Erden gelebt/würken
müßten. Diese Geiselfahrt währete kaum
ein halbes Jahr / dann sie von Papst
Clemente verbannet/ und in so kurzer
Zeit vertilget ward/daß niemand wüssen
möchte wohin sie immer kommen.

A. 1354. Kame in dieses Lande eine **Heuschre-**
grosse menge Heuschrecken mit gehelm- **cken.**
ten Köpfen : Verderbten alles Gras/
und die Früchte auf dem Felde / darauf
grosse Theurung erfolgete.

Gemelten Jahrs kame Keiser Caro- **Carolus IV.**
lus IV. mit vielem Volk gen Zürich/und **komt gen**
wolte daß sie den Bund mit den Eidt- **Zürich.**
gnossen aufhebten : Machte einen Frie-

den

den zwüschen Herzog Albrechten und
zwüschen den Züricheren.

Heisser Sommer.

A. 1362. Ware so ein heisser Sommer / daß das Heu und Embe auf den
Wiesen verbrunnen und verdorret / und
ward darauf ein so grosser mangel an
Futer / dergleichen zuvor nie erhört worden / darauf erfolgete ein so grimmig-kalter und langwiriger Winter in das 1363.
Jahr / daß viel Viehs verdarb und hungers starb / sonderlich in den drej Monaten Hornung / Merz und Aprel. Man
müßte das Vieh mit Ebheu und Taußkreis futeren / etliche entdekten die
Schaub-Tächer / und gaben es dem Viehe zuessen. Es schlachteten viel Leuthe ihr
Viehe / damit es ihnen nicht sonsten zu
grund gehen möchte. Der Zürich-See
überfrierte bis an die Statt so sehr / daß
man mit grossen Schlitten und schweren
Lastwägen darüber fahren könte / auch
währete solches beständig bis an den
Char-Freitag / da das Eis innert 24.
stunden solcher gestalten ertrunken und
versunken / daß man am Osterabend
nichts mehr darvon sahe. Es hatte diese
Kälte an den Reben um den Zürich-
See auch grossen schaden gethan / dann

man

man selbige mehrentheils ausschlagen müßte.

A. 1364. den 21. Augstmonat kamen so viel Heuschrecken in den Lüften/ als ein diker Nebel dahar / daß man zu Zürich und der enden herum die Gloggen wider sie geleuthet.

A. 1372. Fiehle in dem Herbst eine solche Kälte ein/daß die Trauben an den Rebstöcken erfrohren: als man aber gewümet / ware der Most so süß als Honig/und bliebe also bis zu Pfingsten / da ward er so sauer/daß ihne niemand trinken wolte.

A. 1375. Ware es zu Zürich sehr theur/ein Mütt Kernen galte 10. und 20. Pfund. An etlichen Orten starben viel Leuthe vor Hunger.

Gedachten Jahrs / den 4. Brachmonat brache die undere Brugge zu Zürich ein/vonwegen der allzu grossen menge des Volks / welches in Procession wollen auf den Hof gehen/also daß viel Volks in das Wasser gefallen / und mehr nicht als acht Personen ertrunken/ auch sonst etliche verletzet worden.

A. 1394. Ware ein so heisser und trochner Sommer / daß der Wein / so gar gut und dessen viel gewachsen / schon

vor

vor St. Johannistag verblühet/und etliche Sommerfrüchte gesäyet/ geschnitten / gemahlet / und zu Brot gebachet werden können / ohne daß in der Zeit einiger tropfen Regen gefallen.

Frömde Vögel.

A. 1413. Kamen viel frömder Vögel/wie Buchfinken gestaltet/in dise lande in so grossen scharen / die bej einer stund lang / und nicht viel weniger breit / auch so dik gewesen / daß man den Himmel durch sie nicht wol sehen möchte: wurden bej nacht/ mit angezündeten Liechteren und Faklen häuffig gefangen.

Keiser Sigmund kofft sen Zürich.

A. 1417. Kame Keiser Sigmund von Einsidlen mit vielen Schiffen den Zürichsee hinab/ward zu Zürich stattlich empfangen/mit einem silbernen Geschier foller Gelts/auch grosser Quantitet Haber/Wein und Fischen beschenket.

Ziginer.

A. 1418. Kame ein seltsames und ungestaltes Volk in diese Eidtgnösische Lande / und hat sich vor der Statt Zürich auf dem Schießplatz sechs tag lang gelägeret / waren auf die 14000. Personen / von Männeren / Weiberen und Kinderen ; Diese schwarze Landfahrer wurden gemeiniglich genennet/Ziginer/ oder Heiden : Sie gaben vor/ wie sie aus Egypten verstossen weren / müßten

also

also in dem ellend sieben JahrBuß würcken/hielten gute Ordnung / trugen viel Gold undSilber/doch darneben schlechte Kleider:sie wurden von denIhren aus ihrem Vatterland mit Gelt verleget und besöldet/ hatten keinen Mangel / bezahlten ordenlich ihr Essen undTrinken/und nach sieben Jahren fuhren sie wieder heim. Sinthero hat sich ein unnützes Gottloses Volk zusamen geschlagen/ vorgebende/daß sie von obgedachten Zigineren / sie haben aber nicht können in ihr Land kommen / müsten also in dem Ellend umhar zeuhen/ da es gleichwolen nicht ist. Sie seind dem ganzen Lande auch noch dieserZeit eine grosse beschwerde/ dann wo sie hinkommen ist nichts sichers / weilen der Frömste unter ihnen ein Diebe/ und sich nur allein mit stehlen und anderen Gottlosigkeiten ernehren.

Falsche und Gottlose Ziginer.

Gemeldeten Jahrs / den letsten tag Aprellen/so Donstag ware/reisete Keiser Sigmund in so schneller Eil von Costanz gen Zürich/ daß etliche Pferde tod blieben : solches geschahe wegen Herzog Fridrichen / und waren bey ihme aller Eidtgnossen Gesandte : Sontags ware Er schon wiederum zu Costanz.

Keiser Sigmund komt abermals gen Zürich.

A. 1428. Fiel den 9. Wintermonats

Kälter und spahter Herbst.

ein

ein grosser Schnee / der thate an Bäumen / und in den Räben an Schejen sehr grossen schaden: die Trauben waren noch an den Räben / und müßten die Würmer / damit sie selbige abschneiden könten / Stifel anlegen.

Grosse Kälte. A. 1432. Ware es in dem Jenner so grimmig kalt / daß viel Leuthe und wilde Thiere erfrohren; die Räben und Fruchtbaren Bäum müßte man auf den Boden abhauen; Korn / und alles dessen man geleben solte / gabe es sehr wenig / Darauf dann eine solche **Theurung.** Theurung erfolgte / das aus grosser Hungersnoth / etlich von Zürich gen Zug gefahren / Holtzapfel daselbsten / als eine köstliche Waar um grosses Gelt auf- und hernach selbige zu Zürich widerum verkauften.

Viel Haselnussen. A. 1434. Seind unglaublich viel Haselnussen gewachsen / darauf eine solche **Pest.** Pest erfolgete / daß in allen Bergen und Thäleren / kein Ort so wild und verborgen ware / darinnen nicht einige gestorben; allein in der Statt Zürich bey in die 3000. Personen gestorben.

Hagel. A. 1437. Hat anfangs der Ernd ein grausamer Hagel / alle Feldfrüchte durch das ganze Züricher Gebieth und Thurgäu bis an den Arliberg in das Etschland

land hinauf gar jämerlich erschlagen und eine unsagliche Theure und Hungersnoht verursachet.

A. 1442. Kame Keiser Friderich der III. in dem Herbstmonat mit 36. Gutschen / und auf die 1000. Männer zu Pferd/ gen Zürich / ward daselbst mit grosser Ehrbezeigung empfangen/ und liesse durch seine und des Hauses Oesterreichs Landvögte der Statt / den hievor aufgerichteten Bund schweeren/ und hinwiederum von der Statt den Eid nemmen.

Keiser Friderich der III. komt gen Zürich.

A. 1443. Fiehle den 3. Meyen ein so grosser Schnee/ daß er den Leuthen über die Knie gegangen.

Schnee gefallen im Meyen.

A. 1447. Kamen die Eidtgnossen in die 1500. stark auf eine Faßnacht gen Zürich.

Faßnacht zu Zürich.

A. 1456. Haben die Herzen von Straßburg die von Zürich auf einen Bogenschiesset geladen/ auf welchen etliche frische Bursch mit Trommen und Pfeiffen in einem Schiff so eilfertig die Lindmat und den Rheinstrom herunder gefahren / daß sie an einem Tage dahin kommen / und den am selbigen morgen gekochten Hirs / abend zwüschen 8. und 9. Uhren noch ganz warm dahin ge-

Schiesset zu Straßburg.

X   bracht/

bracht/und sind von dem Raht und der Burgerschaft gar höflich empfangen/ und stattlich tractiert worden. Auf diesem schiessent hatte ein Hösch von Zürich die beste Gaabe mit Reñlauffen / Heinrich Waldman aber mit Stein stossen und Springen gewunnen. Ein gleiches ist auch A. 1576. im Junio von 52. Burgeren beschehen.

Brunst zu Zürich.

A. 1469. Seind zu Zürich an dem Ort in Gassen genennet 24. Häuser verbruñen/und als Hr. Heinrich Schwend/ Ritter/dem Feuer wolte zulauffen/ward er mit einer Bettlad zu tod geworffen.

Bruder-Wein.

A. 1479. Ist in dem Zürichgebiet ein extraordinarj guter Wein / der Bruder-Wein genennet/ gewachsen/ und um ein grosses Gelt in fehrne Lande verführet worden.

Fasnacht.

A. 1483. Wurden die Landleuth von Urj und Underwalden gen Zürich auf eine Fasnacht geladen/ die erschienen in 200. stark/und wurden freundlich empfangen / und allerdings Kostfrej gehalten.

Wolfeile.

A. 1484. Seind die Früchte überflüssig wol gerathen / und ward des Weins eine solche viele / daß man nicht

allein ein Faß soll Weins um ein lähres/
sonder auch ein Eimer Wein um ein
Hennen-Ey bekommen; ja es würde viel
Weins/aus mangel der Geschieren / bej
nachts zeit an die Strassen / und in das
Wasser geschüttet/auch machte man den
Kalch darmit an. Die Weinrechnung
ward zu Zürich um 15. Schilling gema-
chet/und bekame man einen Mütt Korn
um 25. Schilling. Kurz darnach ward
diser Wein so wehrt / daß der Eimer 9.
Pfunde gegolten.

   A. 1487. Zogen auf beschehene Ein-
ladung/ von Zürich 80. zu Pferd / und
130. zu Fuß gen Urj auf die Kirchweihe/
und wurden daselbst/ wie auch auf der
ganzen Reise sehr wol/und Gastfrej gehalten.

Kirch-
weihung
zu Urj.

   A. 1488. Wurden die von Schweiz
und Zug gen Zürich an die Faßnacht
geladen/welche dann 200. stark erschin-
nen ; auch wurden die Landtleuth Züricher Gebiets darzu berüft/und vier Tag
Gastfrey gehalten ; und damit die Weiber auch ihre Faßnacht hielten/liesse man
ihnen das Gelt/ so die von Schweiz und
Zug den Zünften zur Letze verehrten.

Faßnacht
zu Zürich.

   A. 1491. Ware ein kalter Winter/
es fielen 31.Schnee auf einander/daß kei-

31. Schnee
auf einan-
der gefallen.

X ij   ner

ner von dem anderen abgegangen / und könten die Kauffleuthe von Nürenberg auf den Schlitten bis naher Genf fahren.

Regenbogen um den Mittentag.

A. 1497. An dem Freitag/ vor St. Thomastag/ ist under der Statt Zürich bey St. Lienhart/ Mittags da es XII. geschlagen/ ein schöner Regenbogen gestanden.

Grosser Hagel.

A. 1501. den 30. Aprel/ ist ein solcher Hagel über die Statt Zürich ergangen/ daß die Steine eines Schuhes tief auf einander gelegen / an vielen Orten der Statt lagen sie 8. ganzer Tagen lang/ ehe sie zerschmultzen: weilen er sich aber nicht weit außgebreitet/ ist er ohne sonderlichen schaden abgegangen.

Grosse Kälte zu Pfingsten.

A. 1502. Ist in den Pfingst-Feirtagen eine solche Kälte mit Schnee und Regen eingefallen/ daß viel Vögel/ so in dem Luft erfrohren / todt auf die Erde herunter gefallen.

Grosser Hagel.

Gemeldten Jahrs/ den 22. Julij, hatte ein unerhörter Hagel/ so über Zürich/ die Herrschaft Greiffensee/ und Ilnau hinausgegangen/ alles Erdengewächs/ deßgleichen auch die Kühe/ Kälber/ Gänse / und Vögel in dem Luft zerschmetteret/ die Stein waren so groß/ als Hüner- und Gäns-Eyer.

Anno

A. 1503. Ware so ein heisser Sommer / daß etlicher Orten das Gras auf dem Feld verbrunnen/oder sonst verdorren/ ja gar etliche Wälder auf den Bergen urplötzlich entzündet und verderbt worden.

A. 1504. Wurde zu Zürich der grosse Freyschiesset gehalten ; er fienge an den 11.Augstmonat / und währete bis nach der Kirchweihe / auf welchen viel Volks von allen Orten har gekommen: Man hatte mit dem Bogen zuverschiessen 972. Gulden / darzu waren 236. Schützen/ und dopplete jeder 3.Pfunde : Die beste Gaabe so 110.Gulden ware / gewanne Hans Hebicher von Augspurg. Mit der Musqueten ware gleich so viel/ darzu waren 400. Schützen/ und dopplete jeder 3.Pfunde / die beste Gaabe so auch 110.Gulden gewesen / hatte Georg Tumelshuser von Inspruck gewunnen.

So ward selbiger Zeiten ein Glückhafen aufgerichtet / in welchen geleget wurde 437.Gulden/und thate den besten Zug (so 50. Gulden ware) Niclaus Weis/Gerwer von Zürich.

Man gabe auch 2.Gulden dem besten Lauffer / 2. Gulden dem besten Springer / und 2.Gulden im Stein-

Marginal notes:
- Heisser Sommer.
- Grosser Freyschiesset zu Zürich.
- Glückhafen.
- Andere Uebungen.

stoffen. Summa alles des Gelts ware
2381. Gulden.

In wehrendem Schieffen ware so
herzlich Wetter / und wurde der Zürich-
Wein aus dermaffen gut / auch von diefem Schieffen der Schieß-Wein genennet. Es ware dazumahl alles fehr
wolfeil / und galte der Eimer Wein 10.
Batzen / und der Mütt Kernen 9. Batzen. Es waren auch die zwey folgenden
Jahre / 1505. und 1506. fehr fruchtbar
und wolfeil / und wurde viel Korn mit
groffem Nutzen aus der Eidtgnoßschaft
bis gen Rom geführet ; dann felbiger
Zeit der Mütt Kernen zu Rom 5. Ducaten gegulten.

A. 1517. Fielen bis zum 10. Heumonat in die 40. Reifen / neben einem
fchweren Hagel / welches eine groffe Theurung verursachete.

A. 1519. Regierte die Peft fehr ftark /
und hatte in wenig Monaten zu Zürich
in die dritthalb taufend Menfchen hinweg geraffet.

A. 1523. Ift an dem Zürichfee viel
guten und füffen Weins gewachfen.

A. 1528. den 17. Hornung / um Mit-
ternacht ware ein graufames Wetter /

Schieß-
Wein.

Wolfeile.

Reifen und
Hagel.

Peftilenz.

Guter
Wein.

Graufames
Wetter.

von Donder / Blitz / und Hagel / gabe
Stein einer geringen Baumnuß groß /
das gienge über den Zürich see und Hörn-
lj hinaus.

Gedachten Jahrs in mitten des
Christmonats gabe es wiederum ein so
greuliches Wetter / aussert daß es nicht
so stark gehaglet.

Dieser Zeit ware das Fleisch sehr
theur in der Eidtgnoßschaft / weilen das
Viehe meistens in Lamparten geführet
worden. Die von Zürich beschikten viel
Ochsen auß Ungaren.

A. 1529. Gienge in dem Augstmonat eine giftige Krankheit auß (der Eng-
lische Schweiß genennet / weilen sie auß
Engelland kommen /) welche die Leuthe
mit einer heftigen Hitze oder grossen Kälte angegriffen / und inert 24. stunden in
einem tiefen Schlaaf und ungläublichen
Schweiß aufgerieben.

Gedachten Jahrs ware so ein warmer Winter / daß man den 21. Jenner
A. 1530. schon bereits Morachen auf
dem Markt feil hatte. So blüheten auch
die Kirschen und Erdbeere / und waren
die Wiesen foller Handschuh Blumen.

A. 1534. Ist ein solcher ungeheurer
Sturmwind entstanden / welcher / under

Seitliche Marginalien:
Widerum
ein grausam
Wetter.

Fleisch-
Theure.

Englischer
Schweiß.

Warmer
Winter.

Sturm-
wind.

andern schädlichen Unfällen/den Knopf/
samt dem Sternen ab dem Thurn bey
dem Grossen Münster zu Zürich herunder geworffen.

Wölfe thun schaden. A. 1537. Thaten die Wölfe aller Orten grossen schaden/und waren ihre Bis-
se so vergiftig / daß die Menschen/ so von
ihnen gebissen worden / wie die Wölfe
heulen und sterben müßten.

Der heisse Sommer. Anno 1540. Ware der so genañte
Heisse Sommer/ in welchem / wegen
der beständigen Wärme / (so von dem
Hornung bis in den Wintermonat an-
gestanden) die Wasser sehr in abgang/
und die Wälder etlicher Orten in sollen
Brand gekommen. So ist auch in diesem Jahr treffenliches Korn/ (dessen
noch eine grosse menge jetziger zeit auf
den Oberkeitlichen Schüttenen aufbehalten wird/) und hertzlicher Wein in
solcher viele gewachsen/ daß man zu Zürich zwey Maasse um einen Kreuzer bekommen.

Pestilenz. A. 1541. Regierte zu Zürich die Pest
sehr stark/ und wurde damahlen die neue
Begräbnus zun Predigeren aufgerich-
tet/um die daselbst Pfarzgenössigen darinn zubegraben.

Anno

A. 1554. Hatte Johannes Gyßlingers Haußfrau / als sie Zweiling gebohren / noch ehe das Jahr verfloßen/ fünf Kinder zugleich / namlich drey Söhne/ und zwey Töchteren gebohren.

A. 1564. Ist eine heftige Pest außgegangen/welche nur in der Statt Zürich in die 3700. in der Landschaft Basel aber bey die 10000. und in dem Bernergebiet bis auf 30000. Menschen hingenommen.

A. 1566. den 11. Herbstmonat/ist die Obere Brugg eingefallen / und seind 7. Personen ertrunken.

A. 1567. Den 28. Augstmonats seind 400. Männer in Harnisch und Gewehr/ aus der Statt Zürich auf den Uetliberg gezogen/sich zu erspazieren.

A. 1571. Ware so ein strenge Kälte / daß viel Leuthe erfrohren / auch viel von den Hungerigen Wölffen zerrißen worden : Darauf erfolgete eine grosse Theurung und Mangel aller LebensMittlen / daß viel Leuthe sich von dem Grase auf dem Feld ernehreten/und darbey mit dem Grase in den Mäuleren todt gefunden worden.

A. 1572. Schluge die Strahl in den Gloggenthurn zum Grossen Münster /

verbrante den Helm biß zu den Wäch-
terhäusleinen / thate sonsten keinen schaden. Dieser ward hernach widerum ge-
bauen/und mit Kupfer bedeckt: das Ku-
pferwerk allein kostete 2000. Gulden.

**Schatzdie-
ben.**

Den 21. Christm. gedachten Jahrs
seind zwey Dieben über den Schatz gebrochen / haben auf die 30000. Kronen
daraus genommen; denen Hr. Heinrich
Thoman auf der eil nachgeschikt wor-
den/selbige zu Antorf angetroffen/brach-
te mit grosser gefahr in die 25000. Kronen wiederum gen Zürich / das übrige
ware schon verthan.

**Häring
verbrennet.**

A. 1582. Wurden zu Zürich und in
ganzer Eidtgnoßschaft die Häring/gan-
ze Tonnen voll/mit Feur verbrennet/und
an etlichen Orten in die fliessende Wasser geworffen/ dann ein Geschrey außge-
gangen/man habe dieselbigen vergiftet/
und wolle den Leuthen vergeben / das
aber nicht ware.

**Züricher
und Berner
besuchen
einander.**

A. 1583. Seind die Herzen von
Bern 120. stark/ als sie ihren Landvogt
naher Baden aufgeführet / gen Zürich
komen / welchen man grosse Freundlich-
keit erzeiget. Hierauf haben sie A. 1584.
die Herzen von Zürich in ihre Statt
Bern geladen/ und ritten 249. Personen

dahin/

dahin/ in vier Rotten abgetheilet ; Uber
die erſte Rott ward geſetzet / Herr Ob=
mañ Johannes Keller ; Uber die ander
Jkr. Sekelmeiſter Johañes Eſcher ; Uber
die dritte Jkr. Joß von Bonſtetten/ und
über die vierte Jkr. Johañes Meis :
Die ritten den 21. Mey hinweg/ und ka=
men den 28. dieſes widerum naher Haus :
Man hatte ihnen groſſe Ehr und Freund=
ſchaft erwieſen.

A. 1584. Ware ein groſſer Hagel
zu Zürich und bey ſelbigem See herum/
dardurch Leuth und Viehe/ Tächer und
Fenſter / auch die Früchte auf 5. Mei=
len um die Statt erſchlagen worden.

Hagel.

A. 1586. Ware eine ſo groſſe Theu=
re / daß zu Zürich der Mütt Kernen 13.
Pfunde 10. Schilling koſtete/ der Rog=
gen 10. Pfunde/ das Viertel Haber 18.
Schilling. In dem folgenden Jahr
galte der Mütt Kernen 16. Pfunde / das
Malter Haber 18. Pfunde/ und ein Ei=
mer Wein 20. Pfunde. Es lieſſen Mein
Gn. Herrn die Stras auf dem Zürich=
berg verbeſſeren/ (damit das arme Volk
etwas zugewünnen hette) da in 1800.
Perſonen daran arbeiteten.

Theurung

A. 1594. Thaten die Wölfe groſſen

Wölfe.

ſchaden.

schaden vor der Statt Zürich / deren
ward einer bei Hirslanden gefangen in
beiseyn vielen Volks/ denen verehrte die
Oberkeit 20. Kronen.

A. 1599. den 17. Mey (ware der Auf-
fahrtschiessent auf dem Hofe) stellete
man eine Meyeten auf/darinnen steckete
ein blühender Trauben / reiffe Kirschen
und Erdbeere/ ein reiffes Roggen-und
Gerstenähre/samt einer Haber-Tünen.

A. 1601. den 7. Herbstmonats/nachts
zwüschen ein und zwey Uhren / ware ein
erschrockenlicher Erdbidem/so vast durch
ganz Europam verspührt worden.; Zu
Zürich fiehlen ab den Häuseren etliche
Camin; auch hat sich der Thon an der
Schlagglogge zu St. Peter merklich
verenderet.

A. 1604. Kam unter allerlei Viehes eine seltsame unbekante Sucht/ und
wuchs ihnen auf der Zungen eine gattung Geschwär/darvon viel verdorben.
Endlich erfunde man besundere Instrument von Silber/mit denen / wann die
Geschwäre (so bald man ihren gewaret)
aufgestochen worden / das Viehe erhalten worden.

Anno 1605. Gab es so ein grosser
Schnee / daß man an etlichen Orten die

Hauß-

Haußthüren nicht mehr sehen möchte ; als aber der Schnee abgegangen / fande man hin und wider viel todter Leuthen bej einanderen in den Straſſen ligen.

A. 1606. den 10. Jener ware nachts vaſt ein ſtund lang ein grauſamer Wind mit erſchroklichem brauſen : er reiſte Bäum aus der Wurzel / und brach etliche entzwey. An etlichen Orten warf er Häuſer darnieder / darvon Menſchen und Viehe todt geblieben.

A. 1608. Gab es ſehr vil Hornauſſen und Wäſpin. Man fande hin und wider Rinder und Pferde ſo von denſelben zu todt geſtochen worden.

A. 1609. den 11. Mey / gieng der Wolfbach durch ein Wulchenbruch gar wütend an / verführte und verſchwemte die Straſſen / auch viel Wieſen und Felder ; thate groſſen ſchaden in und auſſert der Statt.

A. 1610. Kamen durch böſe Lüfte / viel Würme an die Bäume / die fraſſen das Bluſt und das Laub ab / ſo daß es wenig Obs gabe / aber viel und guter Wein / auch gutes Korn / jedoch theur / dann der Mütt ins gemein 10. Pfunde galte.

A. 1611. Regierte von dem Meyen

bis

Wind-
ſturm.

Hornauſſen
und Wä-
ſpin.

Wolfbach
thut ſcha-
den.

Würme an
den Bäu-
men.

Der groſſe
Sterbend.

bis zu außgang des Jahrs in der Eidtgnoßschaft eine unerhörte Pest / welche
sehr viel Volk hinweg nahme: zu Zürich in
der Statt / und was dahin Kirchgenös-
sig/sta rben in die 7000. Personen/ Junge und Alte.   Auf Montag den 16.
Herbstmonat waren 133. Leichen zubegraben : Es wurden vor der Statt drej
neue Begräbnussen gemachet : näm-
lich/ eine bej der Kirchen zum Creuz / die
andere vor dem Lindenthor/ und die dritte bej St. Lienhard an der Stampfen-
bacher-Wiesen. In dem Haubtflecken
Schweiz / hatte diese Krankheit in die
1800. und in der Statt Baden 1100.
Personen dahin genommen. In dem
Thurgöuw/ allwo ganze Dörfer aus-
storben/ seind in allem 33584. Personen
todts verblichen : Ja/ man achtet / daß
in der ganzen Eidtgnoßschaft/ und ihren
zugehörigen Landen / in die 200000.
Personen todts verfahren seyen.

Strahl
schlagt in
underschied-
liche Ort.

A. 1615. den 8. Heumonats schlug
in der nacht/ an ort und enden die Strahl
auf einmahl in die Kirche/ Rathhaus/
Zunfthaus / und Gefängnus/ doch ohne
schaden.

Zwey Tre-
mer an der ..

A. 1615. Fielen im Wintermonat
an einem Freitag zwey Tremer ein/ an der

un-

unteren Bruggen/neben dem Hause zum Schwert/ so von dem Kernen/ (in die 80. Mütt) überladen gewesen; den Kernen name die Oberkeit/und bezahlte solchen den Bauren. Es ist auch viel Volks hinab gefallen/jedoch niemandem etwas leids geschehen.

deren Brugge eingebrochen.

A. 1616. Ware ein grösser Viehesterbend/an Rossen/Rinderen / und anderem Viehe / dardurch mancher reicher Baur in grossen Schuldenlast gerathen. Sonsten ware dieses Jahr sehr fruchtbar an Korn und Wein/dessen es überaus viel gabe/ daß man ihne vast nicht gewußt zubehalten ; die alten bindlosen und Winddürren Fässer gulten 8.9.10. Batzen/ja man müßte aus mangel der Fässeren viel Tröttstanden und Züber verbodmen.

Vieh-Sterbend.

Wolfeile.

A. 1617. Thate der Hagel zu Goldbach/ Küßnacht/ Bendliken/ und im Münchhof/grossen schaden.

Hagel.

A. 1623. War eine unerhörte Theure/ein Mütt Kernen galte zu Zürich 18. Gulden/ein Malter Haber 20. Gulden/ ein Eimer neuer Wein 15. Gulden/ ein Centner Anken 50. Gulden / ein gemein paar Schuhe 2. Gulden/eine Ell Nörd-

Theurung.

linger 12. gut Baßen/ ein Pfunb Fleisch 2. Baßen.

Theure. A 1628. Ware es sehr theur/ der Mütt Kernen galte 10. und mehr Gulden/das Malter Haber 12. und 14. Gulden/nach der Ernd aber ist es wieder besser worden.

Starker Wind. A. 1629. Hatte sich in dem Hornung ein solcher ungewohnlich starker Wind erhebet/ daß er hin und wider etliche starke Häuser auf der Landschaft umgeworffen/und sonst anderen schaden gethan ; auch hat er zu Zürich in der Statt den Kirchenthurn bei den Predigeren hinunder gefället.

Sterbend. Gemelten Jahrs war zu Statt und Land ein grosser Sterbend/welcher vom Augstm. bis gegen Weihnächten währete.

Juden verwiesen. A. 1634. Ward ein Jud wegen grausamer Lästerung wider unseren Herren Christum/mit dem Schwert gericht; auch ist ein urtheil ergangen/ so von einem reitenden Trompeter durch alle Gassen offentlich verkündt worden/ daß die Juden sich gänzlich der Statt und Landschaft Zürich enthalten/oder alsobald gefänglich angenommen und am Leben gestraft werden sollen.

Anno

A. 1635. Regierte eine Pestilenzische Sucht/welche sonderlich eine grosse Anzahl Geistliche hingezukt / so daß man aus grossem mangel müsen Studiosos aus dem Collegio Humanitatis nemmen/die Pfarzeyen durch sie zuversehen; die Predigen wurden ihnen aufgesetzet/ und nachdeme sie selbige gelesen / müsten sie alsdann die übrigen tage in den Collegiis weiters ihre Studia fortsetzen/ bis zu ihrem ordenlichen Examen.

A. 1640. den 17. Merz seind zu Wiediken bej der Statt zwej Kinder gebohren worden/ waren Töchterlein / die mit dem Leib oder Seithen an einandern gewachsen waren; je eins hatte dem andern seinen Arm gehalten über des andern Ruggen/hatten alle Gliedmassen zweyer underschiedenlicher Kinder/ zwej Häubter/ vier Aerme und Hände / vier Füsse und Schenkelein / jedes sein Geburtsgliedlein.

A. 1645. den 19. Jenner entstuhnde ein grausamer und unerhörter Sturmwinde / der hin und wieder an Gebäuen und sonsten grossen schaden gethan.

In gedachtem Jahr/ den 18. Mey/ hatte die Strahl geschlagen in St. Peters Kirchthurn/ an der Zeit-tafelen ge-

Y   gen

Marginal notes:
- Pestilenz und Serien Todt.
- Mißgeburt.
- Sturmwinde.
- Zeittafel zu St. Peter durch die Strohl verletzet.

gen dem Rahthaus/und noch an zwejen andern Orten/ die XII. Zahl ausgelöschet.

Es ist zubeachten/daß die Gemeindsgnossen bey S. Peter/sich dieses Thurns nichts beladen / sonder derselbig stehet mit allem was darzu dienet/unmittelbar in dem Oberkeitlichen Gewalt / und hat einen eignen Thurnherzen/ so des Kleinen Rahts ist.

Kinderzeiche Ehe.

Gemeldeten Jahrs den 21. Herbstmonat / ward Jacob Guggenbüel und Regula Wunderlin zu Meilan ihr vier und zwanzigstes/in der Ehe bej einanderen erzeugetes Kind getauft/und Catharina genamset.

Erdbidem.

A. 1650. den 11. Herbstmonat/ den 16.20. und 25.Weinmonat/ wurden in der Statt und Landschaft Zürich sehr starke Erdbidem verspühret.

Geißthurn durch die Strahl entzündt.

A. 1652. Donstags/den 10.Brachmonat / abends um sechs Uhren/ ist ein sehr starkes Wetter entstanden mit heftigem Regen/ Donder und Blitzen/ under welchem die Strahl in den zierlich/ auf einer lustbaren 90.Schühigen höhe/ vor 697.Jahren in die gevierte/mit dem Helm in die 115.Schuhe hoch aufgebaueten Geißthurn geschlagen/ selbigen aus

dem

dem Grund/ durch Mittel des darinnen
ligenden 247. Centnerigen Pulferlasts/
gerissen und zersprengt / dardurch die
nächsten Häuser ganz zertrümeret worden ; ja es ist kein Haus in der ganzen
Statt gewesen/ daß nicht an den Fen-
stern/Thüren und Tächeren etwas scha-
dens gelitten. Acht Personen seind darvon um das Leben kommen/und 18. übel
verwundet worden.

A. 1655. Ware ein erschrocklicher
Hagel / und grausamer Sturmwind/
thate zu Herzliberg / Ehrlibach/ Küß-
nacht/ Goldbach/Thallweil/ Rüsch-
liken/c. sehr grossen schaden ; in der Gemeinde zu Küßnacht hatte der Wind
650.Bäum gefällt.

Hagel und erschrocklicher Sturmwinde.

A. 1657. den 9. Heumonat/ hatte
die Strahl/ abends um 7.uhren in St.
Peters Kirchenthurn/oben in den Helm
geschlagen/ also daß er angehebt zubrün-
nen/ist aber durch Gottes Hilf/ vermit-
lest eines starken Regens und grossen
Fleiß der Burgeren bald widerum ge-
löschet worden : Auch hat diesere Strahl
die Astronomische Tafel an diesem
Thurn geschändet und verletzet/ und den
mitleren strich in der zahl XII.an der Zeit-

Helm/durch die Strahl an St. Peters Thurn entzündet/ doch bald wieder ge- demmet.

tafel gegen dem Rahthaus durchge-
strichen.

Gemeltes Jahrs den 18. Herbstmonat fiel nächst der Sinn ein Stuk von
der Underen Bruggen in das Waßer
hinunder / ware an einem Freitag im
Jahrmarkt / da es gar viel Volk hatte;
es fielen in die 60. Personen in das Waß-
ser/darvon aber nur acht-ertrunken.

A. 1662. Den 17. Merzen/ist der Zeiger an St. Petersthurn/Mittags/da er
bald XII. zeigen sollen/ von der Zeit-Ta-
fel gegen dem vorderen Kirchhofe zu S.
Peter herunder gefallen/wiewolen zu selbiger Zeit gar kein starker Wind sich erzeiget.

A. 1674. den 6. Christmonat/ ward
ein groſſer und starker Erdbidem verspühret in der ganzen Eidtgnoßschaft /
daß man an etlichen Orten vermeinte/
ob wolten die Häuser plötzlich einfallen.

A. 1675. War gar ein spahter Jahrgang / und wümmete man erst zu auſ-
gehndem Weinmonat / und zu anfang
des Winterm. es gab ein sehr saurer
Wein; man müßte die Trauben in groſ-
ser Kälte und under dem Schnee able-
sen/danahen er der SchneeWein ge-

Undere
Brugg fält
ein.

Zeiger bey
S. Peter
abgefallen.

Erdbidem.

Schnee-
Wein.

nañt

naht worden : er wurde sehr theur verkauft / und galt ein Eimer von der Ren-
nen sechs Gulden : es wurd sehr viel an
diesem Wein verlohren.

A. 1677. den 6. Brachmonat / starbe | Alter Mañ-
der 106. Jährige Marx Knützli zu Uetiken / und ward mornderigen tags darauf
zu Meilan begraben.

Den 12. Junij gemeltes Jahrs ist | Platzregen.
ein solch Platz-Regenwetter gewesen /
daß die Bäche aller Orten dergestalten
angegangen / dergleichen sint zersprin-
gung des Geißthurns niemahlen gesehen
worden ; hat grossen schaden verursachet ; Die Sil ist so groß worden / daß
sie aussert der Silbrugge / gegen S. Jacob eines halben Mañs tief gewesen.

In obgedachtem Jahr ist ein solcher
Traubenschutz gewesen : daß bei Mañs-
gedenken nicht erlebt worden / man hat
an einer Stikelráb 160. Trauben gezellet.

A. 1680. den 24. Heumonat waren | Starke
grausame Sturmwinde / die entblösten | Sturm-
viel Häuser / Camin / und Tächer ; auch | winde.
haben sie sehr viel Bäume aus der Wurzel gerissen.

Gemelten Jahrs / in dem Christmo- | Grosser Co-
nat / ward an dem Himel / mit jedermans | met.

grossem

grossem erstaunen und schreken / der sehr
grosse Comet gesehen / dene man vast
auf dem ganzen bewohneten Erdboden
beobachtet : Solchen hat der Hochgelehrte Herr Johann Jacob Wagner/
D. Med : samt allen vorhar gegangnen
Cometen / in einem Büchlein A. 1681. ge-
truket / gar ordenlich beschrieben : auch
hat Er Helvetiam Curiosam, und den
Mercurium Helveticum in Truck
lassen ausgehen.

Starker
Erdbidem.

A. 1682. den 2. Mey / ist morgens
zwüschen zwey und drey uhren / ein ent-
setzliches Erdbeben / mit erschröcklichem
getöß / so gar / daß an etlichen Orten die
Gloggen an den Häuseren darvon ge-
schället / verspühret worden.

Viehezrz-
sten.

In dem Brachm. darauf hat in diesen Landen / eine geschwinde umsich fress-
sende Seuchte (welche alle tag zwey stunde weiter gerucket) das Viehe / als Pferde / Kühe / Rinder / 2c. ergrieffen / in deme
demselbigen gewüsse hitzige weisse Bläterlein an der Zungen ausgeschlagen /
welche so heftig umsich gefressen / daß etlichen / an denen man das übel nicht zeitlich gnug gewahret / die Zungen eher als
innert 24. stunden aus dem Rachen gefallen. Man müste die Bläterlein mit

einem

einem Silbernen Instrument aufritzen/
die Zungen schaben bis das Blut gefol-
get / den schaden hernach mit Imen-ho-
nig/ Salpeter/ Rauten/ Knoblauch/
Salbinen und Essich under einanderen
vermischt/ sauber auswaschen / auch under der Zungen und an dem Schwanz
eine Ader eröffnen. Die Milch von dem
angestekten Viehe / ward wegen schärffe
des Gifts/als unnütz beiseits gethan. Es
ist aber/ Gott lob/ in diesen Landen nicht
viel darüber verdorben/dann es hatte in
jeder Wacht bestelte Männer/die zu dem
Viehe sehen/und demselbigen fleissig abwarten müsten / solches währete bis in
den Heumonat.

In gedachtem Jahr den 8. Christ-
monat seind vor dem Kornhaus 27.
Mütte Kernen an Imj gefallen/ware der
gröste Markt/dessen man sich möchte er-
inneren.

A. 1683. Im Herbstmonat ist der
Küßnachterbach gar wütend angelauf-
fen/führte 70. 80.und mehr Centnerige
Stein ; thäte an den Wueren und Güteren grossen schaden.

Den 16. Christmonats gemelten
Jahrs. hat es. abends um 6.uhren stark
gedonneret/ und die Strahl zu Richten-

Grosser Kornmarkt.

Küßnachter bach laufft wütend an.

Strahl schlagt zu Richtenschweil in den Kirchenthurn.

schweil/ (jedoch/ Gott lob/ ohne schaden)
in den Kirchenthurn geschlagen.

Viel Räben erfrohren.

A. 1684. Ware es zu anfang des
Jahrs gar grimig Kalt / danahen viel
Räben als zu Meilan/ Menedorf/ Stä-
fa/ 2c. erfrohren ; etlicher Orten wurden
ganze Jucharten ausgethan und mit
Somerfrüchten angesäjet.

Wolfbach wird sehr groß.

Den 13. Hornung gedachtes Jahrs
ist der Wolfbach mittags um 12. uhren/
wegen Regenwetters und Schneeschmil-
zens / solcher gestalten angegangen / daß
in dem Niederdorf in etlichen Kelleren
12. und 15. Eimerige Fässer mit Wein
hin und her geschwummen : Man müste
in dem Hirschengraben eine öffnung ma-
chen/ damit das Wasser durch denselben
ablauffen könte ; wehrete bis abénds um
vier uhren.

Ungestümer Wind.

Den 30. Weinmonat obgemelts
Jahrs ward in ganzer Evangelischer
Eidtgnoßschaft ein Buß und Bättag
gehalten/ an welchem ein solcher ungestümer Winde entstanden / der dem See
nach/ an underschiedlichen Orten/ sonderlich aber zu Richtenschweil / und Uetiken etliche Häuser entdeket/ auch sonst
an umfällung der Bäumen grossen schaden gethan.

Anno

A. 1685. den 16. Jenner / ware ein grosser Kornmarkt / und fielen 26. Mütte an Jmmj.

Grosser
Kornmarkt.

Gedachten Jahrs den 4. Mey / starbe Meister Hans Georg Oßwald / der Schneider zu Zürich / welcher bej drejen Ehelichen Hausfrauen zwei und dreissig Kinder erzeuget / namlich zwei und zwanzig Söhne / und zehen Töchteren.

Kinder-
reicher
Vatter.

Dieses Jahrs den 26. Mey ware es sehr kalt / und schnejete bis auf den Uetliberg / man hat am Richt-und Wädenschweilerberg das Viehe müsen ab den Weiden thun / und so man demselbigen etwas wolte zuessen geben / müste man zum ersten den Schnee hinweg thun / und dann das Gras abhauen ; an etlichen Orten jagte man das Viehe in die Wälder / damit sie könten das Kreyse ab den Bäumen fressen; es verführte wegen grossen Hungers ein erbärmlich Geschrey. Zu Richtenschweil hatte der Schnee die Früchte des Feldes niedergetruket / als ob man mit einem bloch darüber gefahren were.

Kalter
Mey.

A. 1686. den 12. Heumonat / ist abends um 9. uhren urplötzlich ein sehr erschrokliches ungewitter / von Hagel / Regen und Sturmwinde entstanden / wel-

Hagel.

Y v　ches

ches aber nicht länger gewähret / als et=
wann 8. Minuten. Es fielen so grosse
Steine als zwei löthige Kuglen / und
hatte sich das gröste Ungewitter über die
Statt ausgelehret ; kostete viel tau=
send Scheiben / sonderlich an dem Raht=
haus und den Kirchen. Auf dem Land
thate es an den Räben und Bäumen
sehr grossen schaden / dann derselbigen
hin und wider sehr viel aus den Wurz=
len gerissen worden. Dieses Wetter
gienge von Kußnacht bis gen Wynin=
gen / und von dem Albis bis gen Cloten.

Grosser Schnee.

A. 1687. Ist um den 6. und 7. Jen=
ner ein solcher Schnee gefallen / daß er
zu Männedorf ein Haus eingetruket / und
an etlichen Orten die Bäume mit der
Wurzel aus dem Boden gerissen ; auch
seind hin und wieder viel Personen in
dem Schnee steken geblieben und er=
frohren.

Braun= Blau Brot von Küh= weizen.

A. 1687. Waren die Früchte im
Feld aller Orten sehr dünn / danahen
viel Unkraut / insonderheit aber sehr viel
Kühweizen darinn gewachsen / darvon
das Brot ganz Braun=Blau worden ;
es ware zwaren angenehm zu essen / aber
nicht gastlich ; wolte einer weisses Brot
haben / so müste er (ehe man das Korn in

die

die Mülle thate) den Kühweizen sauber
daraus räben.

A. 1688. den 12. Aprel/ ist zu Zürich
ein sehr grosser Hund wütend worden/
der hat/ weilen man in der Kirchen ge-
wesen/ 13. Hunde zu todt gebissen/ und
sehr viel verletzet / wurde endlichen er-
schossen.

Wütender Hund.

Den 3. Brachmonat/ gemelten Jahrs
ist zu Meilan vom Feld bis gen Ober-
Meilan ein solches Hagelwetter gewesen/
daß es alles an Räben erschlagen : die
Steine waren zwaren nicht groß / aber
viel/und hatte lange zeit angehalten.

Hagel.

Den 5. Heum. gedachten Jahrs/
nachts zwüschen ein und zwey uhren/hat
sich so ein erschrokliches Hagelwetter/mit
Donder/ Blitz und Windstürmen über
die Eidtgenössischen Lande ausgelähret/
daß dardurch in einem grossen Bezirk
des Berner-und Solothurner Gebiets/
desgleichen vast in dem Dritten Theil
des Züricher-gebiets / ja gar durch das
Thurgöw bis naher Pfyn hinaus/alle
Baum-Garten-und Feldfrüchte (eben
zu der Zeit/da die Ernde angehen solte/)
auch das Räbgewächse gänzlich erschlagen / und viel Fruchttragende Bäume
aus den Wurzlen gerissen worden :

Schrötli-ches Hagel-Wind-und Donder-wetter.

wor-

worburch das Volk in sehr grossen mangel und armut gerahten; an etlichen Orten könte man nicht eine hand soll einernden: Man hatte vast aller Orten die Aker wider umgeakeret / welche dann das folgende Jahr / von dem Hagel ausgeschlagnen Korn / sehr schöne Früchte getragen.

Sturmwinde.

Den 21. Wintermonat dieses Jahrs / thaten die Sturmwinde an den Bäumen grossen schaden / entdekten auch viel Häuser.

Anhang
Von namhaften Bündnussen und Heerzeugen.

Eingang.

JEzdann wil ich auch noch etwas meldung thun von einigen namhaften Bündnussen und Heerzügen / denen die Statt Zürich auch einverleibet gewesen.

Erste Bündnus und Heerzug der Züricheren in Teutschland.

Die erste Freundschaft / Bündnus und Heerzug / so die Züricher oder Tigurini mit Frömden Völkeren gemachet und gethan / ist geschehen nach erbauung

der

der Statt Rom A. 636. mit den Cim-
bren oder Cimbris, mit welchen sie in
Teutschland gezogen/ und viel Land bis
an den Mayn eingenommen.

Hernach als die Cimbri in Galliam
kommen/ sind ihnen die Züricher/ (deren
Haubtmañ Divico gewesen /) zu hilf
gezogen/ und als die Züricher allein waren / zoge L. Cassius Longinus mit einem grossen Heer ihnen nach/ ward aber
von den Züricheren angegriffen / in einem blutigen Streit samt zwejen seiner
Legaten/ L. Calpurnio Pisone und
Quinto Publio erschlagen / und also
dieser Römische Heerzeug vertilget/ A.
ab Urbe condita 646.

Nach diesem sind die Ambroner
und Züricher bei Aquis Sextiis, oder
Aix in der Provinz/ von Cajo Mario
auf das Haubt geschlagen und übermun-
den worden.

Nach Erbauung der Statt Rom
695. oder von Christi Geburt 57. als die
Züricher mit anderen Helvetieren ihr
Statt und Dörfer verbrennet/ in meinung ein besser Land einzunemmen/ wurden sie von C. Julio Cæsare geschlagen/
und ihre verbrañte Stätte und Dörfer
wiederum zuerbauen gezwungen.

Um

Um das Jahr Christi 71. wurden die Helvetier von dem Römischen Feldherren Aulo Cecinna abermahl geschlagen bey Windisch.

A. 1251. Machete Zürich mit Urj und Schweiz eine dreijährige Bündnus.

A. 1265. Hat Zürich mit Graf Rudolf von Habspurg sich verbunden / und ihne zu ihrem Haubtmañ angenoñen/ wider Herzen Ulrichen von Regensperg/ Frejherzen/ welcher als die Züricher ihne gebätten ihr Haubtmañ zuseyn/zu ihnen gesagt: Wann sie ihne wolten für ihren Herzen erkennen / so wolte er sie gnädiglich halten/ wo aber nicht/so wolte er sie in kurzem darzu zwingen / dann sie seyen mit seinen Vestungen und Schlösseren umsetzet/wie ein Fisch mit den Räuschen: darauf sie ihme / mit bejhilf Graf Rudolfs von Habspurg / alle seine Vestungen / aussert Neuen Regensperg / eingenommen: da ward ein Bericht gemachet/ daßEr den Züricheren seine übrige Landschaft übergabe/ und von ihnen ein Ehrlich Leibding name bis an sein Ende. Liget bej den Barfüsseren zu Zürich in dem Creuzgang begraben.

In diesem Krieg hielte sich wol an

Graf

Graf Rudolfen/Jacob Müller von Zürich/dann als der Graf verwundet/ und mit den Feinden umgeben ward / triebe er die Feinde ritterlich ab/ und brachte Ihne auf seinem Pferde darvon. Graf Rudolf / als er hernach Keiser ware / schluge ihne A. 1273. zu Mainz in aller des Reichs-Chur- und Fürsten gegenwertigkeit zu einem Ritter / und hatte ihne dieser That wol geniessen lassen.

Wird zu Ritter geschlagen.

A. 1272. Zogen die Züricher mit ihrem Panner mit Graf Rudolfen für Basel ; als aber die Baßler vernamen/ daß er zu einem Römischen König erwehlet worden/ haben sie ihme die Thore aufgethan / und ihne ehrlich als einen König empfangen.

Züricher ziehen für Basel.

Zu dieser zeit hat König Rudolf der Statt Zürich/ weilen sie ihme diesen und andere getreue Dienste gethan/ ihr Panner mit einem rothē Schwenkel bekrönet.

Ihr Panner mit einem rothen Schwenkel begabet.

A. 1278. Haben 200. Züricher dem König Rudolf geholfen wieder Ottocarum König in Böhmen/ da stellete er sie in der Schlacht-ordnung voran/ schluge viel darvon zu Ritter / die kamen meistentheils um / und gewunne er die Schlacht bej dem Nieder-Sprung / in welcher König Ottocarus neben 14000.

Ziehen K. Rudolf zu hilf.

Schlacht bej dem Niedersprung.

Mäner

Männer perſönlich erſchlagen worden.

Verbündet ſich mit der Gräfin von Homburg.

A. 1291. Machete Frau Elsbeth/ Gräfin zu Homburg und Frau zu Rapperſchweil eine Bündnus mit der Statt Zürich auf drej Jahre.

Ziehen für Winterthur/ſiegeten/ und werden mit liſt wiederum geſchlagen.

A. 1292. Zogen die Züricher / auf Mannung Keiſer Adolfs wieder Herzog Albrechten für Winterthur/ ſiegeten daſelbſten den 12. Aprel; des folgenden tags aber verluhren ſie / als namlich Graf Hüglin von Werdenberg aus Winterthur gezogen mit einem falſchen Panner des Biſchoffs von Coſtanz/welcher den Züricheren zuhilf ziehen ſolte ; haben deßwegen vermeinet / es weren ihre Freunde; alſo ſeind ſie betrogen und geſchlagen worden.

Verbündet ſich mit Oeſterzeich auf 2.Jahr.

A. 1294. Hat Herz Ott von Ochſenſtein / Pfleger der Herzogen von Oeſterzeich / eine Bündnus mit der Statt Zürich auf zwej Jahre lang aufgerichtet.

Schlacht an dem Morgarten.

A. 1315. Geſchahe die Schlacht an dem Morgarten zwiſchen Herzog Lüpolden von Oeſterzeich/und denen von Urj/Schweiz und Underwalden/ in welcher die Eidtgenoſſen die oberhand behalten. Zürich ſchikte dem Herzogen 50. Mann zu hilff / alle in der Statt Farb

be-

bekleidet/ die wurden alle erschlagen bej einandern auf einem Platz gefunden.

A. 1321. Machete Basel mit dem Vogt/ dem Rath/ und den Burgeren zu Zürich eine Bündnus.

Basel verbündet sich mit Zürich.

A. 1325. Hatten Zürich/ Costanz/ Uberlingen und Lindau/ sich wieder alle ihre Anfechter mit einandern auf zwej Jahre lang verbunden.

Zürich verbündet sich mit Costanz.

A. 1327. Machete die Statt Zürich eine Bündnus auf ein Jahr lang mit Bern/ Urj/ Schweiz/ Underwalden/ Mainz/ Worms/ Speyr/ Straßburg/ Basel/ Freyburg/ Costanz/ Lindau/ Uberlingen/ und Graf Eberharten von Kyburg.

Zürich verbindet sich auf ein Jahr mit Bern.

A. 1329. Verbanden sich die von Zürich/ Bern/ Basel/ Freyburg/ Costanz/ Straßburg/ Lindau/ Uberlingen/ Ravenspurg und St. Gallen auf zwej Jahr zusammen/ einandern in allen Kriegen behulfen zusehn.

Verbindet sich mit Bern/ rc.

A. 1333. Hat die Herzschaft Oesterreich/ samt ihren Landvögten und Pflegeren/ Länderen und Gebieten in dem Thurgöw/ Ergöw/ Elsas/ Suntgöw/ Bryßgöw/ Item den Stätten Freyburg/ Breisach/ Ensißheim/ Rheinfelden/ Sekingen/ Waldshut/ Schafhau-

Verbinden sich mit unterschiedenlichen.

sen/ Frauenfeld/ Winterthur/ Dieffen-
hofen/ Aach/ Villingen/ Zug/ Bremgar-
ten/ Surfee/ Sempach/ Baden/ Brugg/
Melingen/ Lenzburg / Zofingen/ 2c. Mit
den Stätten/ Basel/ Zürich/ Bern/ Co-
stanz/ St. Gallen/ Solothürn/ den Grafen von Nydau/ Fürstenberg/ und Graf
Eberharten von Kyburg eine Bündnus
auf 5. Jahre gemachet/ einandern in allen angrieffen beizustehen.

Gemelten Jahrs zugen die von Zü-
rich/ Bern/ Lucern/ Basel/ Straßburg/
Freiburg im Breisgöw / für die starke
Vestung Schwanau an dem Rhein gele-
gen/ Herzen Walter von Geroldsegg ge-
hörig/ (welcher aus derselben den Kauf-
leuthen und anderen Reisenden / mit
Rauben grossen schaden zugefüget/)und
belegerten solches 12. Wochen lang / in
welcher Zeit es niemahlen geregnet; dardurch die belägerten / wegen mangel des
Wassers gezwungen wurden / daß sonst
unüberwindlich geachtete Schloß aufzu-
geben/ die darauf gefundene Reuter und
Räuber wurden enthaubtet / die Gefan-
gene Kaufleuthe und andere wurden auf
frejen Fus gestellet / das Schloß mit
Feur verbrennet / in grund zerstöhret/
und also dieses schädlich Raubnest verherget und verderbt.

A. 1334. Verbranten die Züricher Schönenwerd/ Hohen Teufen/ Frejenstein/ und Schlatt bej Elgg.

Züricher verbrennen etliche Vestungen.

A. 1336. Ward das Alte Regiment der 36. Rahtsherzen (so in 3. Rotten abgetheilt gewesen/ deren jede von 12. Personen bestanden / und vier Monat lang geregieret hatte/) wegen ihres zu groß geübten Gewalts und Hochmuts / auch üblen Haushaltens und verwaltung des gemeinen Guts/ ab/ und das Neue von Burgermeister / Räht und Zunftmeisteren angestellet / laut auf Mariæ Magdalenæ gedachten Jahrs gestelten Geschwornen Briefs.

Veränderen ihr Regiment.

Der 1. Geschworne Brief.

A. 1337. den 21. Herbstmonat / geschahe die Schlacht zu Grynau / da die Züricher erstlich verlohren/ hernach aber wiederum gesieget.

Schlacht vor Grynau.

A. 1340. Macheten die von Zürich/ Costanz und St. Gallen eine Bündnus auf vier Jahre lang/ wieder alle die ihnen schaden zufügten.

Zürich verbündet sich mit Costanz/ rc.

A. 1345. Hatte sich Schafhausen mit Zürich auf zwej Jahr verbunden/ und A. 1346. solche Bündtnus weiters auf vier Jahr hinaus erstreket.

Verbindet sich mit Schafhausen.

In gedachtem Jahr hat der Bischoff und die Statt Basel auch eine Bünd-

Mit Basel verbündet.

nus auf zwei Jahr lang mit der Statt
Zürich angestellet.

Verbindet sich mit Costanz.

A. 1347. Verbanden sich die von
Zürich / Costanz / St. Gallen und
Schafhausen zusammen / wieder jedermenniglichen / der sie beleidigen wurde / einanderen behulfen zuseyn.

Verbindet sich mit Basel.

A. 1348. Wurde zwüschen der
Statt Zürich / wie auch dem Bischoff /
und der Statt Basel aufgerichtet eine
Jährige Bündnus.

Mordnacht zu Zürich.

A. 1350. Geschahe die so genañte
Mordnacht zu Zürich / in welcher Herr
Rudolf Brun / Ritter und Erster Burgermeister sich sonderlich mit Raht und
That tapfer und wol gehalten / auch danahen einen unsterblichen Namen hinterlassen.

Bündnus Zürich mit vielen andern.

Gemelten Jahrs / ward zwüschen der
Statt Zürich und des Herzogen von
Oesterreich Landvögten / und Pflegeren
der Länderen / Suntgöw / Elsas / Breysgöw / Schwaben / Ergöw und Thurgöw /
eine Sechsjährige Bündnus aufgerichtet / desgleichen hat sich auch Schafhausen auf 6. Jahre lang mit Zürich verbunden.

Kommet in den ewigen Eidgnössischen Bund.

A. 1351. Machete Zürich eine ewige
Bündnus mit Lucern / Uri / Schweiz

und

und Underwalden. Und wiewol die
Statt Zürich das fünfte Ort / so in den
Bund gekommen / haben sie doch Ihro
den Vorsitz gelassen / welchen sie auch
noch jezunder behaltet.

Gedachten Jahrs/an St. Stäfans-
tag / geschahe die Schlacht zu Tättweil
bey Baden / zwischen den Züricheren/
und den Oesterreicheren/ da der Letzteren
in die 700. er schlagen/und 6.Panner eroberet wurden. In dieser Schlacht hat
sich sonderlich wol gehalten Herr Rüdger Mañeß/Ritter/und Johañes Stu-
kj/Pannerherr. Die Züricher hatten
Stuoten under der Reisigen Pferde ge-
jagt/also daß solche ihnen unter der Reu-
terej grosse ungelegenheit machten / und
nicht wenig zu dem Siege geholfen. So
haben auch die Wädenschweiler/ Rich-
tenschweiler/ Wolrauer und Pfeffikom-
mer (so den Züricheren zu hilf nachgezo-
gen/) als der Streit am heftigisten wa-
re/und der Siege in dem Zweifel gestan-
den/ durch ihr schreyen Hie Zürich /
den Feinde solcher gestalten erschreket/
daß er das Felde geraumet / und sich
flüchtig darvon gemachet.

A. 1351. Zogen die von Zürich/Urj/

(Randnote: Tättweiler Schlacht.*)*

(Randnote: Zürich nim-
met mit an-*)*

Schweitz und Underwalden in das Land Glarus/ namen dasselbige ein ohne einigen Schwertschlag/weilen die Einwohnere/als die der Oesterreichischen Regierung sehr müde und überdrüssig / sich willig an sie ergeben/ und ward von Jhnen/wegen ihrer Redlichkeit und Tapferkeit zu einem Mit-Ort der Eidtgnoßschaft angenommen/der Bundbrief aber erst A. 1352. aufgerichtet.

A. 1352. Ward Zug von den Eidgnossen bekriget / und weilen Oesterreichischer seiten kein Entsatz erfolgete / auch der Zugische/ an Herzog Alberten naher Königsfelden abgesendete Gesandte nur mit schlechter Antwort abgefertiget ward/ ergabe sich die Statt an die Eidgnossen/ und ward an dem Mitwochen vor St. Johannistag in ihren Bund aufgenommen.

A. 1353. Ist Bern auch in den Bund Loblicher Eidgnoßschaft getretten / und hat under denselbigen den anderen Sitz.

A. 1355. Schlugen die Züricher in die 800.Oesterreicher/so aus Brämgarten und Baden gen rauben kommen waren/bej Zürich an der Sil/in die Flucht.

A. 1356. Haben die Oesterreichischen Länder / als Thurgöw / Elsas/

Sunt-

Suntgöw / Breißgöw und Schwarz-
wald mit Zürich eine Bündnus auf fünf
Jahr lang gemachet / und solche A. 1359.
auf zw j Jahr verlängeret.

A. 1362. Machet Keiser Carolus
IV. eine sonderbare Bündnus mit Zürich / bekreftigte ihnen alle ihre Freyheiten /
bestetigte ihnen den Eidgnössischen
Bund / und gabe ihnen underschiedenliche Freyheiten.

Verbindet sich mit Keiser Carolo IV.

Eben zu derselbigen zeit / haben sich
auch mit einanderen auf K. Caroli lebenlang / und zwey Jahr nach seinem absterben verbunden / Zürich / Costanz / St.
Gallen / Lindau / Ravenspurg / Uberlingen / Wangen / Buchhorn und Pfullen-
dorff.

Verbindet sich mit Costanz und anderen.

A. 1370. Montag nach Leodega-
rij ward von Zürich / Lucern / Uri /
Schweiz / und Underwalden eine Ordnung aufgerichtet / die Clerisey betreffend /
genennet der **Pfaffenbrief**.

Pfaffen-brief.

A. 1375. Samstag vor Galli / machete Herzog Lütpold von Oesterreich mit
Zürich und Bern eine Bündnus / bis
auf nächst künftigen Meytag.

Bündnus mit den Oesterreiche-ren.

A. 1383. Zogen die Züricher mit
600. Männern den Berneren und So-

Züricher ziehen den Berneren zu.

lothurneren zu hilf für Burgdorf wieder Graf Berchtold von Kyburg.

Verbindet sich mit 37. Reichsstätten.

A. 1385. Haben Zürich/Bern/Zug/ Basel/ Solothurn mit 37. Frei= und Reichs = Statten eine Neunjährige Bündnus wieder Herzog Lüpolden von Oesterzeich aufgerichtet.

Sempacher Schlacht.

Als A. 1386. Herzog Lüpold von Oesterzeich ein grosses Volk versamlet/ meinte jederman es wurde Zürich gelten/ deshalben die Loblichen verbündeten Orth/Lucern/Uri/ Schweiz und Underwalden mit ihren Paneren und 1600. Männer sich dahin in besatzung begeben; als aber die Oesterzeicher auf Sempach zuzogen / haben gedachte vier Ort sich eilfertig dahin begeben/ allwo sie den 9. Heumonat Herzog Lüpolden samt vielem Adel erschlagen / welche hernach zu Königsfelden begraben worden.

Züricher streifen in das Wenthal.

A. 1387. Streifen die Züricher in das Wenthal/ und bekamen eine grosse Beuth ; als sie aber wiederum wollen heimziehen / wurden sie von dem Oesterzeichischen Landvogt Wehinger mit 300. zu Pferd und etlichem Fusvolk bej dem Kräyenstein angerennt : nach einem fünfstündigen Scharmutz aber wurden die Oesterzeicher / mit hinterlassung 50.

Scharmützel dersel-

todter

todtner in die Flucht getrieben; Von den Züricheren aber blieben mehr nicht als 10. Männer/und brachten ihreBeuthe mit gewalt heim.

bigen mit den Oesterreicheren.

A. 1388. den 9. Heumonat/geschahe zwüschen den Züricheren und Oesterzeicheren der Streit im Gfenn/da der letzteren 70. Männer auf dem Platz geblieben; auch wurden etliche Fähnlein bekomen: die Züricher verlohren mehr nicht als drej Männer.

Scharmützel im Gfeß.

Gemelten Jahrs thaten die Züricher mit ihren Eidgnossen eine Streifreise wieder die Oesterzeicher für Baden/Mellingen und Bremgarten / thaten sehr grossen schaden.

Eidgnossen streifen auf die Oesterzeicher.

Auch geschahe in diesem Jahr / ein gewaltiger Scharmutz an dem Zürichberg/da der Oesterzeicheren 30. auf dem Platz geblieben / und 6. gefangen naher Zürich gebracht worden ; die Züricher hingegen haben keinen Mañ verlohren.

Scharmutz an dem Zürichberg.

A. 1389. Ward aufgerichtet der Sempacherbrief/dariñen der Eidgnossen Kriegsordnung verfasset.

Sempacherbrief.

Anno 1393. Ward der andere Geschwohrne Brief aufgerichtet.

Der 2. Geschworne Brief.

A.1404. Hatte sich ein grosser Span

Span der Zugeren gestillet.

erhebet zwüschen der Statt Zug und dem ausseren Amt; weswegen etliche Ort/ darunder auch Zürich/ausgezogen/ward aber ohne Blutvergiessen gemittlet und gefriedet.

Die Züricher thaten neben anderen Eidgnossen etliche Züge in die Lombardej/oder Herzogthum Meiland/als Anno 1410. 1411. 1417. 1422. 1425. und 1426. da ward ein Frieden gemachet.

Eidgnossen zogen oft in Meiland.

A. 1411. Zogen die Züricher dem Bischoff von Costanz in das Tañegger-Amt/ branten/und namen einen grossen Raub/darum/daß er ihnen die Vestung Rheinsfelden an dem Rhein und der Glat/ so die von Zürich erkauft hatten/ ungewahrnter sache eingenommen und verbrennet.

Züricher zieben in das Tañegger Amt.

A. 1417. Zogen die von Zürich mit Graf Friederich von Toggenburg ihrem Burger für Feldkirch/hulfen ihme selbiges einnemmen.

Feldkirch eingenommen.

A. 1423. Erneuerten Zürich und Bern nicht allein die vor langem/gegen einanbern aufgerichtete Eidgnössische Bündnus/ sonder erstrekten auch selbige auf gemeinen Schirm ihrer Landen / Leuthen/Frejheiten und Gerechtigkeiten/

Erneuerung des Eidgnössischen Bunds zwüschen Zürich und Bern.

wieder

wieder alle die so sie daran bekümberen wolten : auch daß kein theil den anderen für Frömde oder Geistliche Gerichte citiere.

A. 1429. Im Hornung schikten die von Zürich denen von Ulm auf ihr begehren 200. Mann zu hilf wieder die Behmen. *Hilf gen Ulm.*

A. 1437. Zogen die Züricher mit den Pündtneren und Sarganseren für Freudenburg und Neidburg/ namen selbige ein/ und zerstöhrten sie. *Freudenburg und Neidburg zerstöhrt.*

A. 1442. Machete Zürich eine Bündnus mit Keiser Friedrichen/ als Herzogen von Oesterzeich. *Zürich verbündet sich mit Oesterreich.*

A. 1443. Gienge an der tödtliche Zürich Krieg/ darinnen geschahen underschiedliche Scharmützel und Schlachten/ als den 23. Mey zu Freyenbach ; den 25. Mey am Hirtzel ; den 19. Heumonat an der Sil zu St. Jacob/ bej Zürich. *Zürich-Krieg.*

A. 1444. An dem Mitwochen vor Pfingsten / ward Greiffensee Statt und Schloß von den Eidtgenossen eingenommen/ und Herr Hans von Breiten Landenberg mit 61. redlichen Männeren/ so daselbst in der Besatzung gelegen/ ohn alle Gnad enthaubtet. *Eidtgnossen handlen übel zu Greiffensee.*

Gemelten jahrs ward die Statt Zürich *Belegerung Zürich.*

auch

auch von ihnen / den Eidtgnossen über
10.Wochen lang belägeret / und gestür-
met; als aber die Eidtgnossen neben dem
Siechenhaus zu St. Jacob bej Basel
vom Delphin geschlagen wurden / und
die Zeitung in das Läger vor Zürich
kame / ward die Belägerung aufgehebt.

A.1445. Thaten die Züricher underschiedliche Streißüge in das Wenthal /
Freyamt / gen Wyl in das Thurgöw /
und in das Bernergebieth; so geschahen
auch etliche Scharmützel / als auf dem
Zürichsee / bey Spreitenbach / Wigoltin-
gen; deßgleichen den 6. Weinmonat /
die Schlacht zu Ehrlibach / und Mittwochen vor Wienacht / die zu Wolrau.

A. 1446. Den 27. Jenner geschahe
die Schlacht zu Wyl im Thurgöw; und
Mittwochen vor Matthiastag die zu Ra-
gatz: In diesen Streiten und Schar-
mützen lage bald der eint / bald der ander Theil ob.

So ward auch gedachten Jahrs
durch den Commenthur von Wädenschweil dieser Krieg zu einem anstande
gebracht / (da keine Feindthätlichkeiten
mehr verübt worden /) welcher hernach
aber durch gewüsse Sätze und einen Obmañ A.1450. gänzlich gerichtet ward.

Anno

Züricher
treissen
und Schar-
müßieren
mit den
Eidtgnossen
vielfaltig.

Schlach-
ten.

Zürichkrieg
gerichtet.

A. 1459. Verbande sich Schafhausen mit Zürich/ Bern/ Lucern/ Schweiz/ Zug und Glarus auf 25. Jahr lang.

A. 1460. Zogen bey 300. Mann von Zürich/ Bern/ Lucern/ Uri/ Schweiz/ Zug und Glaris für sich selbs/ (nicht von der Oberkeit geschiket/) Georg Beken zu hilf wieder den Abbt von Kempten/ da geschahe eine Schlacht auf dem Buchberg/ in welcher die Aebbtischen 183. Männer verlohren : Die von Lindau richteten diesen Krieg.

Gemelten Jahrs gabe die Statt Zürich Herzen Vigilio, und Bernharden den Gradleren von Grätz/ (die etwas Widerwillens hatten wieder Herzog Sigmund von Oesterreich/) zukauffen die Statt und Herzschaft Eglisau : Darauf zogen die Züricher und andere Eidtgnossen mit ihnen in das Thurgöw/ und für Fusach/ allwo das Schloß gestürmt/gewunnen/ und das Kriegsvolk darinnen hinaus über die Mauren geworffen worden:brandschazten die nächsten Ort um grosses Gelt/und zogen wiederum zuruk.

A. 1463. Hatte Rothweil mit der Statt Zürich/ Bern/ Lucern/ Uri/

Schweiz/ Underwalden/ Zug und Glaris eine Fünfzehenjährige Bündnus gemachet.

Bündnus mit Meiland.

A. 1466. Hatte Hertzog Galearius Maria Sforzia von Meiland mit den acht alten Orten Loblicher Eidtgnoßschaft eine Bündnus aufgerichtet.

Eidtgnossen ziehen den Müllhauseren zu hilf/ lägerten sich auf dem Ochsenfeld/ fanden aber keine Feind.

A. 1467. Zogen die Züricher mit ihren Eidtgnossen den Müllhauseren zu hilf; verderbten viel Ort/ und samleten sich gemeine Eidtgnossen dem Adel zu trutz auf dem Ochsenfeld/ dann er oft gebräuet/ wann die Eidtgnossen aus ihren Bergen auf die weite kommen solten/ wie er mit ihnen wolte umgehen. Es erzeigte sich aber niemand/ derohalben zogen die Eidtgnossen wiederum heim.

Für Waldshut.

A. 1468. Zogen die Züricher mit ihren Eidtgnossen für Waldshut/ belägerten die Statt bis in die 6. Wochen/ da ward ein Frieden gemachet/ und den Eidtgnossen 10000. Gulden an den Kosten gesprochen.

Erste Bündnus mit Frankreich.

A. 1474. Machete König Ludwig XI. die Erste Bündnus zwüschen den Eidtgenossen und Frankreich.

Eidtgnossen verbinden sich mit etlichen Bischoffen und Stätten.

Gemelten Jahrs/ an dem Donnstag vor Palmtag/ macheten die Bischöffe und Stätte Straßburg und Basel/

auch

auch Colmar / Schlettstatt / Mümpel-
gard / und andere eine Bündnus mit
Zürich und anderen Eidtgnossen wieder
Herzog Carolum aus Burgund / darauf zogen die Eidtgnossen in 15000.
stark/ (darunder 1500. Mann von Zürich unter Herren Felix Keller waren/)
für Elikurt / belägerten selbiges : Als
aber der Graf von Remont mit 20000.
Männern solches entschütten wollen/ge-
schahe den 13. Wintermonat 1474. daselbsten eine Schlacht/allwo der Burgunderen 1800. erschlagen wurden.

Ziehen in Burgund.

A. 1476. Auf Invocavit, geschahe
die Schlacht zu Gransee/allwo dem Herzog Carolo 1000. Männer erschlagen
und unaussprechliches Gut abgewunnen
worden.

Schlacht zu Gransee.

Darnach auf 10000. Rittertag geschahe die Schlacht zu Murten/darbej die
Statt Zürich allein über 3000.Männer
hatte ; da verluhren die Burgunder in
die 30000. Männer und sehr viel Gut.
Herr Hans Waldman hielte sich in
diesem Streit trefenlich wol.

Murter Schlacht.

A. 1477. Den 6.Jener/auf der brej
Königen tag geschahe die Schlacht vor
Nancy, da der Burgunderen in die

Schlacht vor Nancy.

7000. Männer / und Herzog Carolus selbsten erlegt worden. Der Herzog Reinhard von Lothringen / liesse den Herzog Carolum zu Nancy ehrlich begraben. Von den vier obgedachten Schlachten sagt man im Sprüchwort:

Sprüchwort.

Carolus verlohre zu Ellikurt den Mut / Zu Granson das Gut / Zu Murten das Volk / und zu Nancy das Leben.

Erbeinigung.

In Letstgedachtem Jahr wurde die Erbeinigung zwüschen Herzog Sigmund aus Oesterreich / und den Eidtgenossen aufgerichtet.

Eidtgnossen verbinden sich mit Papst Sixto IV.

A. 1478. den 19. Weinmonat macheten die Züricher samt anderen Eidtgnossen eine Bündnus mit Papst Sixto IV. darum gabe er den Eidtgnossen grosse Freiheit / und schikte A. 1480. ein Jubel Jahr oder Romfahrt und grossen Ablaß gen Zürich für 5. Jahre. Dieser Ablaß fienge jedes Jahrs an auf Felicis und Regulæ tag / und währete acht tage lang.

Jubel Jahr zu Zürich.

Schafhausen mit den 8. alten Orten verbunden.

A. 1479. Hatte sich Schafhausen wiederum auf 25. Jahr mit den acht alten Orten verbunden.

Anno

A. 1479. Hatte Abbt Ulrich von S. Gallen/ Zürich/ Lucern/ Schweiz und Glaris zu Schirmherzen des Closters angenommen/ und begehret/ daß sie ihme einen Herzen so des Rahts/ verordnen wolte/ welcher zwei Jahr an einanderen in der vier Orten Namen des Closters Landshaubtman heissen und seyn solle/ alles in des Closters Kosten und besoldung. Der erst Haubtman ware/ Herr Conrad Schwend/ Ritter/ von Zürich/ auf ihne folgete einer von Lucern/ und so fortan.

A. 1480. Auf Johann Baptistæ zogen 6000. Eidtgnossen König Ludwigen in Frankreich zu gen Chalon in Champagne, die kamen in kurzer zeit und wolbezalt wieder naher Haus: Darauf entstuhnde in der ganzen Eidtgnoßschaft viel mördens und raubens/ dardurch die Oberkeit bewegt worden solchem Unheil abzuhelffen/ als wurde auf einer Tagleistung zu Baden erkennet/ daß alle diejenigen/ welche so viel gestollen als der Strik werth/ das Leben ohne Gnad verwürkt haben sollen. Hiemit wurden in kurzer Zeit in der ganzen Eidtgnoßschaft bey 1500. Straßenräuber/ Mörder und an=

dere lose Buben mit dem Rad/Stran-
gen und dem Schwert hingerichtet.

A. 1481. Ward auf Thomæ tag/
als sich auf die Burgundischen Krieg etwas Streits under den Eidtgnossen erheben wollen/die Verkomnus zu Stanz
gemachet / auch Freiburg und Solothurn in den grossen Bund/zu Orten der
Eidtgnoßschaft/aufgenommen.

A. 1482. Machete Zürich eine Bündnus mit Graf Eberharten dem Alten/
und Jüngeren von Wirtenberg und
Mümpelgard/auf zehen Jahr lang.

A. 1488. Schiften die von Zürich
200.Männer dem Herzog Sigmunden
von Oesterreich zuhilf wieder die Vene-
diger / als bemelter Herzog die Venedi-
ger vor Roseryt geschlagen.

A. 1489. Ware ein grosser auflauf
zu Zürich/ in welchem Hr. Burgermeister Hans Waldmann den 6.
Aprel/vor der Statt/auf einer erhebten
Schaubüne/in beisein einer grossen menge Volks enthaubtet worden; Er wurde
hernach auf sein begehren bei dem Frau-
Münster in der Kirchen begraben: Desgleichen wurden etliche andere Herzen
des Raths hingerichtet / der alte Raht

ab=und ein ganz neuer gesetzet/den man den Hürninen Rath genennet; die ab=gesezten Räth seind hernach meistentheils wiederum zu ihren vorigen Ehrenstellen kommen / und in den Rath aufgenommen worden.

A. 1490. Zogen die vier Schirm=Ort/Zürich/Lucern/ Schweiz und Glaris dem Abt von St. Gallen zu Lieb wieder die Appenzeller/und St. Gallen/ in welchem die Appenzeller das Rhein=thal / und die Satt St. Gallen das Schloß Oberdorf mit Hohen und Nie=deren Gerichten dahinden lassen müssen.

Eidtgnossen zieben dem Abt von St. Gallen zu hülff.

A. 1494. Zogen 8000.Eidtgnossen mit König Carolo aus Frankreich in das Königreich Neapolis, die wurden sehr übel gehalten/dann von 1500.so da=selbst in besatzung gelegen/ kamen mehr nicht/ (weilen die Italiener ihnen Speis und Trank vergiftet/) als 148. Männer/ darzu sehr ellend/ wider heim/und brach=ten zum Kram mit sich die wüste und un=flätige Krankheit / so die Franzosen=Krankheit genennet wird.

Eidtgnossen zieben in das Neapo=litanische Reich.

A. 1498. Wurde die Bündnus zwischen den Eidgenossen und den Graupündneren aufgerichtet.

Grau=pündtner kommen in den Eidt=gnößischen Bund.

A. 1498. Wurde auch gemachet der dritte geschwohrne Brief.

A. 1499. Ware der Krieg wieder Keiser Maximilianum , und den Schwäbischen Bund / sonst genennet der Schwaben Krieg/in welchem folgende Schlachten fürgegangen : Den 7. Hornung an St. Lucis Steig ; den 8. Hornung zu Treissen ; den 20. Hornung zu Hard ; den 25. Merzen im Bruderholz ; den 18. Aprel zu Ermatingen: daselbst ware neben 73. tapferen Männeren erschlagen Niclaus Bluntschli von Zürich/ein freudiger und unerschrokner Haubtmañ/welcher/ als er von der Feinden Einfahl gewarnet worden/gesprochen : Wer sich förchtet/der lege ein Panzer an : Item den 20. Aprel zu Frastenz/in welcher Schlacht sich mit seinem Volk ganz ritterlich verhalten Herz Ulrich Freyherz von Sax / Burger zu Zürich/also daß ihme gemeine Eidgenossen etlich Stuke geschützes verehret/ und ihne sein lebenlang lieb und werth gehalten : Er hatte sich auch in den Meiländischen Kriegen vor Novarra also gehalten/daß er bej Papst Leone X. in ein solches ansehen kommen/daß er ihme

mit eigner Hand freundlich zugeschrie-
ben : Ferner/ auf Pfingsten auf der
Malserheid : Hernach den 20. Julij zu
Dornach: in welcher Schlacht sich trefenlich verhalten Jr. Haubtman Caspar Göldli V. T. von Zürich/
welcher/wiewolen sie wegen strengen Zie-
hens sehr abgemattet gewesen / von den
Solothurneren / die ihnen Brot und
Wein dargebotten/ nichts abnemmen
und essen wollen/ er habe dann der Feinden Läger gesehen : Er ist zwölf mahl
mit der Statt und seiner Farb ausge-
zogen/und allezeit mit grossem Lob wiederum heim kommen.

Zur zeit dieser Kriegen hielte sich sonderlich wol an dem Vatterland/Herr
Hans von Lauffen/ein Priester / von
Zürich gebürtig/ der zoge mit Herren
Hans Grädler gen Grätz/und kame
um diese zeit under einen Schwäbischen
Haubtmann/welchem er für einen Ca-
plan gedienet/gen Costanz/ der nun hatte seine Kleidung und Sprach also ver-
enderet/ daß man ihne für keinen Eidgnossen erkante/ derohalben die Haubtleuth alles vor ihme frei offentlich heraus

(Randglossen:)
Jr. Caspar Wöldli von Tieffenau.

Jr. Hans von Lauffen ein Priester/ erkundiget der Feinden Anschläge.

redten / was sie für anschläge wieder die
Eidtgnossen hatten.

Da er nun alles genugsam verstan-
den/machete er sich heimlich von Costanz
hinweg/und laufet bei nacht naher Zell/
und von dannen gen Stein/ da rufte er/
daß man ihne hinein lasse/ und brachte
also denen von Zürich alle Kundschaft
und Anschläge des Schwäbischen
Bunds / wie sie nemlich auf St. Mar-
gretha tag/ die Eidtgnossen wollen angreiffen : also daß eine Armee solte bej
Feldkirch über den Rhein ziehen / und
daselbst in das Thurgöw fallen / die andere Armee solte von Costanz aus in das
Schwaderloch fallen / und die dritte
Armee solte Dornach einnemmen / und
den Solothurneren ins Land fallen.

Auf diesen eingenomenen Bericht /
haben die Eidtgnossen sich under einanderen berahtschlaget/wie den sachen für-
zukommen/und zuhelfen.

Nach etlichen anderen Scharmütz-
len/wurde durch den Herzog von Meiland ein Friede gemachet / welcher da-
tiert wurde auf Mauritij 1499.

In diesem Krieg hatte eine Statt
Zürich allein in die 7000. Mäner an un-

Marginalia: Entdecket selbige den Eidtgnossen.

Marginalia: Sie richten sich darnach.

Marginalia: Frieden gemachet.

Marginalia: Zürich unterhaltete 7000. Mäner.

der-

derſchiedenlichen Orten mit groſſem ihrem Koſten underhalten.

A. 1500. Ward zwüſchen dem
Haus Oeſterreich und etlichen Orten der
Eidtgnoßſchaft/ alß Zürich/ Bern/Uri/
Schweitz/Underwalden undGlaris/eine
Erbvereinigung aufgerichtet. | Erbvereini-
gung mit
dem Haus
Oeſterreich.

Gedachten Jahrs/ macheten Pfaltz-
graf Philipp bej Rhein/ Hertzog Georg
von Bayeren/ und Hertzog Ulrich von
Wirtenberg mit den Eidtgnoſſen eine
12.Jährige Bündnus. | XII. Jährige
Bündnus
mit einigen
Herren.

A. 1501. Ward Baſel und Schaf-
hauſen aufgenommen in den Loblichen
und ewigen Eidtgnöſſiſchen Bund. | Baſel und
Schafhau-
ſen kommen
in Bund.

A. 1507. Gebrauchte ſich K. Ludwig aus Frankreich 4000. Eidtgnoſſen
die Statt Genua einzunemmen; hat ſie
hernach wolbezahlet wiederum heimge-
laſſen/ auch etliche daſelbſt/ wegen wol
verhaltens auf dem Sandgrund zuRit-
ter geſchlagen/ danahen ſelbige Sand-
Ritter genennet worden. | Nemmen
Genua ein.

Sand-Rit-
ter.

A. 1509. Hatte Hertzog Ulrich von
Wirtenberg ſich mit Zürich/ Zug/ Ba-
ſel/ Frejburg/ Solothurn/ Schafhau-
ſen/ Appenzell/ Abbt und Statt St.
Gallen/auf 12.Jahr verbunden. | Hertzog von
Wirten-
berg mit ei-
nigen Or-
ten ver-
bunden.

Aa iiij | Anno

Eidtgnossen verbünden sich mit Papst Julio II.

A. 1510. Macheten die Züricher/ neben anderen Eidtgnossen mit Papst Julio II. eine Bündnus/ welcher ihnen darauf ein Jubeljahr oder Romfahrt zugeschikt/ und waren sieben Buskirchen zu Zürich/ nach Form des Jubeljahrs zu Rom geordnet/ also daß das Grosse

Jubeljahr zu Zürich.

Münster/ St. Peters Kirchen zu Rom ; FrauMünster/ St.Johañ ; die Wasser-Kirche/ St. Pauli Kirche ; St. Peter/ unser Frauen Major ; die Augustiner Kirche/ zum H. Creuz ; die Prediger Kirche/ St. Lorenz ; und die Barfuser Kirche/ St. Sebastian bedeutete : wer diese Kirchen einanderen nach besuchte/ dem ward nicht mindere Gnad versprochen/ als wann er zu Rom selbsten gewesen were.

Eidtgnossen schiken dem Papst hilf.

Bald nachdem die Bündnus aufgerichtet/ schikten die Eidtgnossen 6000. Männer dem Papst zu hilf wieder die Franzosen/ und den Herzogen von Ferrara.

Zürich hilft den Länderen.

A. 1511. Den 25. Wintermonat zogen die Züricher aus/ den Länderen zu lieb gen Galleron, da die Feinde hinweg geschlagen wurden.

Erbeinigung.

Gemelten Jahrs haben die Eidt-

gnossen

gnoffen mit Keifer Maximiliano und
dem Haus Oesterreich die Erbeinigung
aufgerichtet.

A. 1512. Zogen bey 20000. Eidt-
gnoff:n Papst Julio II. zu hilf wieder die
Frantzosen / erwehlten under sich selbsten
Herren Ulrich von Sax zum Feldherren / und Jkr. Jacob Stapfer /
Ritter von Zürich / (welcher sich in
diesen Meiländischen Zügen sehr tapfer
gehalten /) zum Obersten Haubtman̄ /
haben Cremona und Pavia ohne sonderlichen Wiederstand den Frantzosen
abgewunnen / daraus sich dann in wenig
tagen vast das gantze Hertzogthum Meiland an die Venetianer und Eidtgnossen ergeben: als aber nach diesem die Eidgnossen wieder nach Haus gekehret / seind
sie / wegen ihrer erzeigten Tapferkeit von
Papst Julio mit dem Tittel / der Be-
schirmeren der Kirchen Freyheit /
geehret / und jedes Ort mit einem Neuen
Pan̄er von Damast / alle Ort ins gemein aber / mit zwei über die massen kost-
lichen Pan̄eren / wie auch mit einem Her-
tzogshut und grossen Schwert / 1500.
Ducaten werth beschenket worden.

Gemelten Jahrs / ward Hertzog Ma-

Eidtgnossen setzen den Hertzog von Meiland wiederum ein.

ximilianus Sforzia von den Eidtgnossen / durch ihre Gesandten zu Meiland wiederum in sein Hertzogthum eingeset / die haben unter ihnen folgende vier ausgeschossen/die solches im Namen der gantzen Eidtgnoßschaft verrichten müsten/namlich Herren Ulrich / Freyherren von Sar/Herren Burgermeister Felix Schmid von Zürich/ (diesem wurden die Schlüssel bey der Statt Pforten in einem vergulten Beken dem Hertzog zu übergeben anbefohlen/) Herren LandAman Pündtner von Uri/und Herren LandAmman SchwartzMurer von Zug/dieser müste in dem Namen aller die Rede verrichten.

Eidtgnossen verbinden sich mit Savoy.

In gedachtem Jahr/haben die Eidtgnossen mit Hertzog Carolo von Savoy eine 25. Jährige Bündnus aufgerichtet.

Ziehen dem Hertzog von Meiland zu hilf.

A. 1513. Zoge man aus der Eidtgnoßschaft dem Hertzog von Meiland mit 12000. Mäñern zuhilf/da geschahe den 6. Junij die gewaltige Schlacht zu Novarren, in welcher der Feinden 15000. der Eidtgnossen aber mehr nicht als 1400.umkommen.

Conrad Engelhard von Zürich/ ward wegen seiner fürtreflichen Kriegs= erfahrenheit Oberster über 4000. Eidt= gnossen/ dem Herzogen von Meiland zu dienst : Er liesse Herzen Trivultio, des Königs in Frankreich Obersten/durch einen Botten anzeigen : Er wolle den grossen Kosten erspahren / den Er in be= schiessung der Statt Novarra wurde anwenden / er wolle seiner mit lieferung einer Manlichen Schlacht erwarten. Für seine Heroische Tapferkeit/ so er da= mahlen in der Schlacht daselbsten erzei= get/ ward ihme zur Dankbarkeit/ von ei= nem Ehrsamen Raht zu Zürich / die an= sehenliche Landvogtey Kyburg sein Le= benlang verliehen.

Gedachten Jahrs zogen die Eidt= gnossen in 30000. stark für Dijon, die Haubtstatt des Herzogtums Burgund/ allda ward den 13.Herbstmonat ein Frie= de gemachet / hernach aber von dem Kö= nig nicht angenommen.

In diesem Jahr ist Appenzell von den XII. Orten der Eidtgnoßschaft / in den ewigen Bund aufgenomen/und dar= durch das 13.Ort der Eidtgnoßschaft ge= machet worden/ welche bej allen Tagsa=

jungen

Conrad Engelhard haltet sich tapfer.

Wird herzlich belohnet.

Eidtgnossen ziehen für Dijon.

Appenzell kommet in den Eidtgnössischen Bund.

zungen in folgender Ordnung sitzen: Zürich / Bern / Lucern / Uri / Schweiz / Underwalden / Zug / Glaris / Basel / Freiburg / Solothurn / Schafhausen / und Appenzell.

A. 1514. Hatt Papst Leo X. mit den Eidtgnossen eine Bündnus auf 5. Jahr lang gemachet.

A. 1514. Ward Müllhausen zu einem Zugewandten Ort der Eidtgnoßschaft angenomen / der Brief aber ward erst den 19. Jenner 1515. aufgerichtet und besiglet.

A. 1515. Ward der so genañte Heilig Bund von Papst Leone X. Keiser Maximiliano, König Ferdinando in Arragonien, und Herzogen zu Meiland / mit den 13. Orten loblicher Eidtgnoßschaft aufgerichtet.

In gedachtem Jahr / seind die Eidtgnossen 31000. stark an drei underschiedenlichen Zügen / deren der Erste von 6000. der andere von 13000. und der dritte von 12000. Männeren bestanden / in das Herzogtum Meiland gezogen / und geschahe dazumahlen die Schlacht zu Marignan bei Meiland / in welcher sich Hr. Burgermeister Marx Roust /

Marginal notes (left column):

Ordnung der 13. Orten.

Papst Leo X. mit den Eidtgnossen verbündt.

Müllhausen wird ein Zugewandtes Ort.

Der Heilig Bund.

Eidtgnossen ziehen in Meiland.

Schlacht zu Marignan.

von Zürich / sehr tapfer gehalten. Die Eidtgnossen haben den ersten tag gesieget / den anderen aber verlohren / der Feinden kamen in die 10000. um / der Eidtgnossen aber auf die 5000. darunder 800 aus der Statt und Landschaft Zürich gewesen. In suma / es gienge in dieser Schlacht so scharf / daß Trivultius, ein alter Französischer Oberster / der zuvor 18. Schlachten bej gewohnet / selbige gegen dieser nur für Kinderspiel geachtet / die aber eine rechte Heldenschlacht genennet.

Burgermeister Roüst haltet sich wol.

A. 1516. Zoge Keiser Maximilianus selbsten in eigner Person mit 10000. Eidtgnossen für Meiland : als solches nun in die eusserste Noth gerathen / hatte Jacobus Trivultius ein Französischer Oberster durch einen Kriegslist / bej dem Keiser / gegen dem Eidtgnössischen Kriegsvolk ein solches Mistrauen erweket / daß er eilends das Läger aufgehebt / dardurch die Statt Meiland grosse Freude empfangen.

Meiland von K. Maximiliano mit hilf der Eidtgnossen belägeret.

Wird aber durch List entlediget.

In gemeltem Jahr ward zwüschen Francisco König von Frankreich / und den Eidtgnossen ein ewiger Friede aufgerichtet.

Bund mit Frankreich.

A. 1518. Hat Papſt Leo der X. durch Bernhardinum Samſonium viel Ablaß in die Eidtgnoßſchaft geſchiket/welcher von theil Orten angenomen/ von anderen aber verworffen worden/ weilen die letſteren auf den einigen wahren Ablaß/durch den verdienſt Jeſu Chriſti erworben / gewieſen waren / und den darfür erkanten.

A. 1519. Zogen in die 14000.Männer aus der Eidtgnoßſchaft ohne der Oberkeit willen / Herzog Ulrich von Wirtenberg zu hilf/ die wurden auf begehren des Schwäbiſchen Bunds zuruk berufen / und die Haubtleuthe von Zürich/vor Räht und Burgern abgeſtraft.

Gedachten Jahrs/ward Rothweil als ein Zugewandtes Ort in den Eidtgnöſſiſchen Bund aufgenommen.

A. 1521. Im Merzen zogen die Züricher neben anderen Eidtgnoſſen dem Papſt zu / gen Loretto, ſolche führete hinweg Antonius Puccius, Biſchoffe von Piſtoia.

Gemelten Jahrs zugen die von Zürich/Zug und aus anderen Orten mehr/ 6000. ſtark / Papſt Leoni X. zu / die

Stätte

Stätte Rätz und Placenz zu beschirmen/ vertrieben die Franzosen aus Meiland/ und setzten Franciscum Sfortiam wiederum in das Herzogtum Meiland ein; Uber eroberung dieses Herzogtums solle Papst Leo vor Freuden gestorben seyn.

Papst Leo stirbt vor freuden.

A. 1524. Ware grosse Uneinigkeit in der Eidtgnoßschaft/ wegen der/ in einem auflauf verbrandten Carthus Ittingen.

Uneinigkeit der Eidtgnossen.

A. 1525. Seind 8000. Eidtgnossen wieder der Oberkeit müssen und willen/ dem entsezten Herzog Ulrich von Wirtenberg/ als er getrachtet sein Fürstentum wiederum einzunemmen/ zugezogen.

Viel derselben ziehen ohne Oberkeitlich befelch in Wirtenberg.

A. 1529. Ware der erst Cappeler Krieg.

Der erst Cappeler Krieg.

A. 1530. Hatte Landgraf Philipp aus Hessen auf fünf Jahr/ die Statt Straßburg aber auf 15. Jahre lang/ eine vereinigung gemachet mit Zürich/ Bern und Basel.

Bündnus mit Hessen und Straßburg.

A. 1531. Gienge an der Müsser-Krieg/ und schikten die von Zürich den Pündtneren Volk und Kriegs-munition zu hilf.

Müsser-Krieg.

Ge-

Gedachten Jahrs hatte sich der ander Cappeler Krieg erhebt / da den 11.
Weinmonats die Schlacht zu Cappel
in welcher M. Ulrich Zwingli umkom-
men / und den 24. Weinmonats die
Schlacht an dem Zugerberg / fürgegangen.

A. 1543. Hat Keiser Carolus V.
die/ mit Keiser Maximiliano A. 1511.
aufgerichtete Erbeinigung bestehtiget /
und solche mit den Eidtgnossen fehrners
unverbrüchlich zuhalten versprochen.

A. 1544. Geschahe die gewaltige
Schlacht zu Ceresola in Piemont / in
welcher sich Wilhelm Frölich von
Zürich sehr tapfer gehalten / deßwegen
Er von dem König in Frankreich zu
Ritter geschlagen/under seine Hof-Jun-
keren angenommen / und zum Haubtmañ über die Leibgwardj gesetzet worden.
Dieser Wilhelm Frölich hatte erstlich
das Zimmer Handtwerk gelehrnet / und
sich durch seine Handarbeit ernehret/her-
nach under Francisco, König in Frank-
reich/Kriegsdienst angenommen/ weilen
man aber dazumahlen zu Zürich die un-
nohtwendigen Kriege verbotten / hatte
er sich gen Solothurn begeben / und ist

end-

endlichen zu Paris bej 70. Jahren alt ge=
storben / und daselbst mit grossem Leide
ehrlich zur Erden bestattet worden.

A. 1557. Ward die Erbeinigung
mit dem Haus Oesterreich erneueret und
bestehtiget.

A. 1584. den 31. Weinmonat ward
eine Ewige Bündnus zwüschen Zürich/
Bern/und Genf aufgerichtet.

A. 1586. den 14. Herbstmonat/schik=
ten die von Zürich 300. Männer/under
Jkr. Haubtmañ Caspar Krieg / gen
Genf in Zusatz / dann sie sich beförchtet
von den Safoyeren belägeret zuwerden.

A. 1587. Zogen 500. Mann von
Zürich/under Jkr. Jos von Bonstetten/
neben Bern/Glaris/Basel und Schaf=
hausen für Müllhausen / wegen innerli=
chen Unruhen / so sie under einanderen
hatten / eroberten solches den 15. Junij,
nachdeme die gütlichen Mittel nichts
verfangen wollen / mit sturm/ und wur=
den alsobald etliche der Redlinführeren
hingerichtet.

Gemelten Jahrs zogen etlich 1000.
Eidtgnossen wieder der Oberkeit willen
in Frankreich bis gen Erampes , kamen
ellend wieder heim / und wurden etliche

Bb   Haubt=

Marginal notes:
- Erbeinigung erneueret.
- Bündnus mit Genf.
- Ziehen Genf zu.
- Ziehen für Müllhausen.
- Redlinführer der Aufrüreren gestraft.
- Lampeskrieg.

Haubtleuth an dem Leben geſtraft; dieſer Krieg wird von dem Ort nach ins gemein genennet der Tampes-Krieg.

A. 1588. Ward zwüſchen Zürich Bern und Straßburg eine Bündnus aufgerichtet/ und iſt den 13. Mey von den Geſandten zu Straßburg / den 20. zu Zürich/und den 27. zu Bern der Bunds-Eid abgelegt worden.

An dem Einritt zu Zürich wurden ſie mit 1100. bewaffneter Männeren zu Fus ſamt 75. Pferden under löſung 13. Stuken empfangen; Under obgedachten 1100. Männeren ſind auch ſechs der Statt Zürich Kirchendiener geweſen / deren einer/namlich Herr Hans Jacob Wick/ vor 58. Jahren/ als A. 1530. gedachte drej Stätte eine Vereinigung mit einanderen gemachet/ gleichfahls in der Rüſtung mitgegangen. Des folgenden tags ſeind gegen 500. Knaben von 10. bis in 15. Jahren alt / mit zwej Fliegenden Fähnlinen ſchön bewehrt umgezogen/welche bej dem Schneggen vor den Herren Geſandten Gliederweiſe abgeſchoſſen. Den 22. Mej wurden ſie auf den See ſpaꜩieren geführet / und als man auf die mitte deſſelbigen komen /

seind

seind sie unversehens mit 25. Schiffen/
deren jedes mit 50. bewaffneter/ nächst
an dem See gesessner Männeren/so vast
alle gleich bekleidet/beladen gewesen/um-
ringet worden/(dann in jedem 30. Män-
ner/ 15.auf jeder Seithen mit den Rude-
ren gezogen.) welche hernach theils
durch Ihre Pfarzer/theils durch die Vögte den Herzen Gesandten zur Bündnus
glükwünschen lassen. Es haben sich auch
inzwüschen zwei andere Schiffe/als Galleen geformieret/ mit Geschütz sehen lassen / welche lang / gleichsam in einem
Scharmützel los gebrennet / und einandern um die Herzen herum getrieben/
und nachdeme darauf ein Schiffe nach
dem anderen herbei gefahren / ist ihnen
von Herzen Landvogt Heinrich Thom-
man/von Oberkeits wegen abgedänket/
und auf jedes Schiffe 5.Gulden verehrt
worden. Damahls haben sich die Her- | Musc.
ren Geistlichen mit der Music (so lang
man voraussen gewesen/) sonderlich hören lassen. Auch ward den Herzen Gesandten zugefallen die Tracht gezogen/
und die Fische/ gleich frisch auf dem See
zubereitet/und gebraten. In dem aus-
und einfahren hat man mit den Stu-
ken dapfer geschossen: Den 23.Mey seind | ziehen gen
Bern.

sie von Zürich mit einandern naher Bern
verreiset/und daselbst/wie auch zuvor zu
Straßburg / herzlich empfangen / und
mit allerhand kurzweilen erlustiget worden.

Zürich zie-
het Bern
zu hilf.
A. 1589. Seind die Züricher den
Berneren wieder den Herzog aus Savoy zu Hilf gezogen.

Zürich gibt
eine Com-
pagnie in
Frankreich.
A. 1591. Zoge eine Compagnie
von Zürich / mit bewilligung der Ober-
keit/dem König in Frankreich zu.

Zürich und
Bern sen-
den Völker
gen Straß-
burg.
A. 1592. Seind 5. Compagnie
von Zürich/ und 5. von Bern auf begehren der Statt / gen Straßburg geschiket
worden/ weilen die Capitularen/ in er-
wehlung eines neuen Bischoffs/sich nicht
vergleichen können.

Zusatz gen
Genf.
A. 1602. Den 11. Cristm. Wurde
die Statt Genf von den Savoyeren be-
stiegen/seind aber wiederum zuruk getrieben worden/ darauf schikte Zürich 400.
Männer / und Bern 600. dahin in Zusatz.

Züricher zie-
hen in
Frankreich.
A. 1606. Zoge/aus bewilligung der
Oberkeit eine Compagnie von Zürich/
zu Henrico IV. König in Frankreich.
A. 1610. Schikten die von Zürich dem
König in Frankreich abermahlen eine
Compagnie.

Anno 1610. Ware zwüschen den Eidtgnossen / wegen des Auflaufs zu Gachnang grosse misverstândnus.

A. 1612. Hatte Mark-Graf Georg Friederich von Durlach eine Bûndnus mit Zürich und Bern aufgerichtet / und als des Mark-Grafen (deren der vor-nemste war Herꝛ Ott / Rhein-und Wildgraf) und der Statt Bern Ge-sandte gen Zürich kommen/den Bunds-Eidt abzulegen / ist man ihnen den 3. Herbstmonat mit 640. Musquetiereren/ 460. Harnischen und 200. Pferden ent-gegen gezogen. Auf dem Hof stuhnden 12. Stuke/ grossen geschüzes/ und 6. bej dem Lindenthôr/ die man alle Morgen/ so bald der tag angebrochen / so lang die Herꝛen Gesandten hie verblieben / los brennete; den 6. Herbstmonat hatte man sie auf den See spazieren geführet/denen kamen 43. Schiffe entgegen / und ware jedes mit 40. 50. bis in 60. Mânern be-laden/ die wünschten den Herꝛen durch Jkr. Hans Heinrich von Schônau/ Landvogt der Herꝛschaft Wädischwyl viel glük zur Bündnus : Nachdeme aber ihnen hinwider gedanket worden/ fuhren sie in unglaublicher eil widerum

darvon/daß man gar bald kein Schiff
mehr gesehen / darab sich jedermäniglich
zum höchsten verwunderet hat. Diejenigen so ruderten / waren alle mit weissen
Hembderen angethan. Im aus- und
einfahren hatte man mit z. Stuken in
dem Bollwerk auf Dorf/ und denen auf
dem Hof heftig geschossen. Desfolgen-
den tags verreiseten die Herzen Gesandten mit einanderen naher Bern / und
wurde ihnen daselbst/wie zuvor zu Durlach auch geschehen / grosse Ehr und
Freundschaft bewiesen.

Zürich trit-
tet auch in
Französi-
schen Bund.

A. 1614. Seind die Züricher auch
in den Französischen Bund getretten/
und kam M. de Castille Französischer
Ambassador den 9. Jenner allharo/ im
namen seines Königs Ludovici XIII.
den Bund mit der Statt zuschweren/
deme zoge man mit der Burgerschaft/
wie auch etlichen aus den Wachten/ und
ab dem See/ bis auf das Silfeld entgegen. Die Schützen wurden in die vor-
und Nachhut geordnet / und die Spieß
und kurze Wehre in 5. Häuffen under 5.
Fahnë getheilet. Da ward ein Schlacht-
Ordnung gemachet/ und stuhnden alle
5. Fähnen neben einandern/ware sehr lu-

stig

ftig anzuſehen / in deme auf die 1000.
Muſquetierer / und ſo vil Spieß mit
ſchönen Harniſchen wol gerüſtet daſelbſt
geſtanden/auch waren bej 300. zu Pferd/
darunder auch die Vögt / Schafner/
Landſaſſen und vil Frömde geweſen. Auf
dem Grien waren XII. groſſe Stuke geſtellet / und auf dem Lindenhof etliche
Mörſel. Nach empfahung des Ambaſ-
ſadoren/zoge das Fußvolk vor der Reu-
terej anhin wiederum in die Statt / bis
in den Neumarkt/ allwo der Ambaſſa-
dor beherberget wordē/ keiner ſchießte bis
daß die Pferd widerum hinweg waren.
Mornbrigen tags ſchwuhr man den
Bund / und wurden die XII. Stuke/ ſo
auf dem Grien geſtanden / auf dem Lindenhof los gebrẽt ; Darauf wurden die
Franjoſen und andere Frömde Herren
bej der Mittagmahlzeit auf dem Schneggen gaſtiert. Samſtags den 15. Jenner
verzeiſte Er wiederum. Den 15. Merzen
ward auf begehren dem König eine
Compagnie zugeſchiket/welche aber den
30. Junij vom König beurlaubet wiederum nach Haus gekommen.

    A. 1615. Hatte die Herzſchaft Ve-
nedig mit Zürich und Bern aufgerich-

Bündnus
mit Vene-
dig.

tet eine Bündnus / und A. 1618. den
Bundschwur mit grossem Pracht durch
abgeordnete zu Zürich abgestattet.

A. 1616. Seind zwei Compagnien
ohne bewilligung der Oberkeit/ der Herzschaft Venedig wider die Oesterreicher
zugezogen.

A. 1620. und 1624. Schikten die
von Zürich jedes mahl in die 1000.
Männer den Pündtneren zu hilf/ auf be-
schehenen Veltleiner Mord.

A. 1629. Schikte jedes Ort der Eidt-
gnoschaft 100. Männer/ den Paß gegen
dem Gotthart und Pündtnerland wider
die Keiserischen zuverwahren.

A. 1630. Haben die von Zürich /
und übrige Eidtgnossen dem König von
Frankreich auf begehren 3000. Männer
zugeschiket / die theils in Piemont/ theils
an die Grenzen gegen Lotharingen geführet worden.

A. 1633. Als die Bäyerischen und
Weinmarischen Troupen sich Schafhausen genäheret / haben die Herzen von
Zürich ihre Grenzort mit Kriegsvolk versehen / und 1000. Männer zu einer Besatzung naher Schafhausen gesendet.

A. 1635. Schikten etliche Ort der

[Marginalia:]

2. Compagnien ziehen in Venetianische Dienste.

Zürich schiket den Pündtneren zu hilf.

Paß zum Gotthart verwahret.

Eidtgnossen schiken hilf in Frankreich.

Zusatz gen Schafhausen.

Den Pündtneren hilf geschiket.

Eid-

Eidgnoſchaft eine zimliche anzahl Volks in der Kron Frankreich koſten den Gemeinen drej Pündten wieder die Keiſeriſchen und Spaniſchen zu hilf.

A. 1639. Seind 6000. Eidtgnoſſen dem König in Frankreich zugezogen. Wiederum zogen A. 1642. 600. Männer von Zürich under vier Fahnen in Frankreich.

Eidtgnoſſen ziehen in Frankreich.

A. 1648. Seind ſechs Fahnen hinweg gezogen von Zürich in Dalmatien/ zu der Herꝛſchaft Venedig Dienſte wieder die Türken; Bern gabe auch ſo viel.

Zug in Dalmatien.

Als A. 1653. die Underthanen Loblicher Orten/ Bern/ Lucern/ Baſel und Solothurn ſich wieder ihre Oberkeiten empöret/ und einen ſonderen Bund aufgerichtet/ zogen die Züricher etlich tauſend ſtark/ (zu denen ſich auch gethan/ Glaris/ Schafhauſen/ Appenzell/ St. Gallen und Thurgöw/) den betrengten/ über Mellingen zu Hilf/ und nach geſtilleter Unruhe den 25. Junij gemeldeten Jahrs wiederum heim.

Berner Krieg.

A. 1658. Den 15. Aprel zogen hinweg 1200. Männer von Zürich und Bern/ in der Herꝛſchaft Venedig Dienſte in Dalmatien.

Zug in Dalmatien.

Züricher
ziehen in
Frankreich.

A. 1659. Haben die von Zürich dem König in Frankreich eine Compagnie Fusvolks lassen zukommen.

Franzöfische
Bündnus.

A. 1663. Seind die Herzen Gesandten von den XIII.und Zugewandten Orten der Eidtgnoßschaft mit einanderen naher Paris verzeiset/und haben daselbsten den/ zwüschen dem König und den Eidtgnossen/ aufgerichteten Bund geschwohren.

Wigoltin-
ger Handel

A. 1664. Am H.Pfingsttag/ haben etliche für Spanien geworbne Soldaten/in währendem Evangelischen Gottsdienst zu Lipperschweil unfugen angefangen / darburch der so genañte Wigoltinger Handel entstanden / und die Regierenden Ort beider Religionen in grossen Zweispalt gerathen/ daß man die Wachten gegen einanderen aufgestellet: Als aber den 22.Augstmonat in der nacht das Feurzeichen auf dem Schnabelberg durch verwahrlosung angegangen/ist darburch der Sturm durch das ganze Land ergangen / und alles in die Waafen kommen. Dieser Handel ist durch die Lobliche unpartheyische Ort vertragen/und auch von den Regierenden Orten im Thurgöw eine Straf-urtheil ausgefählet worden.

Anno

A. 1673. Schikte man von Zürich 200. Männer auf begehren der Herzen von Straßburg in ihre Statt zur besatzung/Bern gabe auch so viel.

Besatzung gen Straßburg.

A. 1674. Haben alle Ort der Eidtgnoßschaft / weilen die Keiserische und Französische Armeen an den Grenzen gelegen/1500.Männer gen Basel in Zusatz geschiket : Zürich und Bern legten auch/ jedes Ort 100. Männer/ gen Müllhausen in die Besatzung.

Zusatz gen Basel und Müllhausen.

A. 1675. Schikten die von Zürich und Bern / jedes Ort 300. Männer in zwejen Compagnien gen Straßburg in Zusatz.

Zusatz gen Straßburg.

A. 1676. Haben die von Basel alle Ort und Zugewandte der Eidtgnoßschaft um eilenden Zuzug (wegen der an den Grenzen schwebenden Armee) ersucht/ welche dann zur Stund (aussert Schweiz) aufgebrochen und dahin gezogen.

Zusatz gen Basel.

Aus obgemelten Zügen und Schlachten kan man wol erachten/daß viel tapfere und Heldenmessige Männer in der Statt Zürich/und an denen um den See gelegenen Orten/sich jederzeit aufgehalten/und noch aufhalten/ dieselbigen aber alle mit Namen hiehar zusetzen/ und ihre

Tapferkeit der Eidtgnossen erscheinet.

tapfer-

tapferkeit nach verdienen außzuſtreichen/
wurde ein beſonder Buch erforderet.

Was iſt aber die urſach/daß dieſes
Volk von frömden Fürſten undStändē
ſo ſehr begähret wird? Die urſach erſtlich
iſt ihre Tapferkeit und Treu ; Zum anderen / daß ſie ſchon bej Haus in dem
Exercieren und Schieſſen trefenlich geübet ſind ; dann es vergehet kein Jahr/
daß nicht zuStatt und Land allesVolk/
zum wenigſten in die drejmahl/ in den
Waſen geübt werde : ſo werden auch
alle Jahr zwej/ oder drej Quartier (daῆ
es im ganzen Zürichgebiet umgehet/) jedes auf ſeinem beſtim̄ten Samel-platz
ſich in den Waſen übet. Auch iſt ein jeder Burger und Landtmaῆ verpflichtet
Jährlich ſeine ſechs Schießtage nach
dem Zihl zuerfüllen/da dann von Oberkeits wegen zu Statt und Land in jedem
Dorf ſchöne Gaben zuverſchieſſen gegeben werden. Ein jede Zihlſtatt hatt ſeinen eignen Schützenmeiſter/ ſo gedachte
Gaben austheilen/ auch/ſo einer in dem
ſchieſſen Betrug brauchte / abſtrafen :
Wann aber in dem ganzen Zürichgebiet auf einer Zihlſtatt man ſich wegen
austheilung der Gaben oder anderer
Misverſtändtnuſſen nicht vergleichen

kan/

Marginal notes:

Urſachen/
warum die
Eidtgnoſſen
ſo begehrt.

Uebung des
Volks in
Waſen.

Sechs
Schieß-
tage.

kan/wird solches alles durch den Schütz-
zenmeister der Statt / samt den Sieb-
neren erörteret und entscheiden / haben
auch einen Obmañ/ (so ein Herr des **Obmañ in
dem Plaz.**
Kleinen Rahts/) den sie in wichtigen
Sachen zu sich beruffen / desgleichen einen eignen Schreiber / der alles orden- **Schreiber
im Plaz.**
lich auffschreiben und verzeichnen / auch
alle Citationen ausfertigen mus.

Es werden in wehrenden Hunds- **Umzug der
Studenten.**
tagen die Studiosi in dem Oberen und
Underen Collegio wochentlich zwei-
mahl in Wafen geübet/haben ihre Um-
züge durch die ganze Statt mit Fahnen/
Trommen und Pfeiffen ; die Piquenie-
rer seind ins gemein mit schönen Harnischen angethan / und giebet ihnen die
Oberkeit / wie auch die Herzen an dem
Gestift nach endung der Hundstagen
schöne Gaben / auf der Ordinari Zihl-
statt zuverschiessen.

Es wird auch der annoch zarten Ju- **Junge Knaben werden,
in den Wa-
fen geübt.**
gend/so nur von 6.bis 7.Jahren alt mit
dem Exercicio der Wafen nicht ver-
schohnet / dann solche alle Jahr von O-
steren bis zur Pfingsten zu Statt und
Land/mit den Armbrusten in den Tetsch
schiesset/da ihnen dann in jeden Tetsch
von der Oberkeit eine und mehr Zinne-

ne

ne Blatten zuverschiessen gegeben wird :
Sie machen auch aus dem von ihnen er-
samleten Gelt etliche Gaben / welche sie
hernach an dem Pfingstmontag bej jedem Tetsch verschiessen.

Es ist insonderheit lustig zusehen/wie
in der Statt Zürich die jungen Burgersknaben / von 9. 10. und 12. Jahren
Wochentlich zwejmahl in währenden
Hundstagen mit Ober- und Underge-
wehr zusamen kommen/und von ihrem
von der Oberkeit besoldeten Trüllmei-
steren so fleissig gemusteret/auch in Hand-
griffen / Wendungen / und anderen Fi-
guren/so trefenlich geübet und underzich-
tet werden/ daß es oft Soldaten / die ob
sie gleich lange zeit in Kriegsdiensten ge-
wesen/zuschafen geben solte solches ihnen
nachzuthun; ja/sie geben öfters Ihr Sal-
ve so gleich loos/ daß einer vermeinte es
were nur ein Schuß gewesen. Desgleichen werden die noch gar jungen Knäblein von 5. bis 8. Jahren alt/ mit ihren
Spießleinen/auch von einem darzu be-
stelten Trüllmeister fleissig underzichtet/
und ist ein Lust ihnen zuzusehen / wie sie
die Handgriffe und Wendungen so ma-
nierlich machen.

Damit aber diese Junge Knaben ei-

nes

Werden un-
derwiesen
in Wasen.

Piquenie-
ret.

Gaaben der
Jugend aus-
getheilet.

nen mehreren antrieb und luſt zu der
Waſensübung bekommen / werden ihnen / nach ausgang der Hundstagen
Oberkeitliche Gaben zuverſchieſſen gege-
ben/da die beſte ein Thaler mit drej ſil-
bernen Kettemlein / die minſte aber vier
Batzen / haben alle ſilberne Ringlein/
dardurch ein weis und blau Daſetband/
als der Statt Ehrenfarb gezogen wird.
Auf daß alles in guter Ordnung zugehe/
ſind alsdann etliche Hertzen des Rahts
zugeordnet/in deren gegenwart / bej ab-
ſendung die Schütz in der Scheiben ab-
gemeſſen werden/ damit kein betrug oder
Parthejlichkeit fürgehen könne/auch der
Luſt/zu dergleichen löblichen Uebungen
der Jugend durch die falſchheit nicht be-
nommen werde; desgleichen ein Schreiber / der alle Schüſſe/und eines jeden
Name/ordenlich verzeichne.

Den gar Jungen Knäblinen mit den
Spieſſen/wird auf dem FrauMünſter-
hofe/ (wann es aber regnet / in dem
Schützenhaus am Platz / auf der Lau-
ben/)ein höltzerner Zwejköpfiger Reichs-
adler fürgeſtellet / und in jedem Schnabel ein eiſernes Ringlein eingeſteket/dar-
durch ein Spies hindurch gehen mag/

Ringli-ren-
nen der jun-
gen Knaben
um die Ga-
ben.

welcher

welcher alsdann mit dem Spies in follem Lauff durch ein solches Ringlein sticht/demselben wird alsbald von dem Herzen Sekelmeister/und anderen darzu verordneten/und in dem Schranken sizenden Herzen die Gab/ (so alle gleich/) in die Hand gegeben/ auch von den darbej stehenden Trompeteren/ Trommelschlageren und Pfeiseren eins aufgemachet ; die jenigen aber/ so des Ringleins verfehlen/ werden lähr abgewiesen.

Halten hernach in der Statt einen Umzug.

Wann alles follendet/ so ziehen sie gemeiniglich in zwej Compagnien abgetheilet/mit fliegendem Fahnen/Tromen und Pfeifen in der ganzen Statt herum/ bis in die spahte Nacht hinein/da ihnen dann von ihren Haubtleuthen und Officieren/ so sie aus sich selbs erwehlen/ bej jederes Haus ein Ehrentrunk dargebotten wird. Hiemit von den Bündnussen/ Feldzügen/und anderen Kriegsübungen genug geredet/ und wird darmit diesem Buch gemachet ein

ENDE.

Register.

A.

Ce　Bär/

Register.

Gres-

Register.

Register.

Latsch=

Register.

Cc v   Mönch-

Register.

Rath

Register.

S.

Stift.

Register.

Register.

Wei

Dd ij						in

Die Fehler ſo in dem überleſen ſeind
beobachtet worden/ſollen alſo ver-
beſſert werden:

Blat 47. in dem Rand ſtehet Rengerthor--Renn-
wegerthor.
    53. l. 26. liſe/ eingerüſt iſt kaufet/
    59. l. 19. A. 1580———1585.
    274. l. 5. 190———108.
    306. l. 23. 1563———1653.
    360. 374. 408. in dem Titul/an ſtatt Dritte/
    werde Vierte geleſen.

Die übrige mindere Fehler wolle der Großgünſtig
Leſer ſelbſten verbeſſeren.